Lieber Gerhard!

Zum 75. Geburtstag gratulieren wir
und wünschen, daß wir in Pontresina mit Dir
und Grethel noch manche Urlaube verbringen.
Mit Gottes Hilfe könnte uns das wohl gelingen.
Wirst Du Dich in diesem Jahr schön schonen,
soll er Dich im nächsten mit Gesundheit belohnen.
Damit auf der Loipe wir uns wieder treffen
und abends natürlich bei Albris zum Essen.
Als Geschenk haben wir ein Buch gefunden,
es soll Dich erinnern an die fröhlichen Stunden,
die wir in kleiner oder großer Runde verbracht
und in denen wir oft und so herzlich gelacht.
Doch auch daran, wie schön es ist Sport zu treiben
und im Alter damit noch fit zu bleiben.
Du bist uns das beste Beispiel dafür
und darum wünschen von Herzen wir Dir:
"Alles Gute" – zunächst einmal für ein Jahr,
dann sind wir bestimmt auch wieder da
um mit Euch diese schöne Landschaft zu genießen
und Deinen Geburtstag immer wieder zu begießen
Mit Wein aus dem Frankenland wie im vergangenen Jahr
prosten wir Dir zu:

        Dieter, Robert und Eva

Engadin

Text: Ernst L. Hess
Fotografie: Reinhard Eisele

Bruckmann München

Schutzumschlag/vorne: *Schloß Tarasp*

Schutzumschlag/hinten: *Surfmarathon auf dem Silser See (oben links); Pferderennen auf dem See von St. Moritz (oben rechts); am Silser See (unten links); Sgraffito in Scuol (unten rechts).*

Vorsatz: *Blick vom Piz Lunghin auf Maloja und den Silser See.*

Nachsatz: *Malerisch liegen die Sennhütten von Grevasalvas in einer Mulde hoch über dem Silser See.*

Seite 1, Abb. 1: *Typisch für das Engadin sind die mit Sgraffiti geschmückten Häuser. In kunstvoller Manier wurden Fassaden bemalt und Fenster mit ornamentalem Dekor gerahmt.*

Seite 2/3, Abb. 2: *Im Sommer-Alpdorf Grevasalvas weiden die Bergeller Bauern ihr Vieh von Ende Mai bis Anfang Oktober.*

Seite 4/5, Abb. 3: *Wasser für drei Meere entspringen den Graten des Piz Lunghin: Die Julia endet irgendwann in der Nordsee, der Inn schließlich im Schwarzen Meer, die Mera nach allerlei Umwegen in der Adria.*

Front book jacket: *Tarasp castle*

Back book jacket: *Surf marathon on Lake Sils (above left); Horseracing on the Moritz Lake (above right); at Lake Sils (below left); Sgraffiti in Scuol (below right).*

Front flyleaf: *View from Piz Lunghin toward Maloja and Lake Sils.*

Back flyleaf: *The alpine cottages of Grevasalvas nestling snugly in a hollow high over Lake Sils.*

Page 1, ill. 1: *Typical of the Engadine are its houses decorated with scratchwork. Façades are artistically painted and windows framed with ornamental patterns.*

Page 2/3, ill. 2: *Grevasalvas is a summer alpine village; here farmers from Bergell pasture their cows from the end of May to the beginning of October.*

Page 4/5, ill. 3: *Three seas are fed from the waters that flow down from the crests of Piz Lunghin: the Julia river ends at some point in the North Sea, the Inn discharges into the Black Sea and the Mera finds its convoluted path to the Adriatic.*

CIP-Titelaufnahme der Deutschen Bibliothek

Hess, Ernst L.:
Engadin / Text: Ernst L. Hess. Fotogr.: Reinhard Eisele. –
München: Bruckmann, 1988
ISBN 3-7654-2184-7
NE: Eisele, Reinhard;

© 1988 F. Bruckmann KG, München
Alle Rechte vorbehalten
Herstellung: Bruckmann München
Printed in Germany
ISBN 3-7654-2184-7

Inhalt

6 Vorwort

13 *Geschichte des Engadin*

27 *Natur und Landschaft*
Das Engadin im Lauf der Jahreszeiten

28 Das Oberengadin

Gletscher und Gipfel 28 – Die Pässe 33 – Tier- und Pflanzenwelt 39
Die Dörfer des Oberengadin – Von architektonischen und kulinarischen Genüssen 45 – Auf Nietzsches Spuren 57

58 Das Unterengadin

Der Schweizerische Nationalpark 63
Die Dörfer des Unterengadin 64 – Schloß Tarasp 78

89 Das Bergell

96 Das Puschlav

100 Das Münstertal

107 *Kulturlandschaft Engadin*

108 Von der Romanik bis zu den Architekturen der Belle Epoque

127 Handwerk und Brauchtum

134 Malerei

138 Literatur und Sprache

145 *Ferienlandschaft Engadin*

163 Ein Dorado für Bergsteiger und -wanderer

171 *Das Engadin heute*

172 Technik und Wirtschaft

Die Rhätische Bahn 172 – Ein Blick in die Zukunft 178
Die Landwirtschaft 178 – Die Energieversorgung 183

185 *Anhang*

Wichtige geschichtliche Daten 186 – Jährlich stattfindende Feste und Veranstaltungen im Engadin (eine Auswahl) 186 – Kleine Auswahl im Engadin gebräuchlicher Begriffe 187 – Verlauf der Albulabahn zwischen Muot und Preda 187 – Register 188 – Karte 191 Auskunftsstellen 192 – Literaturauswahl 192 – Bildnachweis 192

Vorwort

Wenn man Glück hat, kommt man zu jener Stunde über den Julier, die Giovanni Segantini so sehr liebte und in seinen Bildern festhielt: am späten Nachmittag, mit dem ersten Feuer der Abendsonne auf den schneebedeckten Viertausendern. Und dahinter: Italien. Und darüber: ein blau verchromter Himmel, schon sternenblank.

Das Engadin entzieht sich jeder nüchternen Beschreibung – leider. Da geht es uns nicht besser als allen Vorgängern, die sich am »Dach Europas« literarisch versuchten. Schon der Klang des Namens weckt Sehnsüchte, assoziiert Träume von grünen Gletschern, platinfarbenen Seen und Häusern, die wie schwere Quader aus Sommerwiesen wachsen. Was soll man da mit nüchternen Zahlen anfangen? Etwa den 90 Kilometern, die das Schweizer Hochtal vom Malojapaß bis zur österreichischen Grenze bei Martina mißt. Oder der langen Liste aller Dreitausender entlang des Inn, der von der Quelle bis Finstermünz fast 800 Meter abfällt. Nein, für Statistiker eignet sich das Engadin ganz und gar nicht. Da ist die Landschaft »am Rande des Alls«, wie Ferdinand Hodler schrieb, zu heroisch, sind die Widersprüche zu augenfällig. Imposante Weiträumigkeit löst urplötzlich die Enge der Pässe und Seitentäler ab, Schnee fällt auch schon mal an einem Julitag, und die Feigenbäume von Castasegna liegen noch im Blickfeld der Gletscher.

Engadin – das ist erst einmal Licht. Unglaublich klar, hart und intensiv. Es schneidet die Formen der Berge, die Silhouetten der Häuser wie mit dem Rasiermesser heraus, sorgt für radikale Farbkontraste und lange Schatten. In Andalusien findet man vielleicht Ähnliches, auf den griechischen Inseln oder in Kalifornien. Der große Segantini – und viele andere vor und nach ihm – haben immer wieder versucht, dieses Licht einzufangen, haben Landschaften gemalt, die durch das Visionäre der Optik auffallen. Doch alle malerische Umsetzung verblaßt vor der Realität. Das ist weiß Gott keine Schande, eher eine Bestätigung für die außerordentliche Schönheit des Hochtals im Netz der Alpenketten. Nietzsche entdeckte in Sils das »Pathos der Distanz«, den Kontrast zum gängigen Bild des Menschen von der Natur als einer anheimelnden, tröstlichnahen Umgebung. Was bleibt, ist atemlose Bewunderung, Sehnsucht nach dem Unberührten jenseits der Baumgrenze.

Engadin – das ist Harmonie von Farben und Formen, je nach Jahreszeit. Im Winter dominieren die Blautöne aller Schattierungen, vom milchigen Zartblau der Eisgrate bis zum Ultramarin der Wälder. Und die kurzen Sommer ertrinken im Grün der Arven und Almen. Weiche Zwischentöne sind selten, zeigen sich oft nur wenige Minuten am Tag, wenn bizarre Wolken das harte Licht

---

4 Die kleine Straße ins Fextal ist für den Autoverkehr gesperrt. So werden Besucher auf viel romantischere Weise, nämlich mit Pferdekutschen, im Winter sogar mit Schlitten, von Sils Maria nach Crasta gebracht.

Folgende Abbildung:
5 Mitten in den Wiesen, hoch über dem Inn, liegt das malerische Dörfchen Bos-cha, Teil der Gemeinde Ardez.

4 The little road into Fex Valley is closed to motor traffic. Visitors are brought from Sils Maria to Crasta in a much more romantic way: with horse carriages – and in winter with sleighs.

Following illustration:
5 Nestled in meadows high above the Inn is picturesque Bos-cha, a village of the Ardez commune.

6 Wenn der Herbst ins Engadin kommt, flammen die Wälder in leuchtendem Gelb-Rot. Besonders schön gerät der Kontrast zum dunklen Grün der Arven, die auch auf der schattigen Südostseite des Hochtals gedeihen.

mildern. Kein Zweifel, das Engadin ist eine Landschaft der Extreme, die Spannung geradezu greifbar: viel Sonne, große Temperaturschwankungen, oft heftige Winde und scharfe Farbkontraste.

Das blieb nicht ohne Auswirkungen auf die Bewohner. Aus den engen Gassen ihrer Dörfer zog es sie hinaus in die weiträumigen Metropolen der Alten und Neuen Welt. Als Zuckerbäcker nach Venedig, Berlin oder Sankt Petersburg, als Truppenführer in französische, spanische und holländische Dienste. Viele kehrten am Ende wieder zurück, oft reich und gebildet, Kosmopoliten im besten Sinne. Sie bauten ihre Paläste aus Stein zwischen die sonnengeschwärzten Ställe, druckten Bücher oder trieben ehrgeizige Politik. Ihnen verdankt das Hochtal seine unverwechselbare Architektur, geglückte Synthese des Bäuerlichen mit weltläufiger Urbanität.

Manche der massigen Häuser wirken wie die Abstraktion der grandiosen Bergwelt: breitgelagerte Blöcke mit Fenstern wie Schießscharten, plötzlich vorkragende Erker und schwere Holztore. Fast ist man betroffen von der düsteren Kraft und Eleganz der Bauernpalazzi. Wäre da nicht das heitere Dekor der Sgraffiti, das leuchtende Rot der Geranien hinter schmiedeeisernen Gittern – man könnte die Strenge oft kaum ertragen.

Für manche liegt der Schlüssel zum Engadin in den Dörfern unten am Inn, in Guarda, Sent oder Ftan. Einfach, weil sich dort die ladinische Kultur ungleich eigenständiger entwickelt und erhalten hat. Nur sollte man St. Moritz oder Pontresina nicht vorwerfen, daß sie das Tal armer Bauern und Auswanderer in ein Ferienparadies verwandelt und dabei manches Ursprüngliche geopfert haben. Die Entwicklung war – so oder so – nicht aufzuhalten. Wer den Schnee der Schweizer Alpen und den Himmel Italiens hat, dem ist ein Dornröschenschlaf auf Dauer nicht vergönnt.

Ernst L. Hess

6 When autumn comes to the Engadine, forests flame in bright yellow and red – in striking contrast to the dark green of the pines that thrive on the shaded southeastern slopes of this high valley.

Geschichte des Engadin

Über die Herkunft der ältesten Engadiner ist kaum etwas Verläßliches bekannt; man weiß nur, daß in der späten Bronzezeit von Südosten eine illyrisch-venezianische Einwanderung erfolgte, später wohl auch Kelten und Etrusker dazustießen. Aus der Vermischung der Fremdlinge mit den Urbewohnern ging das Volk der Räter hervor, ein geheimnisvolles Sammelsurium verschiedener Dialekte und Kulturen. Schon damals kamen dem Engadin und dem Bergell durch die Pässe eine Bedeutung zu, die weit über die Grenzen des Hochtals hinausreichte. Rätisch wurde zeitweise von den Dolomiten bis an die Südgrenze des heutigen Württemberg gesprochen, nachdem die Römer 15 v. Chr. das wilde Naturvolk unterworfen und als eigene Provinz konsolidiert hatten. Zimperlich gingen die Truppen des großen Augustus dabei nun gerade nicht vor: Wer sich widersetzte, wurde niedergemacht, die Überlebenden durch ein Netz befestigter Plätze in Schach gehalten oder auch zum Dienst in den römischen Legionen gepreßt.

Verwaltet wurde das Engadin vom fernen Augsburg aus, was die Zuneigung der Bevölkerung zu ihren Kolonialherren nicht eben förderte. Auch die Teilung der Provinz unter Kaiser Diokletian in Raetia prima, wozu das Engadin gehörte, und Raetia secunda änderte nichts an der unerfreulichen Situation. Nur daß die Verwaltung jetzt im nahen Chur ihren Sitz hatte, und damit das Inntal samt den Pässen noch besser kontrollieren konnte.

Letztlich betrachtete Rom das Engadin während der fast 500 Jahre dauernden Herrschaft ausschließlich als Durchgangsland. So erklärt es sich, daß römische Ortsnamen selten sind, Celerina (Schlarigna) und Silvaplana bilden da lediglich Ausnahmen. Als das Imperium zu Ende ging, blieb ohnehin keine Zeit, das Land weiter zu romanisieren, denn die Völkerwanderung war in vollem Gange. Immerhin leisteten die tapferen Räter ihrer alten Besatzungsmacht noch einen letzten Dienst: Oberhalb von Maienfeld gelang es ihnen, den Ansturm der Alemannen zurückzuschlagen und so Rom eine letzte Atempause zu verschaffen. Gegen die nachdrängenden Ostgoten des Theoderich waren aber auch die Vorfahren der Graubündner machtlos, die Herrschaft im Engadin ging für etwas mehr als vierzig Jahre an den germanischen Stamm. Als Theoderichs Reich 536 zerfiel, kam Chur-Rätien und damit auch das Engadin unter die Herrschaft der Franken.

Urkundlich erwähnt wird das »Vallis Enniadina« erstmals um das Jahr 930, wenig später schenkte Otto der Große dem Bischof von Chur das Bergell. Das war, wenn man so will, der Beginn einer herzlichen Feindschaft, die einige Jahrhunderte dauern sollte. Denn als Reichsfürsten zeigten die Churer Bischöfe nur wenig Interesse am Seelenheil ihrer Engadiner Schäfchen, dafür um so mehr an der Kontrolle aller Pässe nach Italien. In Samedan, Zuoz und Tarasp residierten bischöfliche Statthalter, trieben Steuern ein und hielten strenges Gericht. Erst mit der Zeit gelang es den großen Familien des Inntal, den Einfluß der Churer Herren nach und nach zurückzudrängen, Ende des 13. Jahrhunderts fielen Gerichtsbarkeit und Vizedominat als erbliches Lehen an die Planta.

Das Eingreifen der Engadiner in ihre Geschichte war auch nötig geworden, denn die Willkür der Bischöfe führte so weit, daß Teile des Landes an Österreich verpfändet werden sollten. Zudem litt die Bevölkerung unter ständigen Streitigkeiten des Hochadels, der sich um die einträglichen Ämter und Pfründe stritt.

Die Furcht vor wirtschaftlichem Ruin infolge der lästigen Fehden und vor den Annexionsgelüsten des Hauses Habsburg brachte als ersten Zusammenschluß 1367 den Gotteshausbund in Zernez zustande: die Talschaften Domleschg, Oberhalbstein, Bergell und Engadin mit der Stadt Chur auf der einen, der mächtige Bischof auf der anderen Seite. Mit diesem Datum begann die Loslösung der Talschaften von fremder Obrigkeit und Willkür. Und wieder hatte die Familie Planta aus Zuoz entscheidenden Anteil, als Thomas von Planta den Beitritt des Engadin unterschrieb.

Vorhergehende Abbildung:
7 Noch immer ist die alte Holzbrücke beim Dörfchen Sur-En, das zur Gemeinde Sent gehört und am Eingang zur Val d'Uina liegt, in Betrieb. Auf der südlichen Seite des Inn beginnt hier der Aufstieg zu den Seen von Rims.

8 Über Ardez erhebt sich die Ruine der um 1100 entstandenen Burg Steinsberg, einst Bollwerk der Bischöfe von Chur gegen die habgierigen Grafen von Tirol.

Folgende Abbildung:
9 Einen schöneren Platz wird man im Engadin kaum finden: Zuoz, einer der Hauptorte der Region, war Stammsitz der mächtigen Familie Planta, deren wuchtiger Palast noch heute das Dorfbild beherrscht.

Illustration on previous page:
7 People still travel over the old covered bridge near the little village of Sur-En, which belongs to the commune of Sent and lies at the mouth of Val d'Uina. Here, on the southern bank of the Inn, the road leads up to the lakes of Rims.

8 Rearing high above Ardez are the ruins of Steinsberg, built about 1100 A.D. as a stronghold for the bishops of Chur against the avaricious Tyrolean counts.

Following illustration:
9 A lovelier spot is rarely found in the entire Engadine: Zuoz, one of its main towns and former seat of the mighty Planta family, whose massive residence still dominates the village scene.

10 Das Engadin gehört zu den vielbesuchten Wanderregionen der Schweiz. Die Alp Serlass im Val Chamuera wurde bereits im 19. Jahrhundert errichtet. Die allmächtige Familie Planta übernahm sie später in ihren Besitz.

Weitere Bünde folgten: 1424 der sogenannte Graue Bund, eine Vereinigung des Abtes von Disentis, der Herren von Rhäzüns und Sax-Mesocco sowie freier Bauern. Zwölf Jahre später entstand der Bund der zehn Gerichte, in dem sich die rätischen Untertanen des Grafen Toggenburg aus Maienfeld, Arosa und Davos zusammenschlossen. 1471 kam es zur Vereinigung der drei Bünde, die wenig später reichsunmittelbar wurden und damit nur noch dem Kaiser direkt unterstanden.

Inzwischen waren die Habsburger nicht untätig geblieben. Schon 1454 hatte das Erzhaus die Herrschaft Tarasp im Unterengadin als Stützpunkt erworben, später auch Rhäzüns, dessen Rechte an Bündner Geschlechter – darunter die Planta und Salis – verkauft oder verpfändet wurden. Um den Ausbau der österreichischen Vorherrschaft zu verhindern, lehnten sich die drei Bünde enger an die Schweizer Eidgenossen an. Im Schwabenkrieg gegen Kaiser Maximilian konnte sich die Koalition erstmals bewähren: Völlig unerwartet schlug das kleine Bündner Heer die zahlenmäßig weit überlegenen kaiserlichen Truppen in der blutigen Calvenschlacht. Damit war der Weg frei für die Loslösung vom Deutschen Reich, auch wenn die Unabhängigkeit erst 1648 offiziell anerkannt wurde.

Aus den neu gewonnenen Gebieten Veltlin, Bormio und Chiavenna bezog der junge Freistaat Weizen, Wein und stattliche Steuereinnahmen. Jetzt besaß jeder Gerichtsbezirk, der mehrere Dörfer umfaßte, seine Freiheiten, sein Banner und eine Polizei, die sich aus der Bruderschaft der waffentragenden jungen Männer rekrutierte. Unter freiem Himmel tagte die Versammlung der Engadiner Bauern, man wählte ungehindert den Landammann und setzte die – vergleichsweise niedrigen – Steuern fest. Diese erstaunliche Regierungsform überlebte die schlimmsten Wirren, wobei sich noch heute Spuren davon in den politischen Rechten der einzelnen Gemeinden finden. »Ein Schiff ohne Steuermann« nannte der venezianische Gesandte in Wien anerkennend die neue Demokratie, »allen Winden ausgeliefert und dennoch funktionsfähig«.

Der junge Freistaat hatte sich jedenfalls bewährt, aber immer wieder sah er sich in die Händel der großen Politik verstrickt, vor allem in die Auseinandersetzungen zwischen Österreich, Spanien und Frankreich. Zu wichtig war die strategische Lage des Engadin für die Großmächte, zu verlockend die Kontrolle der Alpenpässe von Italien nach Deutschland. 1512 besetzten die Bündner das reiche Veltlin, gestützt auf angebliche Rechte, die dem Bischof von Chur mehr als hundert Jahre zuvor vom Mailänder Thronprätendenten Mastino Visconti abgetreten worden waren. Der hatte nach einem Familienstreit in Chur Zuflucht gefunden und fühlte sich dem Prälaten zu Dank verpflichtet. Die Eroberung des Veltlin machte den Berninapaß zur lebenswichtigen Verkehrsader Graubündens, weckte andererseits natürlich den Neid der Großmächte, die schließlich große Summen für die Durchmarscherlaubnis auf den Tisch legen mußten.

Am meisten kassierte damals Konrad Planta aus Zuoz, ein ebenso tapferer wie gerissener Kondottiere. Mal hielt er es mit Österreich, mal mit Venedig, wo viele Bündner als Kaufleute saßen. Sein Vetter Thomas stieg zu höchsten Würden auf, als er 1548 den Churer Bischofshut erhielt. Damit war der Makel der unfreien Abstammung endgültig beseitigt. Der reichste und angesehenste Planta allerdings war Johann, Herr von Rhäzüns und Hohentrins. Er besaß neben zahlreichen Schlössern ein buntscheckiges Portefeuille von Zöllen, Bergwerken, Fischereirechten und Lämmerzehnten, das die Familie nach und nach zusammengetragen hatte. In Graubünden kamen den Plantas bald nur noch die Salis aus dem Bergell gleich, schon immer Rivalen des Engadiner Clans. Beide Namen tauchen in der blutigen Chronik der Parteikämpfe des 16. und 17. Jahrhunderts gleich dutzendweise auf. Und nicht wenige endeten wie Johann, der 1572 von aufgebrachten Bündnern in Chur als Hochverräter hingerichtet wurde. Unglücklicherweise hatte ihn der Papst ermächtigt, das durch die Reformation ent-

10 The Engadine is one of the most popular Swiss regions for hiking. Alp Serlass, a resthouse in Val Chamuera, was erected in the 19th century and later acquired by the powerful Planta family.

fremdete Kirchengut zurückzufordern, was der Planta wohl allzu gründlich tat und damit diese Reaktion hervorrief.

Sein Neffe Pompejus folgte ihm als Haupt der katholischen Partei, und der Bischof von Chur belehnte ihn mit dem Marschallamt und der Landvogtei Fürstenau. Erfolgreich hintertrieb Pompejus 1612 die Erneuerung des von den Protestanten gewünschten Bündnisses mit der Republik Venedig, und sein Bruder Rudolf ließ die venezianische Partei 1617 durch ein Strafgericht verfolgen. Die Bündner Wirren waren damit erst richtig in Gang gekommen, ihr trauriger Höhepunkt, der Veltliner Mord, nicht mehr fern. 600 Protestanten mußten damals wegen politischer Rivalitäten ihr Leben lassen, wenn man so will, als Opfer einer großangelegten Familienfehde zwischen Salis und Planta.

Feste Fronten gab es nicht mehr, Bestechungen, Intrigen und Morde machten das Leben fast unerträglich. Ein protestantisches Gericht in Thusis erklärte die katholischen Planta als Urheber der Churer Mordnacht für vogelfrei und konfiszierte ihren Besitz. Jetzt holten beide Parteien Hilfe im Ausland und damit die Konflikte des Dreißigjährigen Krieges nach Graubünden.

Vor diesem Hintergrund ist das wilde, kurze Leben des Jürg Jenatsch (1596–1639) zu sehen, sein Versuch, selbst unter mehrfachem Wechsel der Seiten seinem Land die Freiheit zu geben. Erst kämpfte er auf der Seite Österreichs, dann der Spanier, später mit den Franzosen, um schließlich wieder zu den Österreichern zurückzukehren. Er war protestantischer Prediger, Volkstribun und Soldat, später auch Katholik, mehrfach reich und wieder arm, machtgierig und freiheitsbesessen. 1621 ermordete Jenatsch zusammen mit seinen Freunden den Pompejus Planta auf Schloß Riedberg im Domleschg. Das war die Rache für das Blutgericht von Chur, hinter dem Pompejus sicher gesteckt hatte. Die protestantische Partei unter Führung der Familie Salis schien für kurze Zeit die Oberhand zu gewinnen, unterstützt von Frankreich und Venedig. Dann vollzog Jenatsch eine totale Kehrtwendung, konvertierte zum Katholizismus, um mit Hilfe Österreichs die restlos zerstrittenen Bünde wieder zu einen. Doch der neue Glaube rettete ihn nicht vor der Rache der Planta: 1639 wurde Jürg Jenatsch, gerade 43 Jahre alt, vom Pompejus-Sohn Rudolf erschlagen. Der hatte schon zuvor als Kastellan des habsburgischen Tarasp einen rivalisierenden Vetter umbringen lassen, ehe er die Blutrache seiner Familie an Jürg Jenatsch vollzog. Daß auch Rudolf schließlich Jahre später einem Mordanschlag zum Opfer fiel, war weniger ausgleichende Gerechtigkeit, eher schon fatale Konsequenz der Bündner Wirren.

Der Westfälische Friede 1648 brachte endlich auch für das Engadin die ersehnte Ruhe. Allerdings lagen Handel und Gewerbe restlos am Boden, die Schwächen und Gefahren des nur locker gefügten Freistaates waren allzu offenkundig geworden. Das wenig ertragreiche Bergland konnte seine Menschen nicht mehr ernähren, zumal die Paßstraßen durch Räuberbanden verunsichert wurden. 1743 stand ein Achtel der Bündner Bevölkerung, das waren immerhin gut 10 000 Mann, in ausländischen Kriegsdiensten. Vor allem junge Menschen wanderten aus, da ihnen das Engadin keine Perspektive mehr bot. Allein in Venedig gehörten zu Anfang des 18. Jahrhunderts von 104 Zuckerbäckereien 96 den Zugewanderten aus Graubünden.

In den Jahren um 1764 ging allerdings auch die große Zeit der Engadiner Zuckerbäcker und Kaffeehausbesitzer in der Seerepublik zu Ende. Lange Zeit waren sie in ihrem Beruf praktisch konkurrenzlos gewesen, hatten als Folge dadurch den Neid der Venetier geweckt. In zwei Jahren wurden fast 3000 Bündner aus Venedig vertrieben, nur ein Teil von ihnen kehrte in die Heimat zurück, während die übrigen ihr Glück in Frankreich, Preußen oder Rußland suchten.

Parallel dazu vollzog sich der Niedergang der Familie Planta, die jahrhundertelang der

11 Mit dem Holz ist nicht mehr viel Geld zu verdienen. Bedingt durch den Noteinschlag in den kranken Wäldern Europas fielen die Preise ins Bodenlose. So sind die Förster und Waldarbeiter im Engadin eher Landschaftsschützer als Produzenten.

12 Dem Wanderer bietet das Engadin eine solche Vielzahl an Talwanderungen und Bergtouren, die man in einem Urlaub nicht durchführen kann. Viele Besucher kehren deshalb immer wieder mit Begeisterung in diese Schweizer Landschaft zurück.

11 Lumbering is no longer lucrative in the alps; emergency felling in Europe's sick forests made prices tumble. So the foresters and lumberjacks in the Engadine are more environmentalists than producers.

12 Anyone hiking in the Engadine has more mountain and valley tours to choose from than can be done in one vacation. This is why so many people enjoy coming back to this sublime Swiss landscape.

11 | 12

13 | 14

13 und 14 In Cinuos-chel findet man vielleicht die schönsten Sgraffiti des Engadin, weil die Straße nicht mehr durch den Ort führt. Trotz ihres Reichtums blieb der Dekoration eine geniale Leichtigkeit erhalten. Zu den üblichen Motiven – Eckquader, Rosetten, Bandmuster – kommen noch Fabeltiere und Meeresungeheuer. So bringt das Sgraffito ein Kunststück der Architektur zustande: das harmonische Gleichgewicht ohne Symmetrie.

15 Johann Baptista von Planta, Oberst eines Bündner Regiments in holländischen Diensten, baute von seinem Sold den Mitteltrakt des Hauses Pult in Zuoz. Der kleine Barockgiebel in Weiß und Rot stammt aus dem frühen 18. Jahrhundert.

13 and 14 In Cinuos-chel perhaps the finest scratchwork in the Engadine can be discovered, for the main road no longer leads through the town. Despite its richness, the decoration retains an imaginative lightness. Along with the usual motifs – squares, rosettes and ribbon patterns – are mythical creatures and sea monsters. This scratchwork achieves an architectural tour de force: harmonious balance without symmetry.

15 Johann Baptista von Planta, colonel of a Graubünden regiment serving in Holland, built the middle section of Pult House in Zuoz with his soldier's pay. The little baroque gable in white and red stems from the early 18th century.

16 Hier möchte man liegen, wenn es tatsächlich einmal so weit ist. Vom kleinen Friedhof in Soglio hat man einen traumhaften Blick auf die Gipfel der Bondasca-Gruppe.

Politik im Inntal ihren Stempel aufgedrückt hatte. Ihre historische Rolle war beendet, als sich das wirtschaftliche Zentrum der Schweiz mehr und mehr nach Norden verlagerte. Fast hätte der Ausbruch der Französischen Revolution allerdings noch einmal zu einem Krieg mit den Salis geführt.

Gaudenz Planta, »der Bär«, erhoffte sich von den neuen Ideen und Machtverschiebungen auch politische Vorteile für das Engadin. Dagegen hielten die Salis zu den alten Mächten, sahen von der Revolution nicht ganz zu Unrecht ihre Privilegien bedroht. Den Krieg konnte Gaudenz noch verhindern, nicht aber den Verlust des Veltlin, dessen Statthalter er bis 1797 war. Mit einem Federstrich trennte Bonaparte das reiche Tal nach fast dreihundert Jahren von Graubünden und schlug es seiner lombardischen Republik zu.

Der wirtschaftliche Verlust wog so schwer, daß die Bündner nun ernsthaft erwogen, sich entweder Österreich oder der Schweiz anzuschließen. 1799 endete »Alt-Fry-Rätia« als Teil der an Frankreich orientierten Helvetischen Republik, 1814 erfolgte endgültige Aufnahme als 15. Kanton in die Eidgenossenschaft. Zwar kam es 1830 noch einmal zum Versuch einiger Unzufriedener, sich aus der Schweiz zu lösen. Aber das blieb eine – von den meisten Engadinern kaum beachtete – Fußnote der Weltgeschichte.

Was ihnen blieb, waren die Pässe. Aber auch diese konnten der starken Konkurrenz des Gotthard und Brenner nur bis zum Bau der Eisenbahnlinien standhalten. Geplant war zwar zu dem damaligen Zeitpunkt ein Tunnel durch den Lukmanier, womit Graubünden wieder Anschluß an die modernen Verkehrswege gefunden hätte. Technische und vor allem finanzielle Schwierigkeiten ließen das ehrgeizige Projekt jedoch rasch scheitern, der Gotthard triumphierte.

Von den internationalen Handelsstraßen praktisch ausgeschlossen, schien das Engadin – und damit auch Graubünden – zur Armut oder zur Auswanderung verurteilt. Wären in Europa nicht plötzlich die Sommerfrischen und Höhenkuren in Mode gekommen, man hätte das Schlimmste befürchten müssen. Denn der fast tausendjährige Menschen- und Güterstrom über die Bündner Alpenpässe existierte mit einem Schlag nicht mehr. Die Gebirgsübergänge, eben erst unter schweren Opfern aus Saumpfaden in Fahrstraßen umgebaut, verödeten, in Bern rief man den Notstand aus.

Da traf es sich gut, daß englische und deutsche Touristen plötzlich ihre Liebe für das Engadin entdeckten. Aber auch diese Liebe wäre vielleicht rasch wieder erloschen, wenn die Bündner nicht eine waghalsige Bahn gebaut hätten, mit 480 Brücken und 117 Tunnels oder Galerien. Mit der bis heute spektakulären Rhätischen Bahn begann der Aufstieg zum Ferienparadies, der Rest ist bekannt.

Auch wenn das Engadin ein Durchgangsland großen Stils war, so diente es doch jahrhundertelang gleichermaßen als Rückzugsgebiet. Durch die Pässe strömten von überallher kulturelle Einflüsse, nordische, östliche, mediterrane oder adriatische. Sie brauchten zwar einige Zeit, um in die Abgeschiedenheit der rätischen Bergfestung einzusickern und dort ihre Spuren zu hinterlassen, aber sie wurden dann auch mit ungeheurer Zähigkeit festgehalten und verinnerlicht.

Weltweite und Talenge: Zwischen diesen Gegensätzen entfaltete sich nicht nur die bündnerische Geographie, sondern auch die Engadiner Geschichte. Allerdings blieb die wirkliche Macht immer bei den Kräften, die sich schon in spätrömischer Zeit herausgebildet hatten: der Kirche und der bäuerlichen Aristokratie.

Im Schutz der Bergketten und des starken Bischofs konnte das Engadin die Kontinuität zwischen Antike und Mittelalter ungebrochen bewahren. Dies macht wohl den entscheidenden Unterschied seiner geistigen und geschichtlichen Entwicklung gegenüber der gesamten übrigen Schweiz aus.

16 An inviting place to rest when your time finally comes. From the small churchyard in Soglio you have a marvelous view of the peaks of the Bondasca alps.

Natur und Landschaft

Das Engadin im Lauf der Jahreszeiten

Das Oberengadin

Fast 2000 Meter über dem Meer liegt das Hochtal des Inn, von mächtigen, schattenlos leuchtenden Bergen umgeben, die sich in einer Kette von Seen spiegeln. Jeder ist anders und jeder ein Juwel für sich, eine abgeschlossene Welt und doch ohne jede Enge. Das »Dach Europas« endet nach Südwesten an der Paßhöhe von Maloja, als löste es sich im Blau des Himmels auf. Nur der Piz Lunghin (2780 m) steht wie ein Schlußstein über dem Abgrund – ein letzter Halt, ehe der Blick in die Tiefe des Bergell stürzt.

Das Oberengadin ist eine Landschaft des Lichts, die sich jede Stunde des Tages neu verwandelt. Erst nach Sonnenuntergang verblassen die Farben, enthüllen nur noch Silber und Schwarz die kühle Grafik von Wasser und Stein. Fast ist man erlöst von den unwirklichen Rosa- und Blautönen, dem flimmernden Weiß der Gletscher und dem Zartgrün der Lärchenhaine. Das Pathos bleibt selbst in der Nacht, wenn ein leuchtender Sternenhimmel die rund 90 Kilometer von Maloja bis Martina überspannt und die Firngrate der Eisriesen vom kalten Mondlicht illuminiert werden.

Eine Ideallandschaft, zweifellos. Zumindest für diejenigen, die nicht immer hier leben, sondern nur auf Zeit ein Stück Paradies kaufen. Das halbe Jahr ist Winter, mit knirschendem Schnee und krachender Kälte, mit Hunderttausenden von Touristen und überfüllten Hotels. Alle wollen teilhaben an der Schönheit, erwarten technischen Luxus und Bequemlichkeit, gleichzeitig aber eine intakte und unversehrte Landschaft. Das führt nicht selten zu traurigen Kompromissen, was Bebauung, Naturschutz oder Brauchtum angeht.

Gletscher und Gipfel

Dennoch: Das Oberengadin bleibt »der schönste Winkel der Erde«, wie Friedrich Nietzsche schwärmte, »keine Schweiz, etwas ganz anderes, jedenfalls viel Südlicheres«.

Gut hundert Jahre später hat das Wort des Philosophen noch immer Gültigkeit. Jedenfalls dort, wo der Mensch die Natur in ihrem Schöpfungszustand belassen hat, in der Welt der Eisdome, Felsburgen und Silberquellen. Noch immer entspringen Wasser für drei Meere aus den Graten des Piz Lunghin, fließen nach Norden in den Rhein, nach Süden in den Comer See, nach Nordosten in die Donau, enden in Nordsee, Adria und Schwarzem Meer. Und nur wenige Berge können, was die Schönheit anbelangt, mit dem Piz Palü (3905 m) Schritt halten. Er ist das Schaustück der Diavolezza, die das Oberengadin nach Süden gegen Italien abschließt. Jeder seiner drei Gipfel entsendet nach Norden einen gewaltigen Pfeiler, architektonisch perfekt und von Walther Flaig etwas pathetisch als »Silberschloß des Engadin« gefeiert. Von Flaig stammt auch der arg strapazierte »Festsaal der Alpen«, jedem Bergsteiger als Umschreibung der Berninagruppe geläufig. Mit dem nördlich vorgelagerten Piz Bianco (3995 m) und dem Piz Scerscen (3971 m) im Südwesten bildet der Piz Bernina (4049 m) ein mächtiges Massiv aus Eis und Fels, das höchste der gesamten Ostalpen. Zwischen Bianco- und Ostgrat stürzt die wilde Nordostwand in das Morteratschbecken, wo sie nur mühsam vom Felsklotz des Sass dal Pos gestützt wird. Dagegen wirken die beiden Gipfel des freistehenden Piz Roseg (3937 m) wie ein strahlender Eisdom, nach Süden felsig und mit einem schönen Grat bestückt, nach Nordosten als reich gegliederte Eiswand geradezu Inbegriff alpiner Ästhetik. Den Formen- und Farbenreichtum verdankt die Gruppe kristallinen Gesteinen – insbesondere dem rotbraunen Berninagranit – und den zerrissenen Eispanzern, die manchmal sanft ausschwingen, dann wieder jäh zu Tal stürzen.

Die Gletscher des Engadin galten bis zur Erkundung und Erschließung der obersten Gebirgsregionen im 18./19. Jahrhundert als gefährliche, lebensfeindliche Eiswüsten, in denen sagenumwobene Ungeheuer hausten. Man mied die Wader, die Gletscherschilde und ihre heim-

Vorhergehende Abbildung:
17 Will man erfassen, was Unterengadin heißt, muß man sich Guarda erobern. Im Winter ist es still zwischen den Bauernpalästen und das Wasser der vielen Brunnen zu Eis erstarrt. Aber auch in dieser Jahreszeit hat der Weiler seinen Reiz.

18 Vom Wasserauge zwischen den Felsen des Lunghin fließt der junge Inn hinunter zum Silser See und weiter ins Schwarze Meer. Verträumt spiegeln sich die Felsen im blaugrünen See.

Folgende Abbildung:
19 Blick auf den weißblauen Strom des 17 Quadratkilometer großen Morteratschgletschers, der auf 2100 Meter im Val Morteratsch endet. Rechts der Gipfel des Piz Bernina mit Biancograt, links das Massiv der Bellavista.

Illustration on previous page:
17 If you want to know what the Lower Engadine is really like, you must see Guarda. In winter the silence of deep snow reigns between its massive farmhouses, and the water in its many wells is frozen hard. Yet even at this time of the year the tiny hamlet has its charms.

18 From a narrow channel between the cliffs of Lunghin, the headwaters of the Inn flow down to Lake Sils and on to the Black Sea. Like a mirage, the cliffs cast their reflection in the blue-green waters of the lake.

Following illustration:
19 View of the blue-white expanse of the 6½-square-mile Morteratsch glacier, which extends about 7,000 feet to end at Val Morteratsch; to the right, Piz Bernina with its Bianco crest, and to the left, the massif of Bella Vista.

20 Fast immer hängen weiße Wolkenfetzen am Gipfel des Julier, der den Zugang über den Julierpaß von Norden zum Engadin bewacht.

tückischen Brüche, in denen mancher unvorsichtige Wanderer auf Nimmerwiedersehen verschwand.

Heute haben die Firn- und Eisformationen ihren Schrecken weitgehend verloren. Sie sind vermessen und erforscht, mit Hinweisschildern und Warntafeln bestückt. Manche, wie der Morteratsch, haben ihre Zunge in den letzten hundert Jahren um fast 1600 Meter verkürzt, andere, vor allem Palü und Tschierva, sind talwärts vorgerückt.

Die gewaltigen Ströme unterliegen – wie gleichzeitiger Vorstoß und Rückzug beweisen – periodischen Schwankungen, die nicht allein von Klimaveränderungen abhängen. Die unterschiedlichen Reaktionen sind vielmehr auf morphologische Besonderheiten des einzelnen Gletschers und auf andere Abläufe zurückzuführen. Beispielsweise erfolgt die Verlagerung des Eises vom Nährgebiet oberhalb der Schneegrenze ins Zehrgebiet bei einem kleinen Gletscher rascher. Während der letzten Eiszeit vor rund 30000 Jahren war das Engadin bis auf 2800 Meter Höhe vom Inngletscher bedeckt. Obwohl dessen Überreste bereits vor 10000 Jahren bis auf die gegenwärtige Größe zurückgeschmolzen waren, finden im Innern auch jetzt noch Fließvorgänge und Bewegungen statt. In heißen, trockenen Sommern füllt sich aus dem gewaltigen Wasserreservoir der Gletscher nicht nur der Inn wieder auf, in dieser günstigen Schmelzperiode führen die Gletscherbäche auch den Staubecken der Kraftwerke neue Wassermengen zu. Und das immer noch reichlich, denn zur Berninagruppe gehören fast 300 größere und kleinere Gletscherformationen. So verläßt der Inn bei Martina die Schweiz als respektabler Fluß, nur neunzig Kilometer von der Stelle entfernt, an der er als Rinnsal über das Felsgestein des Piz Lunghin hinunter zum Silser See hüpft. Gespeist von mehr als fünfzig Gletscherbächen schwillt die Wassermenge zur Zeit der Schneeschmelze auf das Dreifache an. Dann tobt der Fluß wild und reißend durch die Schluchten des Unterengadin, alles mit sich reißend, smaragdgrün.

Lang ist der Winter. Dann gefrieren die Stromschnellen zu gläsernen Kaskaden, und der Schnee an den Ufern bleibt eine Ewigkeit liegen. Dem kurzen Frühjahr folgt schnell ein warmer, fast mediterraner Sommer. Und ehe sich die Bergsteiger versehen, fallen schon wieder die ersten Flocken, groß wie Fünffrankenstücke.

Die Pässe

Dennoch ist das Hochtal keineswegs abgeschlossen von der Welt, wie man auf Grund der klimatischen Extreme vermuten könnte. Von jeher war das Oberengadin Durchgangsland – für römische Legionen ebenso wie für karolingische Kaiser, für Franzosen und Venezianer, Österreicher und Spanier, die den Dreißigjährigen Krieg brachten. Alle angelockt von der günstigen geographischen Lage des Inntals, was nicht nur die Militärs, sondern vor allem Kaufleute und Pilger zu schätzen wußten. Acht Alpenpässe führen ins Engadin und hinaus, nach Italien, Österreich, ins übrige Graubünden und in abgelegene Seitentäler. Nirgendwo zwischen Rhône und Drava erschließen mehr Übergänge einen vergleichsweise doch so kleinen Raum.

Allerdings dauerte es Hunderte von Jahren, bis die Pässe ihre Schrecken verloren hatten; Paßreisende der Gegenwart merken oft gar nicht mehr, wann ihr Auto den Scheitelpunkt erreicht hat. Das gilt vor allem für den Julier (2284 m), der von Bivio im Oberhalbstein nach Silvaplana am Fuß des Piz Corvatsch führt. Man muß schon genau auf das kleine blaue Schild aufpassen, sonst rollt man – ohne es zu merken – über die breit ausgebaute Paßhöhe. In Bivio trennten sich früher die Wege der alten Handelsroute von Chur nach Chiavenna: In südlicher Richtung führte die Septimerstraße über Plang Champfèr zum Septimer-Hospiz und dann steil abfallend ins Val Maroz nach Casaccia, während sich rechtwinklig dazu der Julierweg nach Osten in Richtung Oberengadin zieht. Beide Pässe wurden bereits in römischer Zeit

20 Wisps of clouds almost always hang over the Julier peaks guarding the approach over Julier Pass from the north into the Engadine.

benutzt, woran neben allerlei Münzfunden ein verwittertes Säulenpaar auf der Höhe des Julier erinnert. Diese Säulen haben die Phantasie der Vorüberziehenden seit je beflügelt: »Zuo oberst uff der Höhe Julien ist etwa ein große steinin sul gestanden. Ist jetzt umbgefallen und entzweygebrochen, liegend die stuck noch da. Villycht vor zyten durch eyn keyser oder sinen landpfleger uffgericht«, vermutete der Glarner Chronist Ägidius Tschudi. Er sah die Säulenfragmente also noch am Boden liegend.

Die Überlieferung will wissen, daß auf einem der Steine von Cäsar die Worte »Huc usque, non ultra« (Bis hierher und nicht weiter!) eingemeißelt waren. Das hört sich zwar schön griffig an, aber der Name Julier hat nichts mit Julius Cäsar zu tun, sondern ist vom gallischen Wort »julo« herzuleiten, was soviel wie Joch oder Paß bedeutet.

Sei's drum, der schlichte Saumpfad ist in unseren Tagen zum meistbefahrenen Übergang von Nordbünden ins Oberengadin avanciert. Dagegen erinnern nur noch bemooste Steine an den Septimer, der seit mehr als hundert Jahren verlassen dahindämmert. Erst lief ihm der Maloja-, später der großzügig ausgebaute Julierpaß den Rang ab. Das Aufstreben der großen Oberengadiner Kurorte seit den siebziger Jahren des vorigen Jahrhunderts erforderte eine bequeme Verbindung nach Chur, von wo seit 1843 die Postkutsche nach St. Moritz und Pontresina verkehrte. Sogar an eine Eisenbahnlinie über den Julier dachte man, ehe die Eröffnung der Albulabahn den Konkurrenzkampf entschied.

Nur wenige Kilometer südwestlich führt der Malojapaß (1815 m) mit seinen unzähligen Serpentinen hinunter ins Bergell. Der Ausdruck Paß ist eigentlich nicht ganz korrekt, denn vom Oberengadin her ist keine Steigung zu überwinden; vom Hochplateau fällt das Gelände 400 Meter hinab in die Ebene von Casaccia. Es ist schon als ein kleines Wunder zu bezeichnen, wie man an dieser Wand auch noch eine Straße unterbringen konnte, die das ganze Jahr über geöffnet ist.

Neuere Forschungen haben ergeben, daß der Maloja als Fortsetzung der Julierroute schon zur Römerzeit genutzt wurde. Damals führte die Trasse von Casaccia – wo sich die Engadiner und die Septimerroute trennen – zum Plan de la Fola am Fuß des Passes. Von dort zog sich eine steile Rampe, Malögin genannt, nach Maloja hinauf. Zum Teil sieht man noch heute in den Felsen gehauene Stufen und Löcher für den Einsatz von Hebeln, mit denen man die talwärts fahrenden Karren besser bremsen konnte. 1776 wurde das schmale Sträßchen auch für größere Kutschen befahrbar gemacht, worauf sich der Transitverkehr mehr und mehr von der steilen Septimerroute auf die Strecke Julier–Maloja verlagerte.

Ins Puschlav, eines der italienischsprachigen Bündner Seitentäler, führt als einziger Zugang von Norden der Berninapaß (2328 m). Er hatte nie die Bedeutung für den internationalen Warentransit wie etwa der Septimer oder der San Bernardino, spielte allerdings eine wichtige Rolle, als das Veltlin von 1512 bis 1797 zum Freistaat der Drei Bünde gehörte.

Bodenfunde in jüngerer Zeit bestätigen, daß der Bernina schon in urgeschichtlicher Zeit benutzt wurde. Der älteste Saumpfad führte von Poschiavo über La Rösa auf die Paßhöhe und von dort hinunter nach Pontresina. Das hört sich nüchtern an, obwohl es sich vielleicht um die schönste Route im ganzen Engadin handelt. Vorbei an Morteratschgletscher, Piz Palü und Cambrena zum Hospiz, weiter nach Süden am Fuß des Sassal Masone, während im Hintergrund die Bergamasker Alpen wie eine gigantische Wand den Horizont begrenzen. Längst sind die Zeiten vorbei, als die Puschlaver Bauern für Räumung und Unterhalt der Südseite, die Pontresiner für die Nordrampe verantwortlich waren. Wo früher Ochsen und Pferde den Saumweg spurten, donnern heute gewaltige Schneepflüge und Fräsen über die breit ausgebaute Paßstraße.

Das gilt ebenso für den Albula (2315 m), der von Bergün über Preda und Crap Alv nach La Punt im mittleren Oberengadin führt. Obwohl die Eröffnung der spektakulären Bahnlinie mit

21 Herbstlandschaft mit Pferden bei Sils. Nicht weit von hier faßte der Philosoph Friedrich Nietzsche den »Gedanken der ewigen Wiederkunft«, glaubte er, »Italien und Finnland« zugleich zu sehen.

Folgende Abbildung:

22 Der Blick vom Suvrettahaus zeigt die faszinierende Lage von Silvaplana, eingebettet in die Kette der Julier und umgeben von Silvaplaner und Silser See.

21 An autumn landscape with horses near Sils. Not far from here, the philosopher, Friedrich Nietzsche, envisioned the "idea of eternal recurrence", believing he could see Italy and Finland at the same time.

Following illustration:

22 From Suvretta House it is fascinating to look down and see Silvaplana nestled in the Julier alpine range and ringed by the Silvaplana and Sils Lakes.

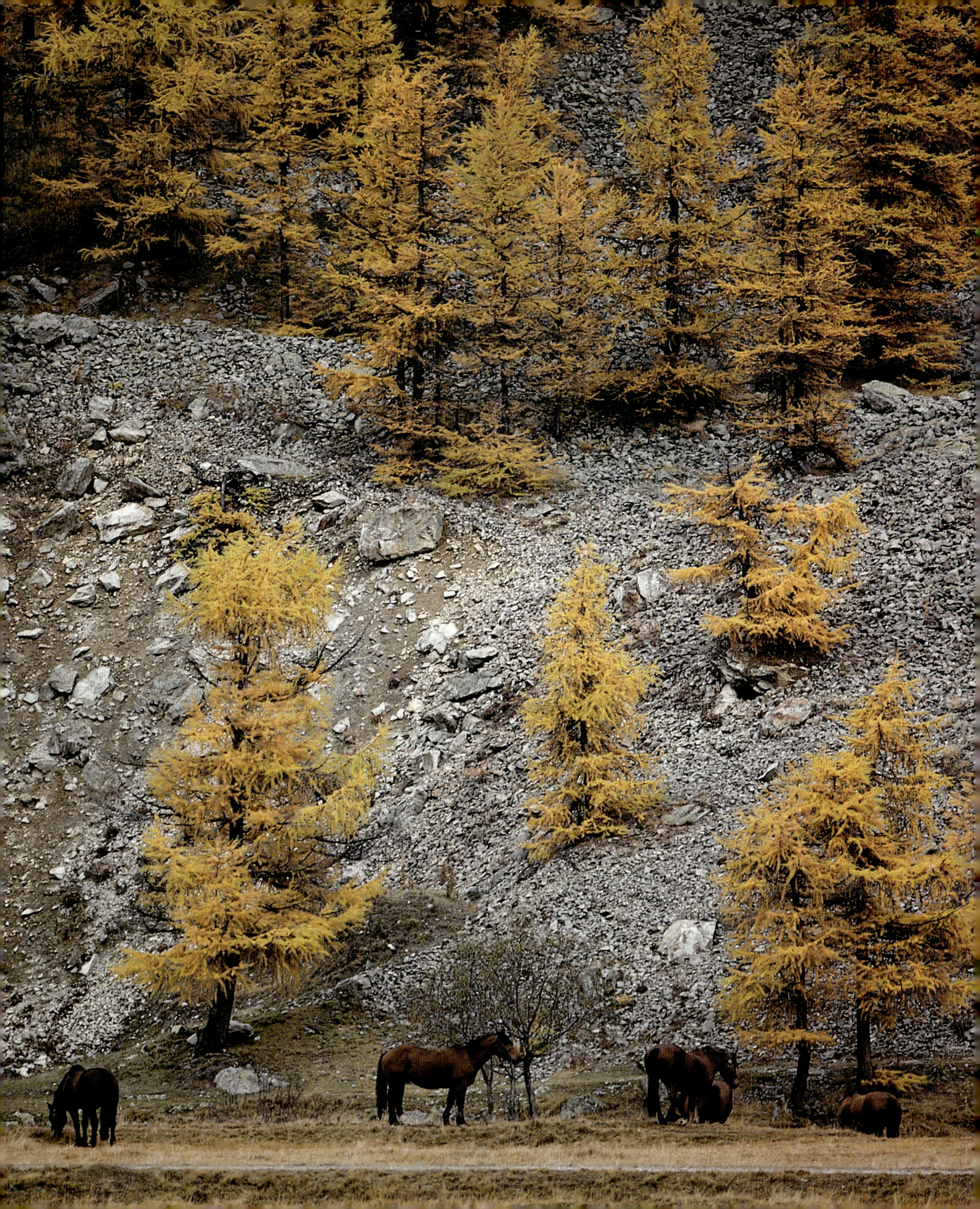

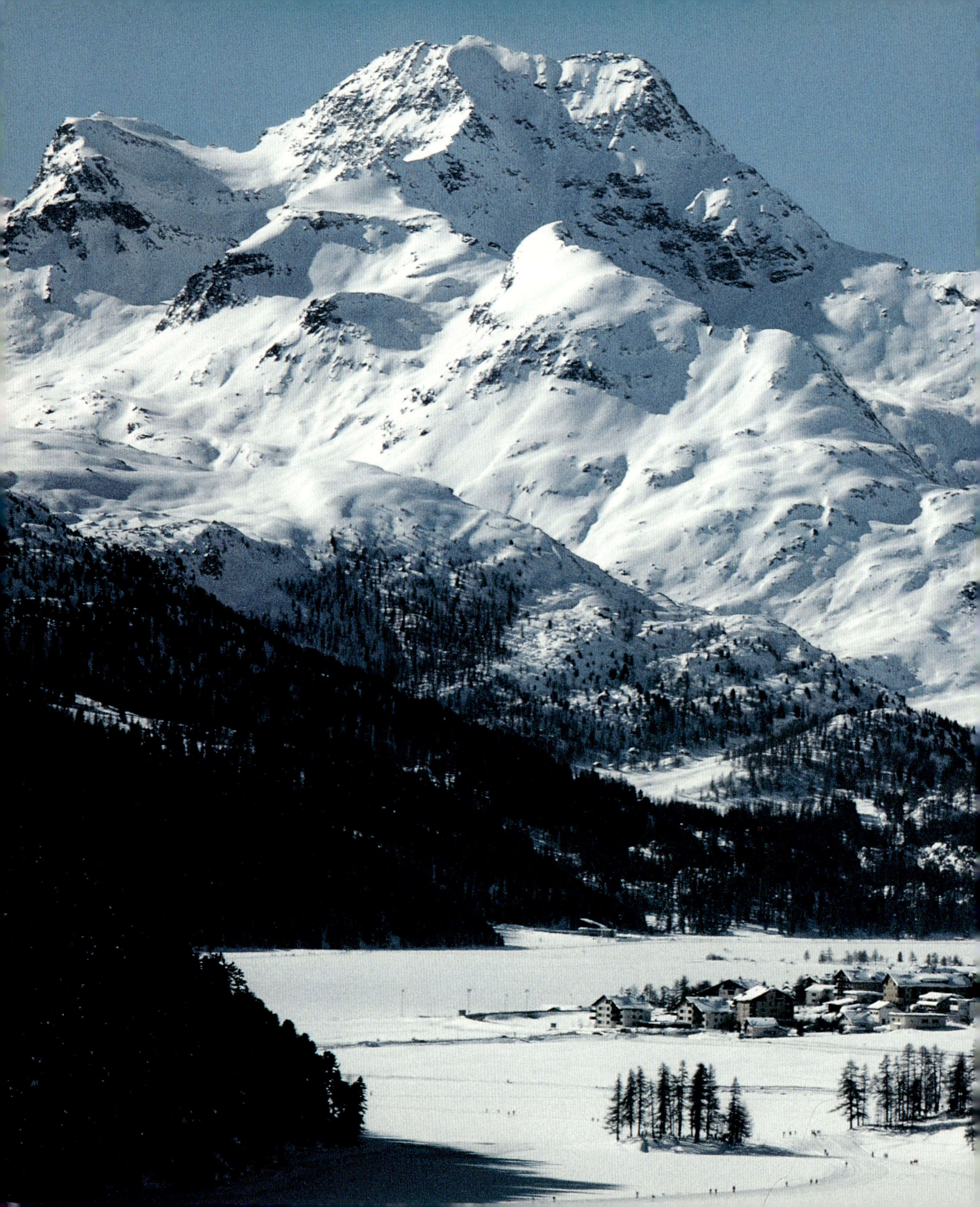

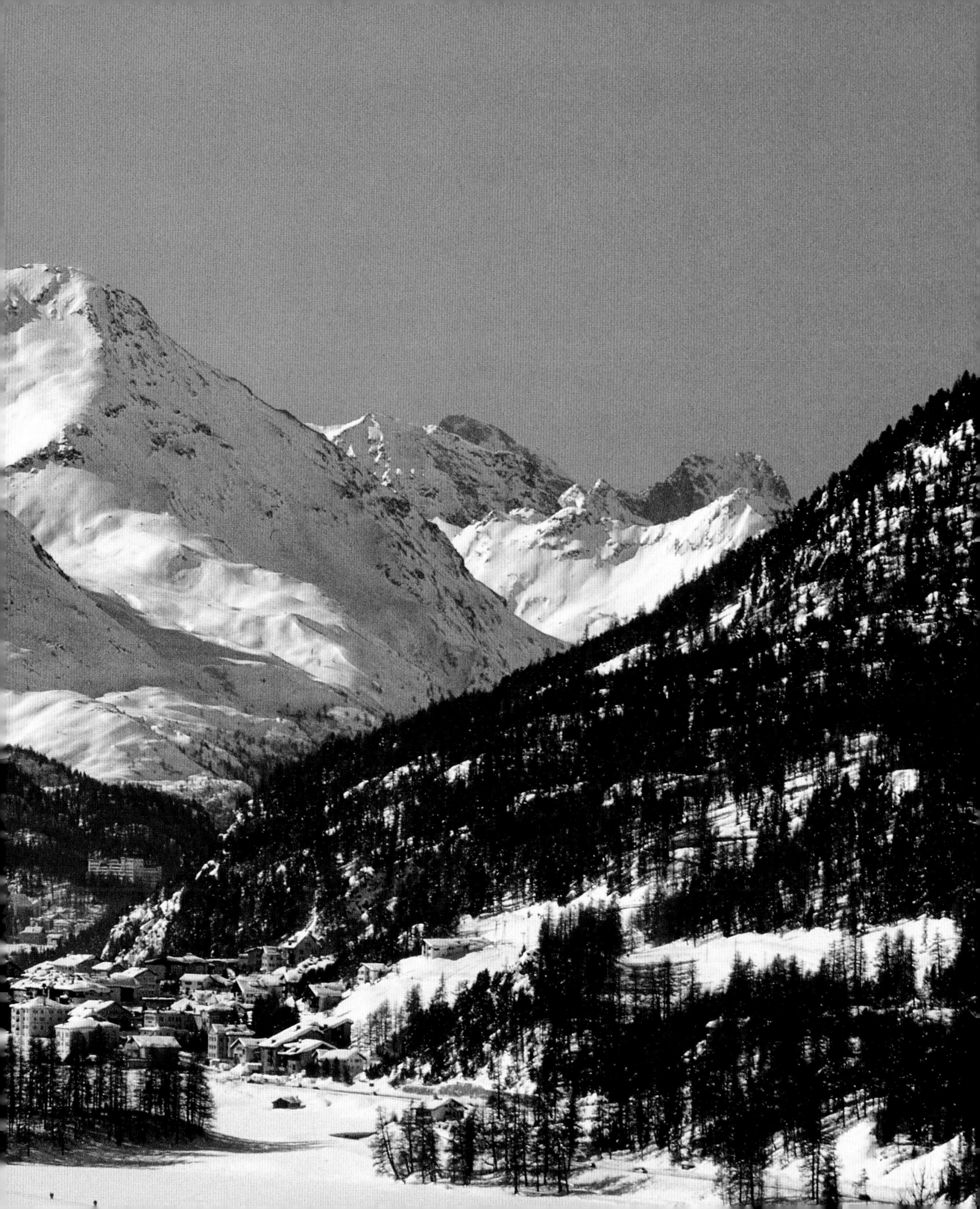

23–25

23 Bis zu tausend Jahre alt sind manche Arvenbäume im Val S-charl oder im Rosegtal. Mit ihren mächtigen Wurzeln klammern sie sich an die Granitfelsen, so daß kein noch so starker Sturm ihnen etwas anhaben kann.

24 In freier Wildbahn bekommt der Wanderer die Murmeltiere nur gelegentlich zu sehen. Die wachsamen Nager verschwinden blitzschnell in ihren unterirdischen Höhlen, wenn sie auch nur die geringste Gefahr wittern. Inzwischen hat man am See von Silvaplana ein kleines Völkchen hinter Maschendraht ausgesetzt, zur Freude der Kinder, die jährlich tonnenweise Kekse und Zwieback verfüttern.

25 Der ehemalige Bergbau im Val S-charl hat große Löcher in den Waldmantel gefressen. Erst nach und nach wachsen auch entlang der Gewässer wieder Lärchen und Arven heran, die der Landschaft ihr typisches Aussehen verleihen.

23 Some of the pines in Val S-charl or Val Roseg are a thousand years old. Their mighty roots cling to the granite cliffs with such strength that no storm can loosen them.

24 The hiker seldom catches a glimpse of the marmots in their native wilds. These watchful rodents disappear in a flash into their underground burrows if they sense the slightest danger. Nowadays a family of them lives in a chicken-wire cage at Lake Silvaplana, to the delight of all the children who feed them tons of crackers and zwieback each year.

25 The abandoned mine in Val S-charl has eaten great holes into the forest windbreak. Only very gradually are the larches and pines that typify the landscape growing back along the rushing brooks.

ihren Kehrtunnels und Viadukten dem Straßenverkehr viel von seiner Bedeutung nahm, bietet der Paß eine angenehme Alternative zum vielbefahrenen Julier.

Bis weit über das Mittelalter hinaus wurde der Albula für die Salzeinfuhr aus Tirol und für den Transport der Veltliner Weine stark frequentiert. 1696 wurde erstmals in Graubünden Sprengpulver beim Straßenbau verwendet, als zwischen Filisur und Bergün eine neue – und vor allem kürzere – Trasse entstand. Verglichen mit den übrigen Pässen ins Oberengadin erfuhr die Straße allerdings erst spät ihren modernen Ausbau, was wohl auch damit zusammenhing, daß der Albula wegen seiner Lawinengefahr bei Reisenden und Militärs gefürchtet war. Es dauerte bis 1871, bevor auf der Paßhöhe ein Hospiz errichtet wurde, das den Fuhrleuten bei Unwetter Zuflucht bot.

Tier- und Pflanzenwelt

Nicht nur am Albula, sondern im gesamten Oberengadin sind die Lärchen- und Arvenwälder Refugien für eine große Anzahl einheimischer Tiere. Allen voran der Arven- oder Tannenhäher, dessen kräftiger Ruf unverkennbar für die Region ist. Naturschützer und Ornithologen feiern den mittelgroßen Vogel gern als »Architekten« der typischen Bergwälder. Der Häher erntet nämlich im September die schmackhaften Arvennüßchen und legt überall Vorratslager an. Weil aber im Winter eine dicke Schneedecke liegt, findet der Vogel nur etwa zwei Drittel seiner Verstecke wieder. Das schadet dem Häher und seinem Nachwuchs allerdings nun kaum, hat aber für die Existenz der Arve große Bedeutung. Denn die vergessenen Lager sind wichtige Verjüngungszentren, die für den Fortbestand und die Ausbreitung der Arvenwälder sorgen.

Nur selten sieht man dagegen den Uhu, obwohl dieser große Vogel im Oberengadin vergleichsweise häufig vorkommt. Das weite Hochtal bietet nämlich der prächtigen Eulenart besonders günstige Lebensbedingungen. Fast alle sechs bis sieben Kilometer finden sich Horstplätze in den Felsgebieten, die sich unmittelbar an die breite Talsohle anschließen. Das offene Kulturland der Wiesen und Felder ist das Hauptjagdgebiet der Uhus, die vorwiegend von Kleinbeuten leben. Das tagsüber aktive Murmeltier, die häufigste Beute des Steinadlers, ist für den Nachtraubvogel nur beschränkt erreichbar. Die Schalenwildarten sind zu groß, Hasen und Wildhühner zu selten. So bleibt für den Uhu die leichtgewichtige Feldmaus Hauptbeute, daneben finden sich allerdings auch Frösche, Enten und Bachforellen auf seinem Speisezettel. Leider hat die fortschreitende Technisierung der Landschaft auch im Oberengadin beängstigende Ausmaße angenommen. So wundert es kaum, daß mehr als zwei Drittel der tot aufgefundenen Uhus an Leitungsdrähten verendeten.

Kein Alpental im Kanton Graubünden besitzt so viele Gewässer und Feuchtgebiete. Sicher der wichtigste Grund dafür, daß zwischen Maloja und Zuoz mehr als siebzig Wasser- und Sumpfvogelarten heimisch sind. Im Sommer brüten trotz der extremen Höhenlage die Zwergtaucher, Stockenten und Teichhühner. Und trotz Tiefsttemperaturen von minus 30 Grad überwintern viele Wasservögel im Oberengadin. Die größeren Seen frieren zwar regelmäßig bis Ende Dezember vollständig zu, doch der recht breite Inn bleibt stellenweise während des ganzen Winters offen.

Im Herbst und Frühjahr ist die Artenzahl besonders hoch, denn die Gewässer bei Sils oder Silvaplana sind wichtige Raststationen der Zugvögel. Besonders Schnepfenarten machen bei Schlechtwetter gerne halt in den Engadiner Feuchtgebieten, in denen auch Graugänse und Reiherenten wassern. Weiter oben, am Rand der Wälder, sind die Birkhühner zu Hause, die Alpendohlen, seltener schon die Schnee- und Steinhühner. Dagegen ist der Adler im Engadin nur noch ganz selten anzutreffen, was sicher auch damit zusammenhängt, daß Bergwanderer und Touristen selbst in die entlegensten Regionen vordringen.

Dafür hat sich der schon einmal vollständig ausgerottete Steinbock wieder prächtig eingelebt. Anfang der zwanziger Jahre setzte man im Gebiet des Nationalparks am Piz Terza vier Böcke und drei Geißen aus, die aus der letzten europäischen Kolonie am italienischen Gran Paradiso stammten. Nachdem auch die Wildparks von St. Gallen und Interlaken einige Tiere beisteuerten, erstarkte das Rudel zusehends. Schon 1950 existierte wieder eine Kolonie von etwa 600 Alpensteinböcken, gehegt und gepflegt vom legendären Wildhüter Andrea Rauch aus Pontresina. Seit mehreren Jahren sieht man das Wappentier Graubündens nicht nur am Piz Albris oder Terza, sondern auch an den Abhängen des Piz Lagrev bis hinunter an den Inn bei Sils. Selbst überraschte Autofahrer am Julierpaß sind dem imposanten Kletterer schon begegnet.

Häufiger trifft man sicherlich Gamsrudel, die sich auf den spärlichen Bergweiden oberhalb der Waldgrenze so richtig heimisch fühlen. Die frühzeitige Bestimmung von Bannbezirken im Roseg- und Morteratschtal hat dazu geführt, daß das Oberengadin inzwischen als gemsenreichstes Gebiet Europas gilt. Auch Rothirsche und Rehwild zeigen sich öfter als früher zwischen Pontresina und Samedan, nachdem sie Mitte des 19. Jahrhunderts durch allzu intensives Jagen praktisch verschwunden waren. Schon werden Stimmen laut, die im Interesse des ökologischen Gleichgewichts eine Reduzierung der von keinen natürlichen Feinden bedrohten Hirsche für notwendig halten.

Komplettiert wird die reichhaltige Tierwelt des oberen Inntals durch Marder, Fuchs, Schneehase, Dachs und – natürlich – Murmeltier. In freier Wildbahn bekommen Bergwanderer die possierlichen Nager nur gelegentlich zu sehen. Sechs bis sieben Monate dauert allein ihr Winterschlaf, aus dem sie erst Ende April wieder erwachen. Und bei der geringsten Gefahr verschwinden die mal grau-braunen, mal rötlich-beigen Tiere in Sekundenschnelle in ihrem Bau.

Gottlob hat man unten am See von Silvaplana ein Einsehen mit den Sehnsüchten der Gäste. Hinter Maschendraht logiert eine zutrauliche Murmeltierfamilie, die tonnenweise Kekse verspeist und für die entzückten Kinder Männchen macht. Mit hochalpiner Fauna hat das alles sicher nicht mehr viel zu tun, aber besser ein zahmes Murmeltier als gar keines.

Das gilt mit Abstrichen auch für die Pflanzenwelt des Oberengadin, für Edelweiß, Enzian oder eine der seltenen Orchideen. Als die Naturschützer Alarm schlugen, weil an den Hängen der Corviglia oder im Berninatal kaum noch eine Blüte vor dem Zugriff der Andenkenjäger sicher war, hat man die Bestände aufgefrischt und strenge Verbote erlassen. Mit Erfolg, wie die riesigen Blumenfelder im Fextal beweisen: So weit das Auge reicht Primeln und Glockenblumen, Felder von Alpenrosen, Silberwurz und Akelei, von Türkenbund und Eisenhut. Fast alle mußten geschützt werden, um das Überleben zu sichern. Pflücken oder gar das Ausreißen der Wurzeln für den heimischen Steingarten stehen unter Strafe, zumal die Öffentlichkeit doch um einiges sensibler geworden ist.

Mit der Schneeschmelze erscheinen überall die violetten Blüten der Alpenglöckchen, später die Berganemonen und der tiefblaue Enzian, Alpenhahnenfuß und Windröschen. Im Juni verwandeln sich die Täler des Oberengadin in einen riesigen Blumengarten, während selbst oben im Reich der Gletscher ganze Teppiche von Polsterpflänzchen blühen. Bis zu einer Höhe von 4000 Meter kommt der weißrötliche Gletscherhahnenfuß in einzelnen Exemplaren vor, knapp tausend Meter tiefer wächst das Edelweiß in den steilen Felsbändern, gedeihen Bergarnika und Männertreu.

Weil die Lärche sich als außerordentlich robust erwiesen hat, liegt die Baumgrenze auf der sonnigen Westseite des Inntals fast bei 2300 Metern – gut 400 Meter höher als in den übrigen Alpen. Der klassische Baum des Oberengadin sorgt für unglaubliche Farben und lockt vor allem im Herbst die Landschaftsfotografen an. Aus dem pastellenen Grün wird ein kräftiges,

26 Zu Beginn unseres Jahrhunderts war der Steinbock im Engadin vollständig ausgerottet. Inzwischen hat eine behutsame Hege dazu geführt, daß sich das Bündner Wappentier wieder in starken Rudeln am Piz Albris oder am Julier zeigt.

26 By the turn of the century, the ibex had been completely extirpated in the Engadine. But now protective measures have ensured that the heraldic symbol of Graubünden wanders once again in lordly herds over Piz Albris or Piz Julier.

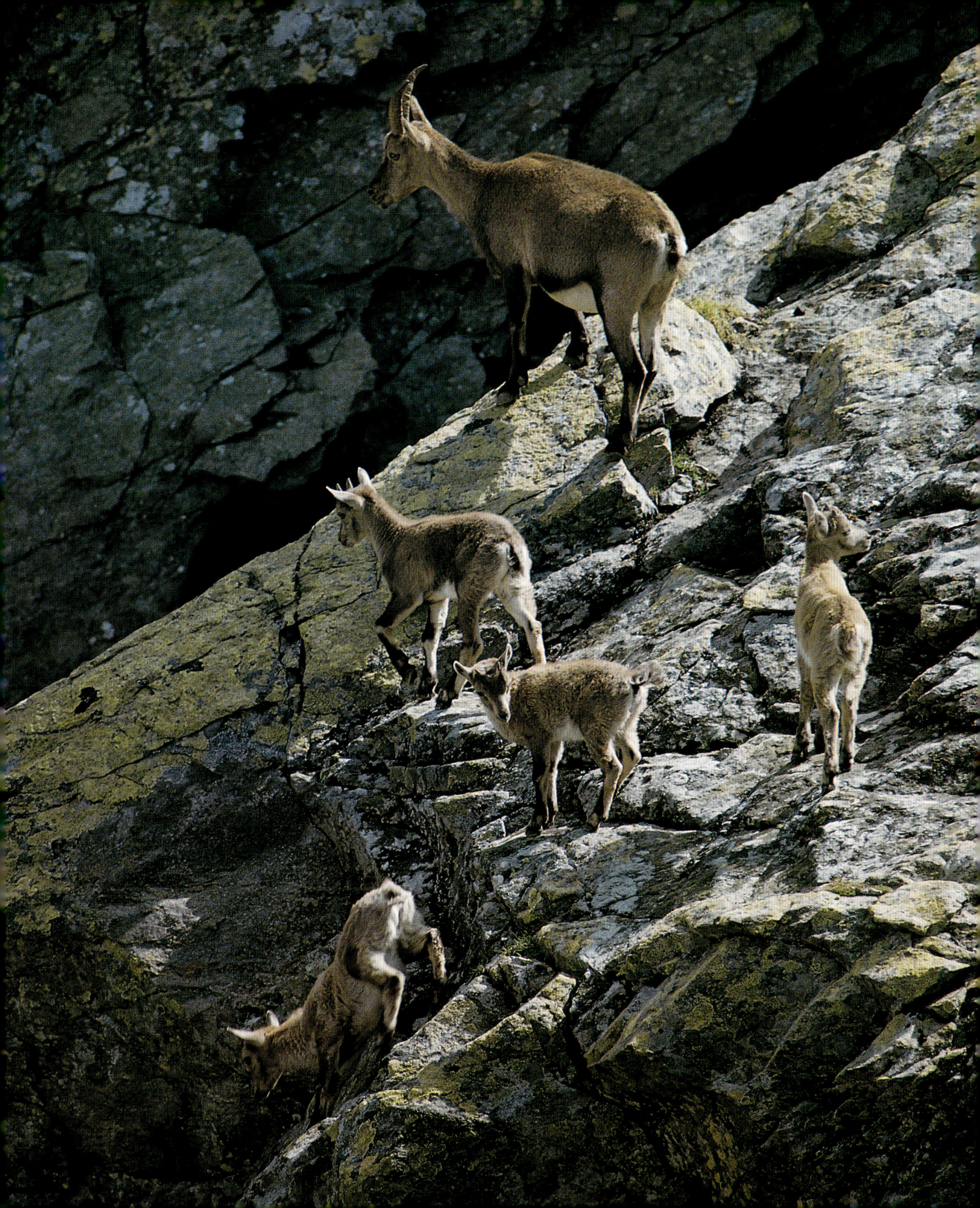

27 Die »Schlitteda Engiadinaisa« ist vor allem im Unterengadin wieder populär. Ursprünglich wurde der Pferdeschlitten zur Brautwerbung angespannt. Inzwischen haben junge Leute und Touristen auch ohne Heiratsabsichten Spaß an den romantischen Fahrten von Dorf zu Dorf gefunden.

28 Landschaft bei Madulain/Samedan im Oberengadin. Verschneite Wiesen und Hänge machen diese Gegend auch im Winter reizvoll.

29 Die Winter dauern oft länger als ein halbes Jahr, bevor der kurze Frühling das Engadin in ein Blumenmeer verwandelt.

27 The »Schlitteda Engiadinaisa« is popular once again, especially in the Lower Engadine. These horse-drawn sleighs were originally used for courting; today young people and tourists — even those with no marriage plans — enjoy the romantic junkets from village to village.

28 Landscape near Madulain/ Samedan in the Upper Engadine. Snow-covered hills and meadows lend this region a special charm in winter, too.

29 In the Engadine, winter often stays for more than half the year before the short spring transforms meadows into a sea of flowers.

28 | 29

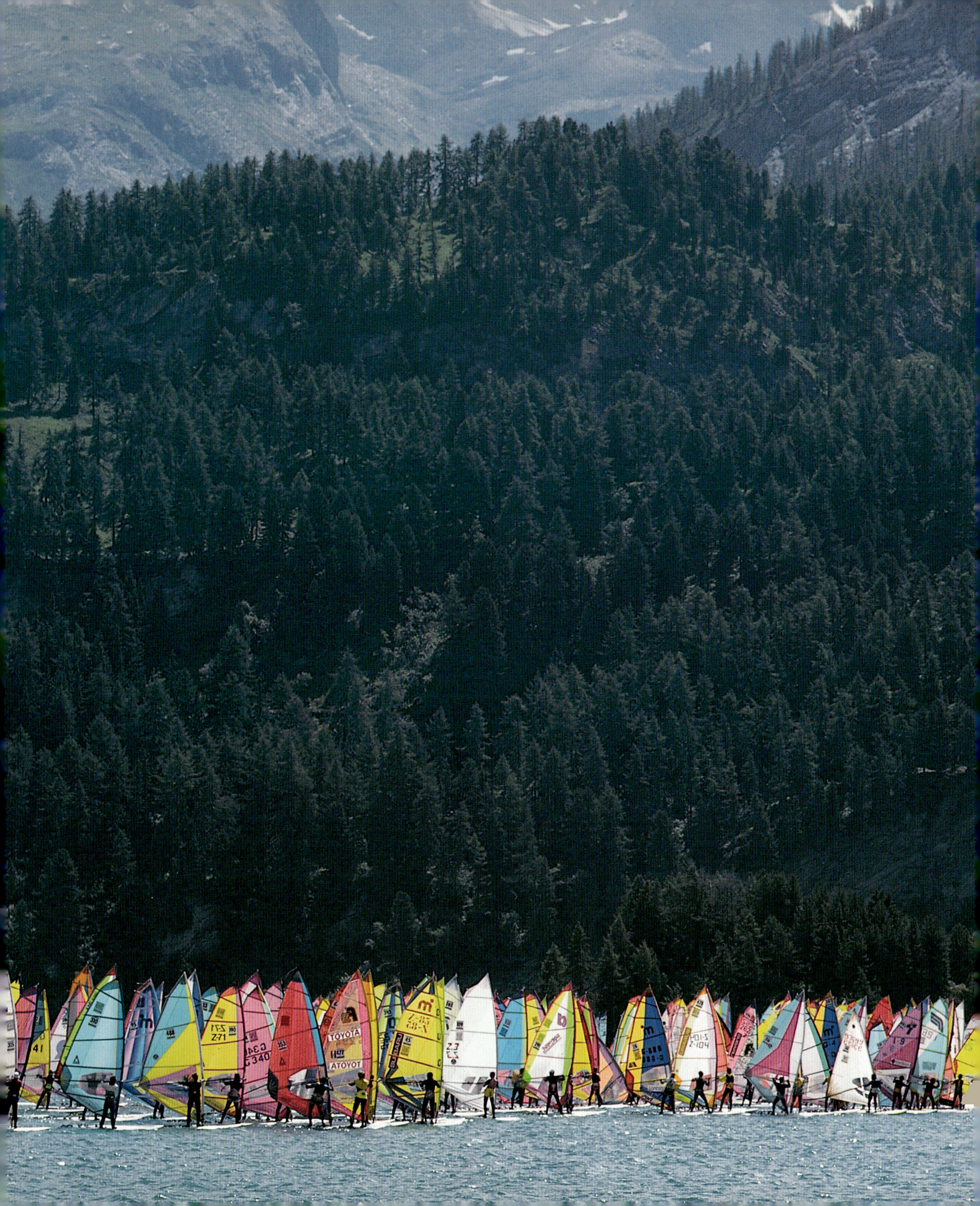
TOYOTA

30 Ein ideales Revier für Surfer und Segler sind die Oberengadiner Seen. Die Marathon-Regatta zwischen Maloja und Sils gehört schon zu den Klassikern im internationalen Surfsport.

flammendes Gelb, das unter den Strahlen der Sonne wie flüssiges Gold leuchtet. Besonders schön gerät der Kontrast zum dunklen Grün der Arven, die auch auf der schattigen Ostseite des Hochtals gedeihen.

Ihr feingemasertes Holz täfelt seit Jahrhunderten die Engadiner Stuben, prunkt als Kassettendecke oder Schrankgesims von zartem Duft und schöner Patina. Im oberen Rosegtal finden sich Arvenbäume, die mehr als 600 Jahre alt sind, kerngesund und mit gigantischem Wurzelwerk. Als die Planta noch mächtig waren, und die Österreicher am Calven vernichtend geschlagen wurden, standen sie schon und werden – so die Industriegesellschaft wieder zur Vernunft kommt – wohl auch noch in hundert Jahren stehen.

Manche von ihnen spiegeln sich im kristallklaren Wasser der unzähligen Seeaugen, die zwischen Maloja und St. Moritz aus den Bergwiesen und Karböden schimmern. Namenlose Moorweiher, Gletscherseen in allen Farbschattierungen, mal smaragdgrün, dann wieder tintenblau oder silbrig. Manche liegen höher als 2800 Meter, zwischen Blöcken aus Granit und auf keiner Karte vermerkt. Andere majestätisch im breiten Tal, hingegossen für die Ewigkeit – oder auch nur den kurzen Augenblick der Erinnerung.

Mag sein, daß der Silser See, der Lej da Segl, von allen der schönste ist. Schon die Uferlinie besticht durch ihren Charme, ihre starke Gliederung, den alten Baumbestand und die wunderbaren Rasenpolster. Hinter den Halbinseln von Chastè und Chüern öffnen sich immer wieder andere Panoramen, man wünscht sich ein Boot, um zu den winzigen Chaviolas-Inseln hinüberzurudern. Vielleicht liegt hier tatsächlich der Schlüssel zum Oberengadin, so perfekt harmonieren Wasser, Erde und Licht, so typisch spiegelt sich der Farbdreiklang Blau, Grün und Weiß.

Fast schon »städtisch« wirkt dagegen der See von St. Moritz, umbaut von drei Seiten und im Winter als Pferderennbahn oder Pologrund genutzt. Statt dem weißen Gipfel des Piz da la Margna thront das wunderliche Steingebirge des »Palace« über dem Nordufer. Im Sommer bläht der Malojawind die bunten Segel der Surfer, man vergißt einfach die fragwürdigen Appartementhäuser im Badeviertel, freut sich an den kühnen Drachenfliegern, die vom Piz Nair zum See schweben.

Alles darf man in St. Moritz erwarten, nur keine Einsamkeit. Da muß man schon weiter hinauf, zu den Plateaus von Macun oder Rims, wo sich ein winziger See an den anderen reiht. Vom Flugzeug aus wirken die Weiher wie Saphire, geschmackvoll in Felsen oder sattgrüne Almen gefaßt. Durch den Bau der Seilbahn von Sils nach Furtschellas ist man in wenigen Minuten am Südwesthang des Piz Corvatsch, wo der Lej Sgrischus zwischen sanften Wiesenbuckeln träumt. In seinem Wasser spiegelt sich der dicke Eismantel des Piz Fora, kalt und unnahbar, alle Farbtöne zwischen Weiß und Blau ausnutzend. Wenn man so will, Hochgebirge in seiner Vollendung, komplettiert durch rund geschliffene Felsköpfe, Blockmoränen, Matten und Schneefelder.

Die Dörfer des Oberengadin –
Von architektonischen und kulinarischen Genüssen

Nur wenige Kilometer östlich und einige hundert Meter tiefer könnte der Kontrast nicht größer sein. *St. Moritz* ist immer noch ein Magnet, ein kosmopolitisches Dorf, faszinierend und fragwürdig zugleich. Doch die gesellschaftliche Höhenlage entspricht nach wie vor der geographischen, allen Kassandrarufen zum Trotz, die mit dem Zuzug neureicher Mittelständler das Ende der Exklusivität gekommen sahen. Schmuck und Pelze in der »Chesa Veglia« oder im »Hanselmann« sind immer noch beispiellos, in den Tiefgaragen stapeln sich die Automobile jenseits der Hunderttausend-Mark-Grenze, die Jet-Set-Boutiquen oder Juwelier Bucherer setzen zwischen Weihnachten und Neujahr mehr um, als vergleichbare Läden anders-

30 The lakes of the Upper Engadine are ideal for windsurfing and sailing. And the marathon regatta between Maloja and Sils has become a classic of international windsurfing.

wo im ganzen Jahr. Drunten, auf dem Flughafen in Samedan, landen oder starten alle paar Minuten die Gulfstream und Lear der Superreichen, die es wie eh und je ins Engadin zieht. Der Platz an der Sonne hat eben seinen Preis. Und die Bereitschaft zu zahlen ist im wahrsten Sinne des Wortes grenzenlos.

Nein, mit den Dörfern des Oberengadin hat St. Moritz nur noch den geographischen Längen- oder Breitengrad gemein, sonst nichts mehr. An die bäuerliche Kultur erinnert allenfalls noch der schiefe Kirchturm, halb romanisch, halb barock. Das dazugehörige Schiff ist längst verschwunden, so wie die Bauernhäuser der Renaissance, die russischen Großfürsten oder das Gebimmel der Schlittenglocken. Geblieben sind die Geschäftstüchtigkeit der Hoteliers und Juweliere, die Arroganz der Fünf-Sterne-Portiers und das Champagnerklima. Zusammen mit reichlich Sonne und Schnee noch immer Grund genug für die Sehnsüchte von Millionen in aller Welt.

Um den Mythos von St. Moritz braucht man sich also vorerst keine Gedanken zu machen. Und wem die Touristen zu hektisch, die Eitelkeit zu schrill und die Bergbahnen zu überfüllt sind, der findet im Inntal Dörfer genug, die ihren alpinen Charakter unverfälscht konserviert haben. Nur einen Steinwurf weiter östlich schmiegt sich *Celerina* in die Mulde zwischen Marguns und Inn. Auch hier elegante Hotels der Belle Epoque, das weiß geputzte »Misani«, das »Palace« und wie sie alle heißen. Aber der Ortskern unversehrt, mit Brunnen, Kirche, uralten Bauernhäusern und Gasthöfen: »Palazzin«, »Chesa Jann Fachin«, »Haus Monsch«, »Hotel Muragl« oder das »Rosatsch«. Letzteres ist ein gemütliches Engadiner Lokal mit uralter Holztäfelung, Kachelofen und einer beachtlichen Küche. Hier werden nach Meinung einheimischer Gäste die besten Pizzoccheri serviert, Buchweizennudeln mit Kartoffelscheibchen, Kohl und Spinat, das Ganze mit Käse überbacken. Auch die saftigen Gamsschnitzel zum Steinpilzrisotto sind über kleinliche Kritik erhaben, zumal sich die Preise in moderatem Rahmen bewegen.

Das ist sicher relativ, denn im Oberengadin wird teuer gegessen und noch teurer getrunken. Vier Luxushotels in St. Moritz, eins in Pontresina, da wundert man sich am besten über gar nichts mehr. Jedenfalls nicht über die Unmengen Hummer und Lachs, Trüffel und Gänseleber, die hier während einiger Wintermonate konsumiert werden. Auch nicht über die 180 Pfund Kaviar, die bei einer Silvestergala allein im »Palace« gelöffelt wurden. Eher schon über die Kaltblütigkeit, mit der man für eine Flasche durchschnittlichen Bordeaux 200 Franken verlangt.

Niemand wird natürlich gezwungen, an der gastronomischen Hochkultur im »Romanoff« (Carlton) oder auch im Suvretta House teilzunehmen. Es gibt gottlob eine ganze Reihe ambitionierter Köche in der Umgebung, die das Gefühl für eine vernünftige Relation von Preis und Leistung nicht verloren haben. Nach Zuoz, ins »Crusch Alva«, kann man eigentlich immer gehen, ohne jemals enttäuscht zu werden. Die deftige Bündner Küche schmeckt vor allem nach einem Skitag in klirrender Kälte – und von denen gibt es im Oberengadin bekanntlich viele.

Fast nebenan, in La Punt, steht die »Chesa Pirani«, ein mehr als zweihundert Jahre altes Bauernhaus mit prachtvollen Gewölben. Nicht eben billig, aber mit einer phantasievollen Küche gesegnet: Gurkencremesuppe mit Salmstreifen, junge Entenbrust mit Sesam und Berghonig glasiert oder ein delikates Alt-Wiener Gulasch aus der Kalbshaxe. Da müssen sich die Schwestern Godly in Sils-Maria schon anstrengen, um auf diesem Niveau zu kochen. Trotzdem ist ihr »Chesa Marchetta« stets gut besucht, zumal die kleine Arven-Stüva nur über fünf Tische verfügt. Weil aber – im täglichen Wechsel – nur ein Hauptgericht gekocht wird, kann eigentlich nichts schiefgehen. Besonders die hausgemachten Würste, die Spinatköpfli zur Kalbsleber oder die Polenta mit Rahmgeschnetzeltem schmecken einfach umwerfend nach der

31 Für die reiferen Jahrgänge gibt es nach dem Skilaufen nur eine Adresse in St. Moritz: Das Café Hanselmann, fast weltbekannt und berühmt für seine selbstgemachten Trüffel und Pralinen.

Folgende Abbildung:

32 Nirgendwo im Engadin ist der Blick so grandios: Auf der Terrasse von Muottas Muragl, hoch über dem Inn, liegt einem die Landschaft wie ein alter Gobelin zu Füßen.

31 For the over-thirty crowd there's only one place for après-ski in St. Moritz – Café Hanselmann, famous for its homemade chocolate truffles and candies.

Following illustration:

32 Nowhere else in the Engadine is there a panorama of such grandeur; on the terrace of Muottas Muragl high over the Inn the world lies stretched out at your feet like an antique Gobelin tapestry.

CONDITOREI HANSELMANN

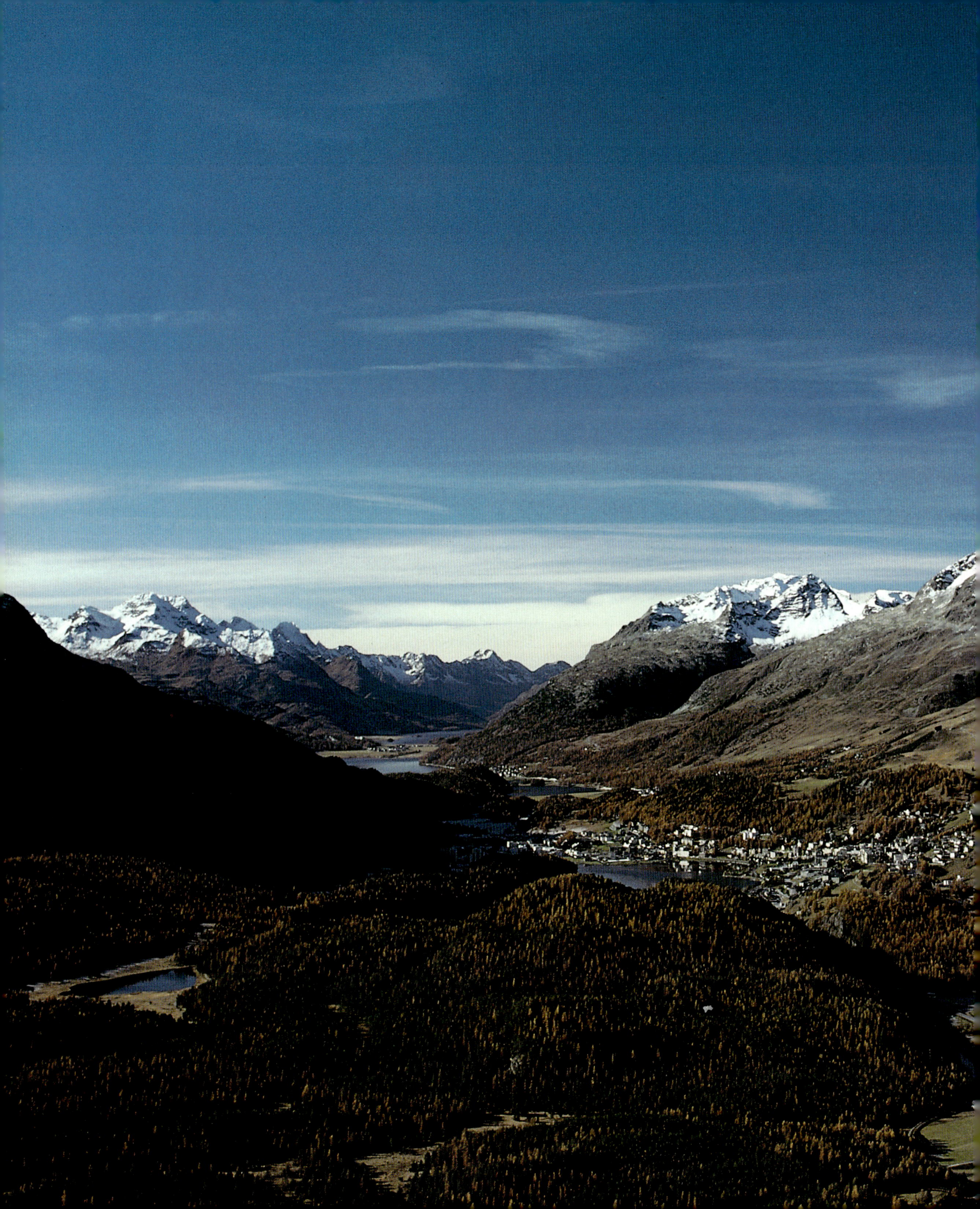

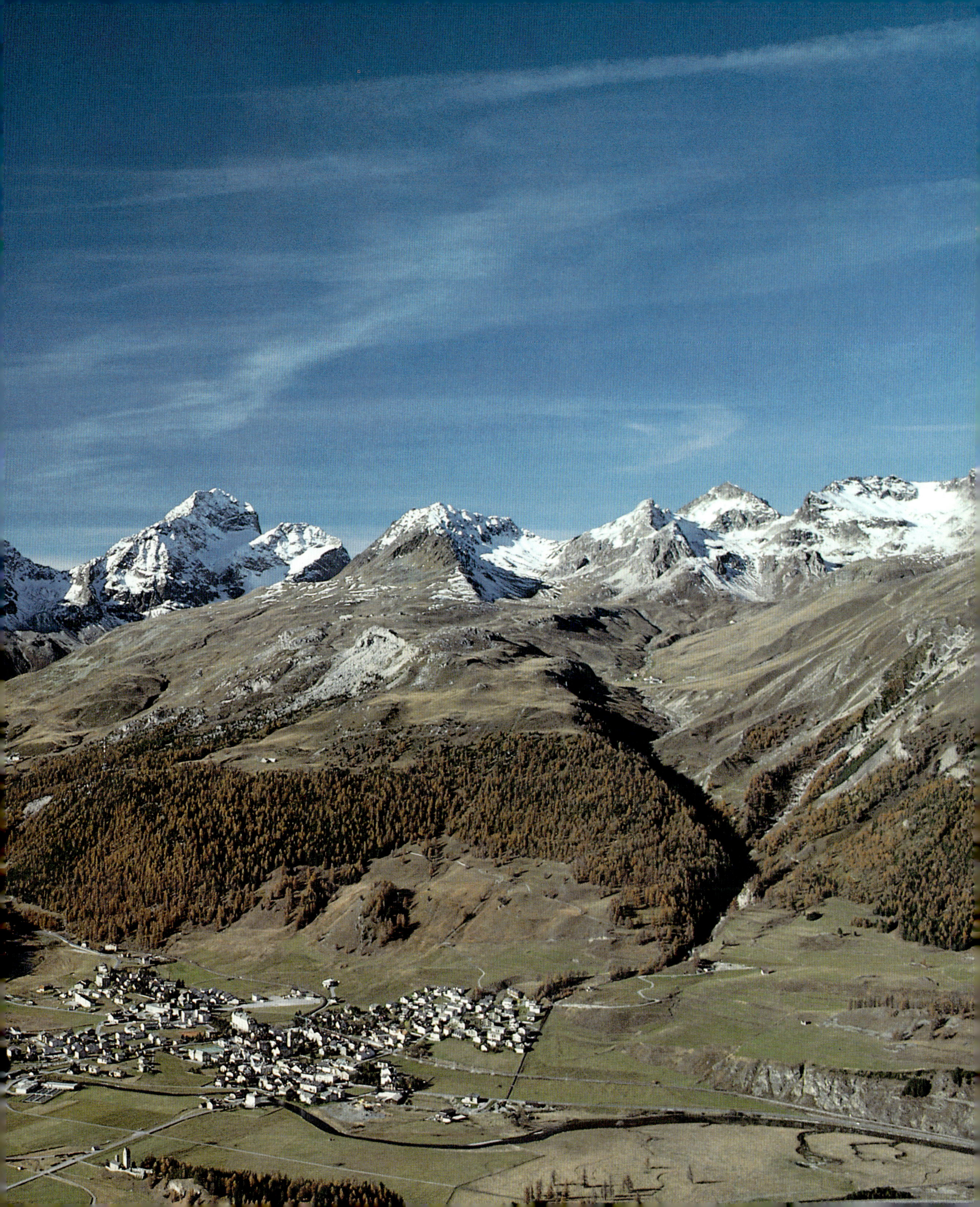

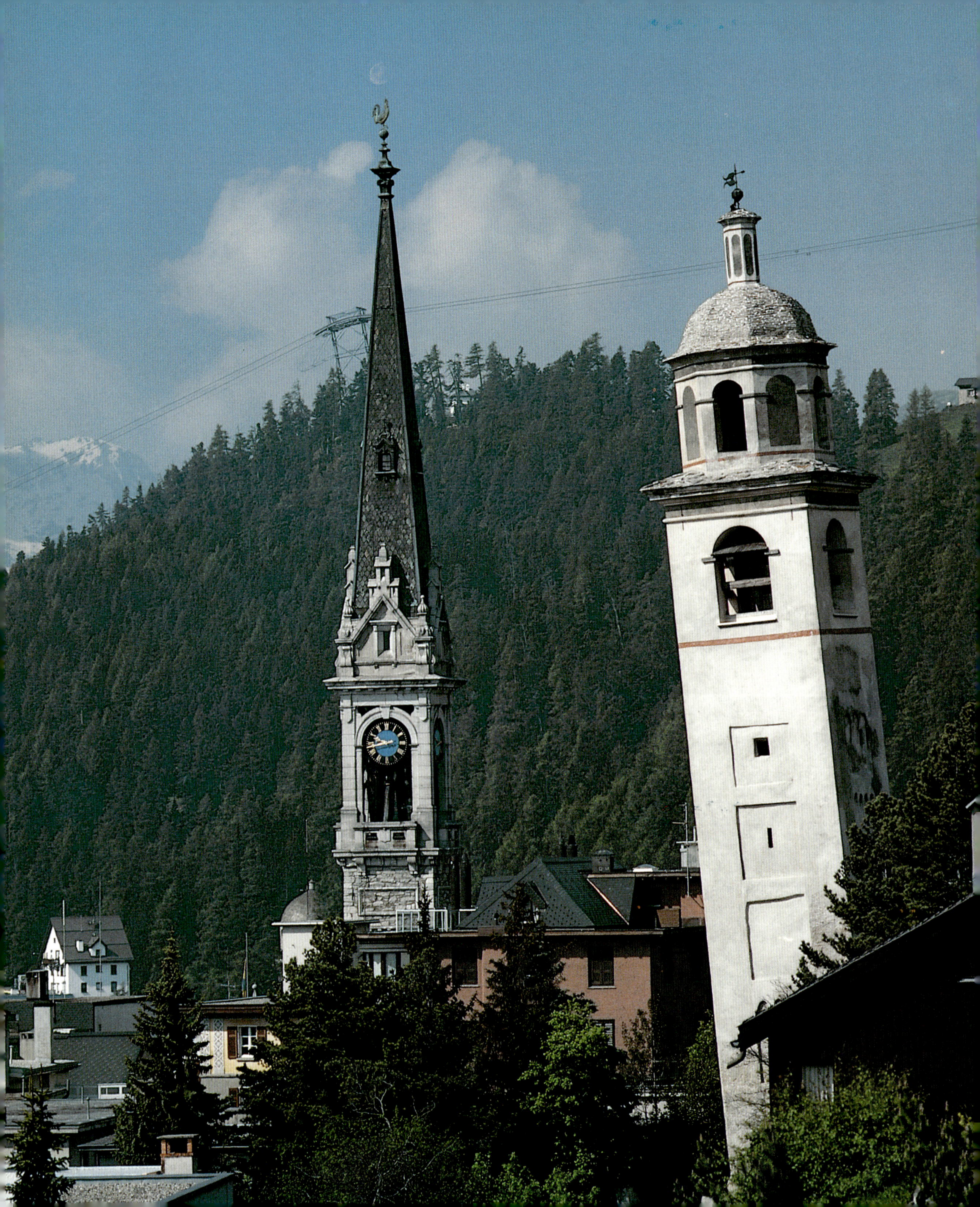

33 Nicht so berühmt wie sein Bruder in Pisa, aber genauso schief: Der alte Kirchturm von St. Moritz. Er gehörte zu der im 19. Jahrhundert abgetragenen Kirche St. Mauritius.

guten alten Zeit, die es natürlich auch im Engadin gegeben hat. Dazu paßt das hauchzarte Bündnerfleisch ebenso wie die Nußtorte oder der trockene Veltliner Rote.

Nirgendwo ist allerdings der Blick aus dem Fenster so grandios wie im »Muottas Muragl«, auf halber Höhe zwischen St. Moritz und Pontresina. Wie ein alter Gobelin liegt einem die Landschaft zu Füßen, bevor der Sonnenuntergang alles in Flammen setzt. Fast schämt man sich seiner Begeisterung, so kitschig-rosa schimmern die Gipfel unter aprikosefarbenen Wolken, so silbrig leuchten die Seen zwischen dem Blauschwarz der Wälder. »Diese Landschaft hat mir das Leben wiedergegeben«, schrieb Nietzsche an anderer Stelle. Man glaubt ihm hier oben aufs Wort, kann sich selbst beim zehnten Besuch des Berggasthofes nicht satt sehen an der Pracht des Panoramas.

Von der kleinen Talstation sind es nur zwei Kilometer bis *Samedan* oder Samaden, wie die Unterländer sagen. Ein steiler Weg führt hinter dem Dorf durch die Wiesen bis hinauf zur Kirche St. Peter, die über den Friedhof wacht. Das ist so ein Platz, an dem man liegen möchte, wenn es einmal so weit sein sollte. »Der helle Hafen des anderen Ufers« – il port serain da l'otra riva –, wie der Dichter Gian Fabri Caderas schrieb, der gern zwischen den alten Gräbern weilte. »Schlafstätte hier – auf welcher Höh! Von reiner Sonne licht erhellt, flößt du mir keine Trauer ein.«

Unten im Dorf die wuchtigen Quader der Bauernpalazzi, ein kleines Planta-Schloß mit weißer Kalkfassade und grünen Fensterläden. Nach Celerina hin die uralten Häuser, Graf, Trippi, Pianto und Perini, manche wappengeschmückt und renoviert, andere düster, verschlossen, ihre Pracht im Innern verbergend. Archaische Fenster, breite Sandsteinportale mit kunstvoll geschnitzten Türen, Erker wie kleine Bastionen oder schmiedeeiserne Balkone. Vielleicht ist Samedan das ursprünglichste Dorf im Oberengadin, trotz Bever, La Punt, Silvaplana oder Sils. Zuoz ist schon wieder prächtiger, eigentlich mehr eine kleine Stadt, nicht so verwinkelt, verschachtelt. Den rosafarbenen Schnee des Piz Morteratsch sehen die Samedaner zwischen ihren Dächern, darüber – vor allem gegen Abend – einen veronesegrünen Himmel. André Beerli, der ein gutes Buch über das unbekannte Graubünden geschrieben hat, verspürte in den leicht geschwungenen Gäßchen »die reinste Dämmerungspoesie«, bevor er sich im Gewölbe der »Alberg dal Tschierv« bei einer Karaffe Veltliner wieder profanen Dingen widmete.

Sonntags, auf dem Kirchplatz von Samedan, zeigt sich noch einmal das alte Engadin: Nach dem Gottesdienst kommen zuerst die Männer aus dem Portal, an der Spitze der Pastor, zuletzt die Frauen. Seit Jahrhunderten ist der Austritt fest geregelt, so wie Schlafen und Tabakkauen während der Predigt verboten sind. Markante Gesichter unter schwarzen Hüten füllen nach und nach den Platz, Frauen mit prachtvollem Silberschmuck und frisch frisierte Kinder. Vom 16. Lebensjahr an hatten die Jungen Stimmrecht, wer nicht mitwählte, mußte Strafe zahlen, die sogleich in Alkohol umgesetzt wurde. Seit 1570 war das Oberengadin in zwei Teile getrennt, und die Gerichtsbarkeit der Gemeinde Samedan erstreckte sich über Bever hinaus fast bis La Punt. Der frei gewählte Landammann war ein mächtiger Herr, arbeitete ehrenamtlich und residierte in einem wuchtigen Palazzo. Katholiken, Juden oder ortsfremde Männer – von den Frauen ganz zu schweigen – hatten keinen Anteil an der schönen Kirchplatzdemokratie. Um sich in Samedan niederlassen zu dürfen, mußte der »Hintersäss« eine Kaution von dreihundert Dukaten stellen, Steuern zahlen, einen Stier halten, Schnee schaufeln und im Kriegsfall mit der Waffe einrücken.

Das war in den übrigen Dörfern am Inn nicht anders. Die Herren von *Zuoz* besaßen an einem gut funktionierenden Gemeinwesen ebenso großes Interesse wie ihre Kollegen in Samedan. Das hinderte beide nicht daran, sich gegenseitig immer wieder das Leben schwerzumachen.

33 Not as famous as its brother in Pisa, but it leans just as far: the old church tower of St. Moritz. It was once part of St. Mauritius Church, destroyed in the 19th century.

In Las Agnas bei Bever, ganz nahe der Grenze, trafen sie sich nach jedem Zwist in einem Gasthof und schlossen Verträge oder fällten gemeinsame Entscheidungen, die dann für den ganzen Landstrich gültig waren, aber kaum auf längere Sicht hielten. Anschließend kehrte jeder nach Hause zurück – und der Streit zwischen beiden Dörfen, der gelegentlich in Bürgerkrieg ausartete, begann von neuem.

Vergeblich versuchte die Landgemeinde des Oberengadin, sich von der Vormundschaft der Planta zu befreien, die ihren Sitz in Zuoz hatten. Zu mächtig war die Familie mit der Bärentatze im Wappen, zu schwach die Konkurrenz der freien Bauern aus La Punt, Chamues-ch oder S-chanf. Selbst die Albertini, wohl Bologneser Abstammung und im 17. Jahrhundert geadelt, hatten den Planta nichts Gleichwertiges entgegenzusetzen. Dafür bauten sie in *La Punt* wunderschöne Häuser, machten das Dorf an der Kreuzung von Albulastraße und Inn zu einem Muster Engadiner Architektur. 1623 errichtete ein Albertini die Wirtschaft zum Steinbock, mit stuckgewölbtem Sulèr und kostbarer Holztäfelung. Die Chesa Pirani, ganz in der Nähe, wurde 1758 von einem Offizier in Auftrag gegeben, der sein Geld in holländischen Diensten erworben hatte. Dem filigran gewölbten Balkon an der Frontseite entspricht im Innern ein Prunksaal über zwei Stockwerke, in dem heute ein vorzügliches Lokal untergebracht ist. Auf der anderen Seite des Inn liegt das mit gezahnten Giebeln geschmückte Haus des Hauptmanns Ulrich Albertini, Wahrzeichen von La Punt seit 1642. Kamine, Fenster und Steinfassungen verraten den aristokratischen Stil seines Erbauers, der zusammen mit Jürg Jenatsch in den Bündner Wirren kämpfte.

Übertroffen wird La Punt nur noch von *Zuoz*, wo sich die Planta ihre zahlreichen Wohnsitze errichteten. Drei über die Hauptstraße gespannte Bogen verbinden den mächtigen Herrenturm mit Conradin von Plantas Häuserblock am Fuß des abschüssigen Platzes. Vielleicht der schönste Palazzo des Engadin, wer will das schon so apodiktisch entscheiden. Das breit hingelagerte Unterhaus verbindet den Prunk der Familie mit demokratischen Bedürfnissen: An Regentagen dienten Treppe und Arkarde als Versammlungsort für die Gemeinde. Vor allem das graugrüne Rokokogeländer aus Granit hat die Kunsthistoriker immer wieder fasziniert und zu allerlei tiefsinnigen Betrachtungen animiert. Die Anlage wirkt eher wie eine überdimensionale Kanzel, majestätisch über dem gepflasterten Grund, die ideale Bühne für den stolzen Bauernadel. Schräg gegenüber, auf der breiten Front des »Crusch Alva«, in dem ehemals das Gericht tagte und heute Touristen schlafen, prangen die Wappen der Drei Bünde. Das »Weiße Kreuz« ist ein Gasthof, wie man ihn sich wünscht, voller Tradition, Geschmack und Behaglichkeit. Bei einer Flasche Dole und frischen Steinpilzen mit Kalbsgeschnetzeltem läßt sich herrlich über Aufstieg und Fall der Planta meditieren.

Die besaßen noch mindestens drei weitere Häuser in Zuoz, die den Plazzet im östlichen Teil des Dorfes begrenzen. Das erste, aus dem Jahr 1651, erbaute ein kaiserlicher Kavallerieoffizier, dessen Sold offensichtlich nur für einen schmalen Balkon reichte. Das zweite, ländlichere, besitzt ein prächtiges Sulèr-Tor mit Kassettenschnitzereien. Das dritte, römischrot und ein wenig heruntergekommen, entwickelte sich im 18. Jahrhundert aus einem Turm und besitzt drei Flügel. Ein alpines Schloß möchte man sagen, wenn die Proportionen nicht so bescheiden wären. Johann Baptista von Planta, Oberst eines Engadiner Regiments in holländischen Diensten, errichtete den Mittelbau mit dem Barockgiebel. Die Familie Pult fügte beide Flügel hinzu und bewohnt sie noch heute. Schließlich am Ortsausgang das Haus Schucan (früher Planta), mit einem Doppel-Sulèr, der sich an Weiträumigkeit kaum übertreffen läßt. Das alles steht noch immer so da wie zur Blütezeit der einstmals großen Familie. Jetzt ist der Hauptzweig vom Aussterben bedroht. So bleibt nur zu hoffen, daß sich auch die neuen Besitzer der Verpflichtung würdig erweisen, die ein in Europa einmaliges Architekturensemble mit sich bringt.

34 In La Punt, direkt am Ufer des Inn, liegt das weiße Haus Albertini. Ulrich Albertini, Hauptmann in den Bündner Wirren, hat dem kleinen Palazzo gezahnte Stufengiebel aufgesetzt. Das war 1642 – und seitdem hat sich nichts mehr verändert.

34 The white house of the Albertinis stands in La Punt right beside the Inn. Ulrich Albertini, a captain during Graubünden political unrests, had his little palazzo erected with stepped gables. That was in 1642 – and nothing about it has changed since then.

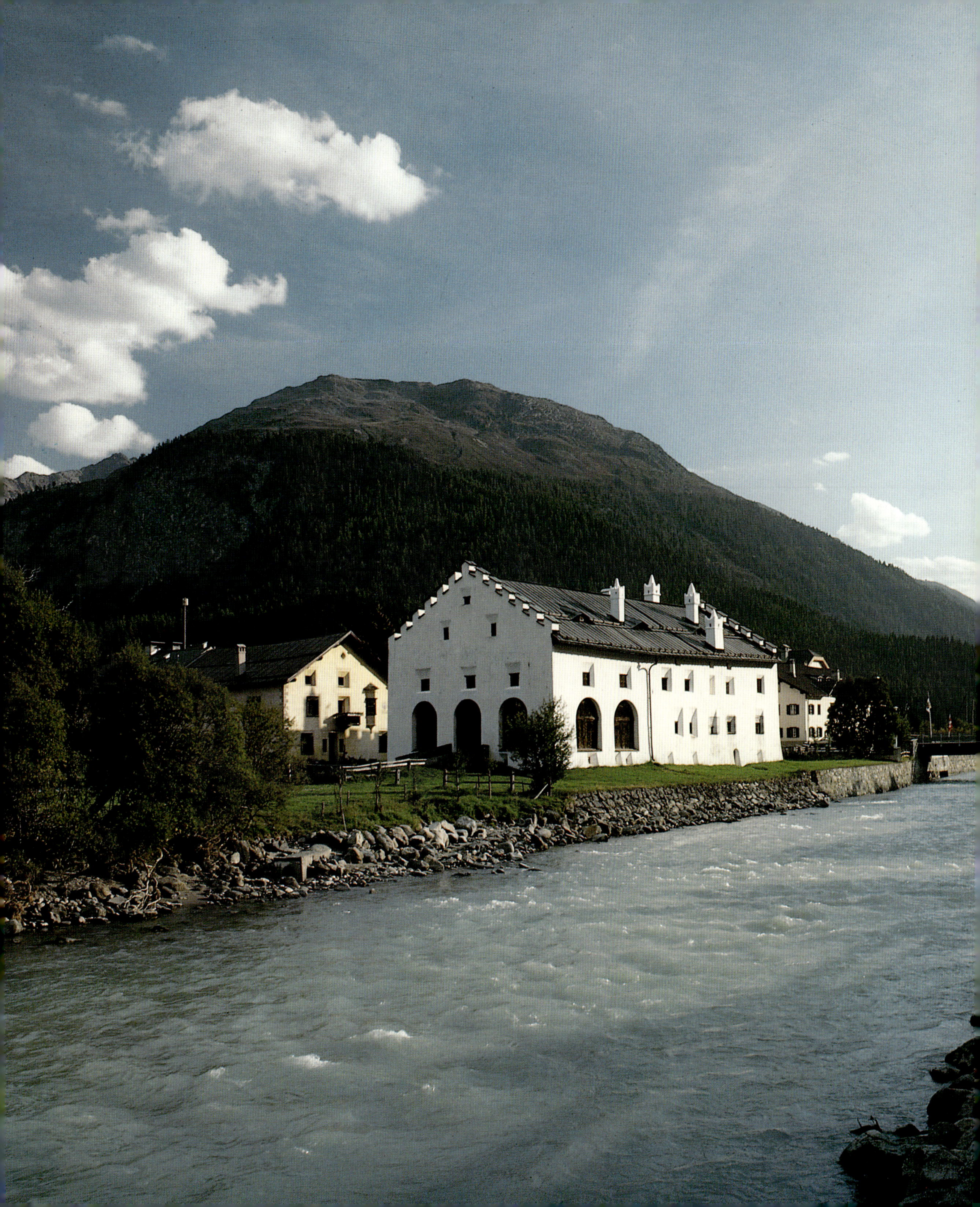

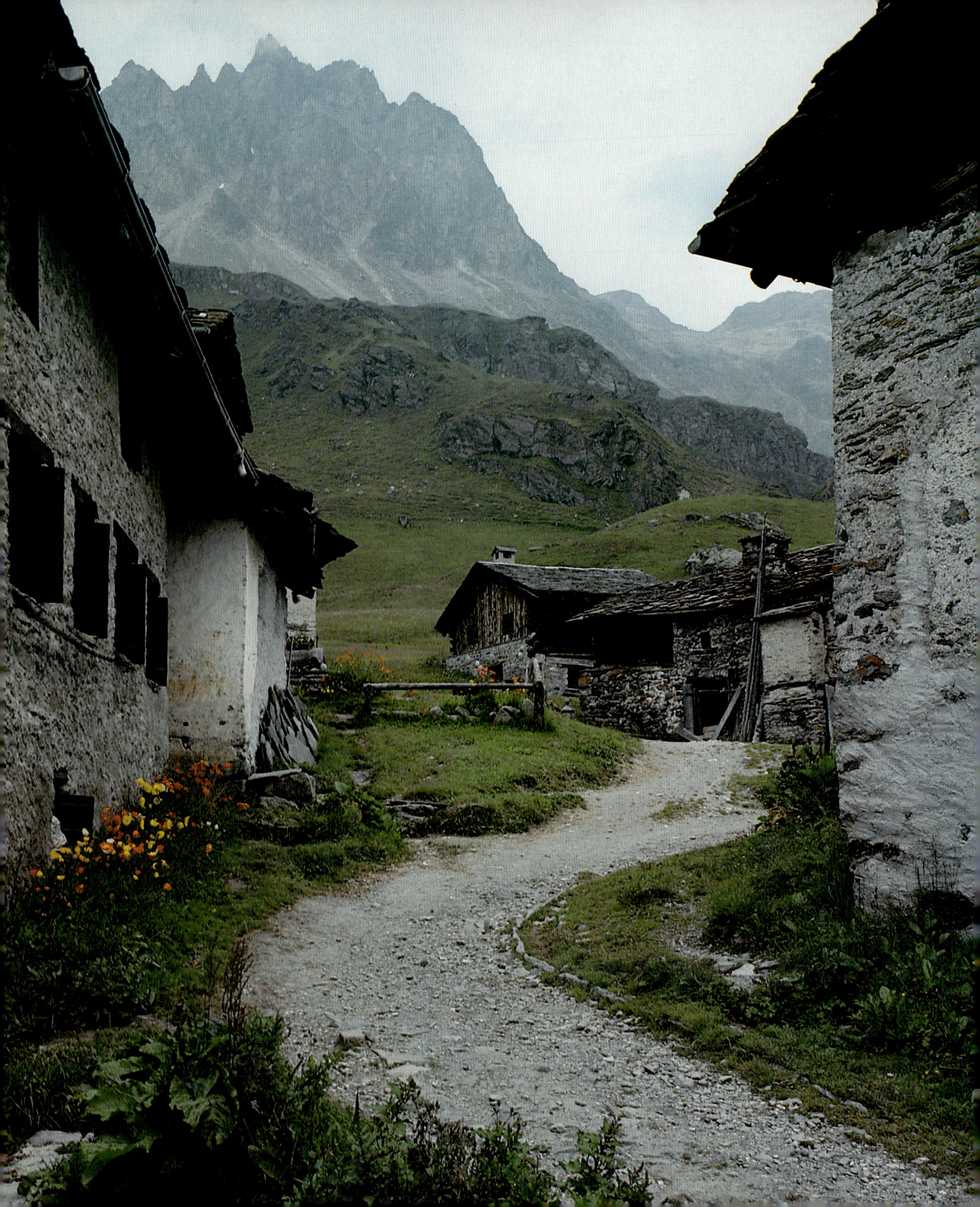

35 Nur in den kurzen
Sommermonaten sind die
Steinhütten von Grevasal-
vas bewohnt. Dann trei-
ben die Bergeller Bauern
ihr Vieh auf die steinigen
Almen, und die Senner
haben alle Hände voll
zu tun.

36 Manche Wanderziele
im Oberengadin haben
einen fast mystischen
Klang. Ins Fextal ergießt
sich in der Hauptsaison ein
endloser Strom naturbe-
geisterter Alpinisten, die
sich an den Blumenfeldern
nicht sattsehen können.
»Die gesamte Schönheit
des Augenblicks in ihrer
Vollendung« notierte
Friedrich Nietzsche, als er
von einer Wanderung nach
Crasta zurückkehrte.

35 Only during the short
summer months are the
stone cottages of Grevasalvas inhabited. This is when
the farmers of Bergell drive
their cows up to the stony
mountain meadows, and
the Alpine dairymaids and
-men have their hands full.

36 Some of the hiking
goals in the Upper En-
gadine have an almost
mystical sound to their
names. During the peak
season, an endless stream
of nature-loving alpinists
pours into Val Fex, and
they can't see enough of
the flowering meadows
and the towering alps.
"The entire beauty of the
moment stands revealed",
noted Friedrich Nietzsche
upon returning from a hiking trip to Crasta.

37 | 38

37 Die Landschaft des Silser Sees verdankt ihre Schönheit den Eiszeitgletschern. Sie hobelten das tiefe Becken aus, rundeten die seitlichen Berghänge ab. Später schwemmte der Bach aus dem Val Ferdoz große Massen Verwitterungsmaterial in den See, so daß sich die Halbinsel Isola aus dem Wasser hob.

38 Nur eine bescheidene Steintafel erinnert am Nietzsche-Haus in Sils Maria an den großen Denker. Im karg möblierten Pensionszimmer der Familie Durisch entwarf Friedrich Nietzsche den Plan zu seinem Hauptwerk »Also sprach Zarathustra«.

Haben die Planta Zuoz, die Albertini La Punt geprägt, so erinnert in *S-chanf* fast jedes zweite Haus an die Perini. Ihr Dorf besteht praktisch nur aus einer Gasse mit mächtigen Wohnsitzen zu beiden Seiten. Die Familie kam in französischen Diensten zu Geld und legte die Louisdor in Palazzi reinsten Engadiner Stils an. Ein massiver Bau, das heutige Haus Juvalta aus dem Jahr 1670, verzichtet auf den Giebel und bildet einfach einen wuchtigen Würfel mit flachem Zeltdach. Ein Blick auf Portale, Erker und Fenster sagt mehr über die Architektur des Inntals als jedes noch so gewichtige Lehrbuch.

Gleiches läßt sich über die Sgraffiti im benachbarten *Cinous-chel* oder Chinuskel sagen. Weil die heutige Straße nicht mehr durch den Ort führt, blieben die Dekorationen der Häuser von Spritzwasser, Streusalz und Autoabgasen verschont. Trotz ihres Reichtums wirken die Sgraffiti eher leicht, geradezu spielerisch in den Mörtel gekratzt. Zu den üblichen Engadiner Motiven, den Eckquadern, Rosetten oder Bandmustern, kommen Fabelwesen, Muscheln und heimische Tiere. Das alles harmoniert überraschend gut, selbst wenn die Symmetrie fehlt. Formgefühl und Phantasie sind eben wichtiger als schablonenhafte Anwendung irgendwelcher Techniken. Vielleicht liegt darin ein Stück Geheimnis der bäuerlich-aristokratischen Bauweise, die uns noch heute – trotz ihrer Strenge – anspricht.

Auf Nietzsches Spuren

Nicht alle Dörfer des Oberengadin sind von archaischer Schönheit. Lassen wir St. Moritz als »größtes Dorf der Welt« einmal beiseite, darüber war an anderer Stelle schon die Rede. Auch *Sils Maria* ist – verglichen mit der Noblesse Zuoz' oder Samedans – ein eher bescheidener Ort. Wäre nicht die grandiose Landschaft, man würde nicht viel Aufhebens um die freundlichen Pensionen und Bauernhäuser, die schmucklose Kirche oder das Grandhotel »Waldhaus« machen. Und dennoch faßte Friedrich Nietzsche hier den »Gedanken der ewigen Wiederkunft«, genauer gesagt am Ortsrand, zwischen Sils und dem See von Silvaplana. »So fern vom Leben, so metaphysisch« fand der Philosoph Ort und Raum, daß er am 26. August 1881 den Plan zu seinem Hauptwerk »Also sprach Zarathustra« entwarf. Das geschah im karg möblierten Pensionszimmer der Familie Durisch, die sich nebenbei von einem kleinen Kolonialwarenhandel ernährte.

Das Haus ist zweistöckig, ein festes, schlicht gebautes Engadiner Bürgerhaus, weiß, mit grünen Läden. Hunderte gibt es davon zwischen Maloja und Zuoz. Über der Haustür heißt es auf einer Tafel: »In diesem Haus wohnte Friedrich Nietzsche während schaffensreicher Sommermonate 1881–1888.« Daß man in der Bergluft die klarsten Gedanken fassen kann, glaubte der Gast aus Preußen auch später noch, als er das Engadin – der ständigen Kopfschmerzen wegen – nicht mehr aufsuchte: »Hier ist gut leben, in dieser starken, hellen Luft, wo die Natur auf wunderliche Weise zugleich wild, feierlich und geheimnisvoll ist.«

Im Nietzsche-Haus hat man ein kleines Museum eingerichtet, Ziel eines intellektuellen Wallfahrts-Tourismus wie der Zarathustra-Stein drunten am See. Irgendwie sind solche Bemühungen um ein materialistisches Verständnis von Philosophie rührend. Als würde die Qualität geistiger Leistung zu ihrer räumlichen Umgebung in Relation stehen. Dann wären Bergsteiger oder Tiefseetaucher dazu prädestiniert, die Menschheit permanent mit neuen Ideen oder Theorien zu beglücken.

Gottlob hat das eine mit dem anderen nichts zu tun, obwohl immer wieder Philosophen das Oberengadin zu intellektualisieren wußten. Im Silser Haus belegen Bücher von Thomas Mann und Walter Benjamin, von Adorno, Musil und Proust diese Versuche. Alle waren sie irgendwann einmal da, aßen wie der Meister in der – inzwischen verblühten – »Alpenrose« oder wohnten im Hotel »Edelweiß«: Gottfried Benn, Jean Cocteau, Hermann Hesse oder Rainer Maria Rilke. Sie wanderten auf Nietzsches Spuren entlang des Silser und Silvaplaner

37 The area around Lake Sils owes much of its beauty to Ice Age glaciers which scooped out the deep basin and rounded off the surrounding mountains. Later the brook from Val Ferdoz deposited masses of debris in the lake to create the Isola peninsula.

38 Only a modest stone tablet on the Nietzsche House in Sils-Maria reminds passersby of the great philosopher. In a sparsely furnished room in the Durisch family pension, Friedrich Nietzsche conceived his major opus, "Also sprach Zarathustra".

Sees, berührten vielleicht den pyramidalen Felsbrocken mit der Gedenktafel und hofften auf Intuition.

Längst finden »philosophische Exkursionen« auf ausgetretenen Pfaden statt, ins Fextal oder zur Halbinsel Chastè. In den Vitrinen des bescheidenen Museums bleichen die Manuskripte des »Einsiedlers von Sils«, wie sich Nietzsche selbst gelegentlich nannte. Für das Gros der Touristen ist er »ein Halbverrückter«, sofern sie mit seinem Namen überhaupt etwas anzufangen wissen. Von der Fassade der »Alpenrose« blättert die Farbe, die Läden sind geschlossen und vernagelt. Der Stuck geflochtener Lorbeerkränze über den Fenstern bröckelt, manche Scheiben sind eingeworfen, Moos überzieht Wintergarten und Terrasse. Auch der Garten, Treffpunkt der Damen des »Silser Kränzchens«, ist verwildert, Blumen und allerlei Unkraut wuchern dort, wo früher einmal fein geharkte Wege verliefen. In den Ebereschen schlagen sommers die Finken.

Fern vom Leben also, auf eine hellwache, nervöse Weise, war Nietzsche dem Geist seiner Zeit in Sils auf der Spur. Nachts schrieb er nieder, was ihm bei seinen Spaziergängen durch den Kopf ging. Dort, wo der See von Silvaplana endet, wo die dunklen Wälder scheinbar aus dem tiefblauen Wasser wachsen, sah der Philosoph »Italien und Finnland zum Bund zusammengekommen«. Friedlich wirkte die Landschaft nicht auf ihn. Oft plagten ihn bizarre Träume, Phantome seiner Fieberstunden, die der Majolawind noch aufheizte. »Wer weiß«, schrieb der Nichtjäger in einem seiner Briefe aus Sils, »vielleicht war ich heute Nacht auf Gemsenjagd«.

Alpträume mit oder ohne Gemsen interessieren die Besucher unserer Tage höchstens am Rande. Die Windsurfer haben das Quartier Nietzsches längst fest im Griff, Wanderer und Golfspieler komplettieren die Silser Gästelisten. Wo der Gedanke der ewigen Wiederkunft Gestalt annahm, sonnen sich Touristinnen in hautengen Jeans, den Walkman am Ohr. Und im Speisesaal des Hotel »Edelweiß« klappern unter Stilleben mit Früchten und toten Fasanen die Silberbestecke. Es geht also ziemlich normal zu in Sils Maria, von Titanen des Geistes – sofern es die unter Touristen überhaupt gibt – keine Spur.

Das Unterengadin

Oberhalb von *Brail* liegt die Hohe Brücke, Punt Ota, die Ober- und Unterengadin trennt. Politisch ist das vielleicht nicht ganz genau, weshalb manche Schweizer Schulbücher auch Zernez als Grenze zur Engiadina Bassa bezeichnen. Nimmt man die Struktur der Landschaft als Maßstab, so endet das Oberengadin spätestens an dem Punkt, an dem sich der gewaltig angewachsene Inn vom Hochplateau donnernd in die Tiefe stürzt. Steil und dicht bewaldet steigen die Nordwände aus dem Flußtal, während gegenüber sonnige Terrassen und enggedrängte Bergdörfer das Bild bestimmen.

Bei *Zernez* ist der Talboden noch breit genug, um Kirche, Planta-Schloß und einige bemerkenswerte Bauernpalazzi auf gleicher Ebene zu dulden. Im Jahre 1618 erklärte das Strafgericht von Thusis die Brüder Pompejus und Rudolf Planta für vogelfrei, weil sie zur spanischen Partei gehörten. Ihre Burg Wildenberg in Zernez wurde dem Erdboden gleichgemacht, Pompejus kurz darauf ermordert. Sein Bruder Rudolf überlebte, steuerte aus Dankbarkeit reichlich zu den Kosten der hohen Kirche bei, die noch heute den Ort beherrscht. Gleichzeitig baute er das Schloß wieder auf, diesmal allerdings vorsichtiger als seine Ahnen: *Wildenberg* öffnete sich nicht mehr freundlich zum Dorfplatz hin, sondern zieht sich hinter dicke Mauern zurück. Der massive Turm läßt noch immer etwas von den düsteren Verschwörungen ahnen, die in der Geschichte des Engadin ihre blutigen Spuren hinterlassen haben. »Mit den freiste-

39 Bei Zernez im Unterengadin ist der Talboden noch breit genug, um Kirche, Planta-Schloß und einige bemerkenswerte Bauernpalazzi auf gleicher Ebene zu dulden. Nur wenige Kilometer vom Dorf entfernt beginnt der Schweizerische Nationalpark.

40 Am schönsten sind die ersten Herbsttage im Unterengadin, wenn eine milde Sonne die Farbenpracht der Blätter zum Leuchten bringt.

Folgende Abbildung:
41 Einen grandiosen Blick hat man vom Ofenpaß auf den Schweizerischen Nationalpark. Tier- und Pflanzenwelt bleiben weitgehend ihrer natürlichen Entwicklung überlassen. Sehr zur Freude der fast 300 000 Besucher, die jährlich das Paradies zwischen Ova Spin und Stradin frequentieren.

39 At Zernez in the Lower Engadine the valley floor is broad enough for church, Planta palace and a few notable farmer residences to share the same level. The Swiss National Park is only a few miles away.

40 The early autumn days in the Lower Engadine are the loveliest of all, when a mild sun shines through the colorful leaves.

Following illustration:
41 From the top of Ofen Pass there's a magnificent view of the Swiss National Park. In this reserve, animals and plants have been left to develop naturally for the most part. Much to the satisfaction of the almost 300,000 annual visitors to this paradise between Ova Spin and Stradin.

39 | 40

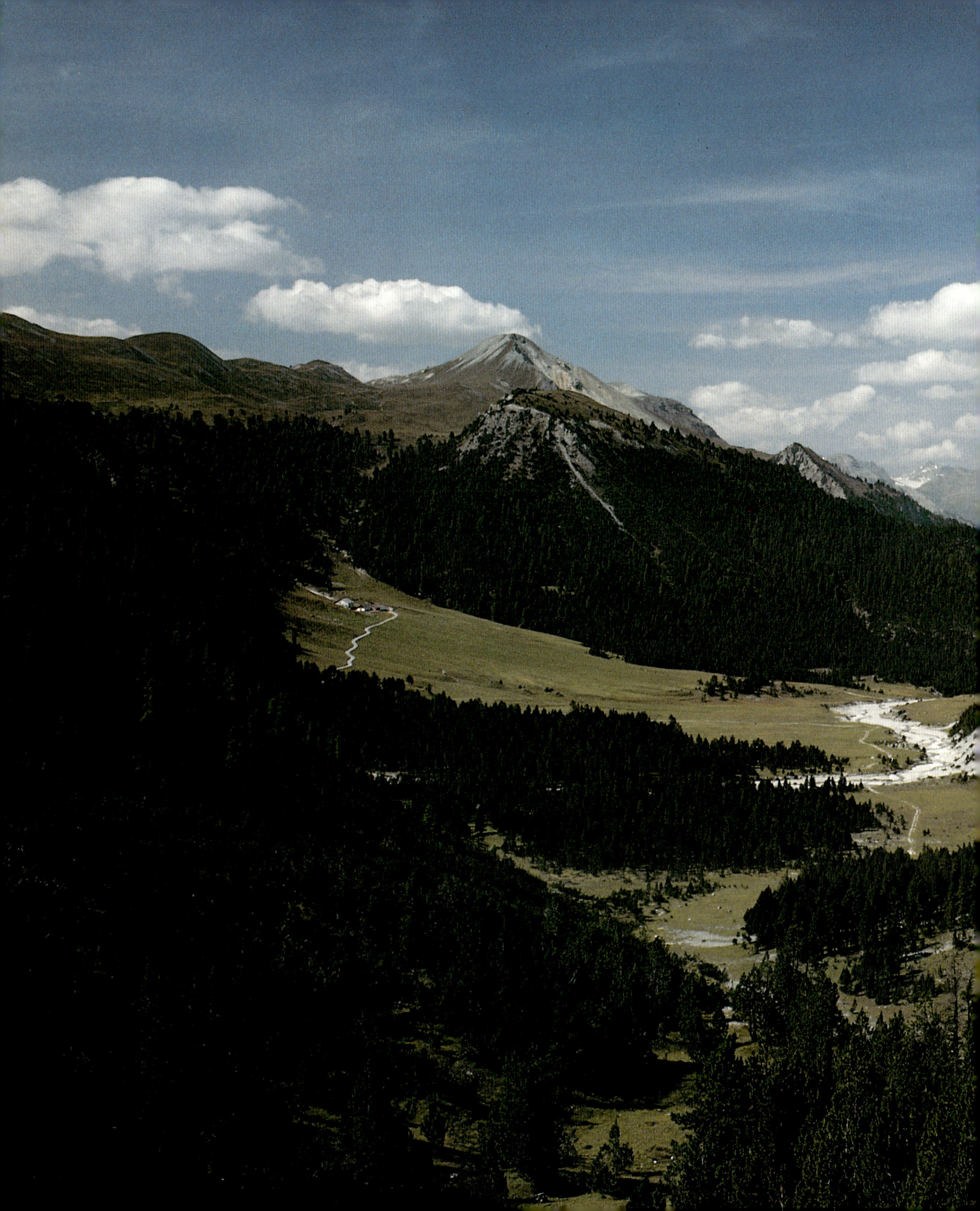

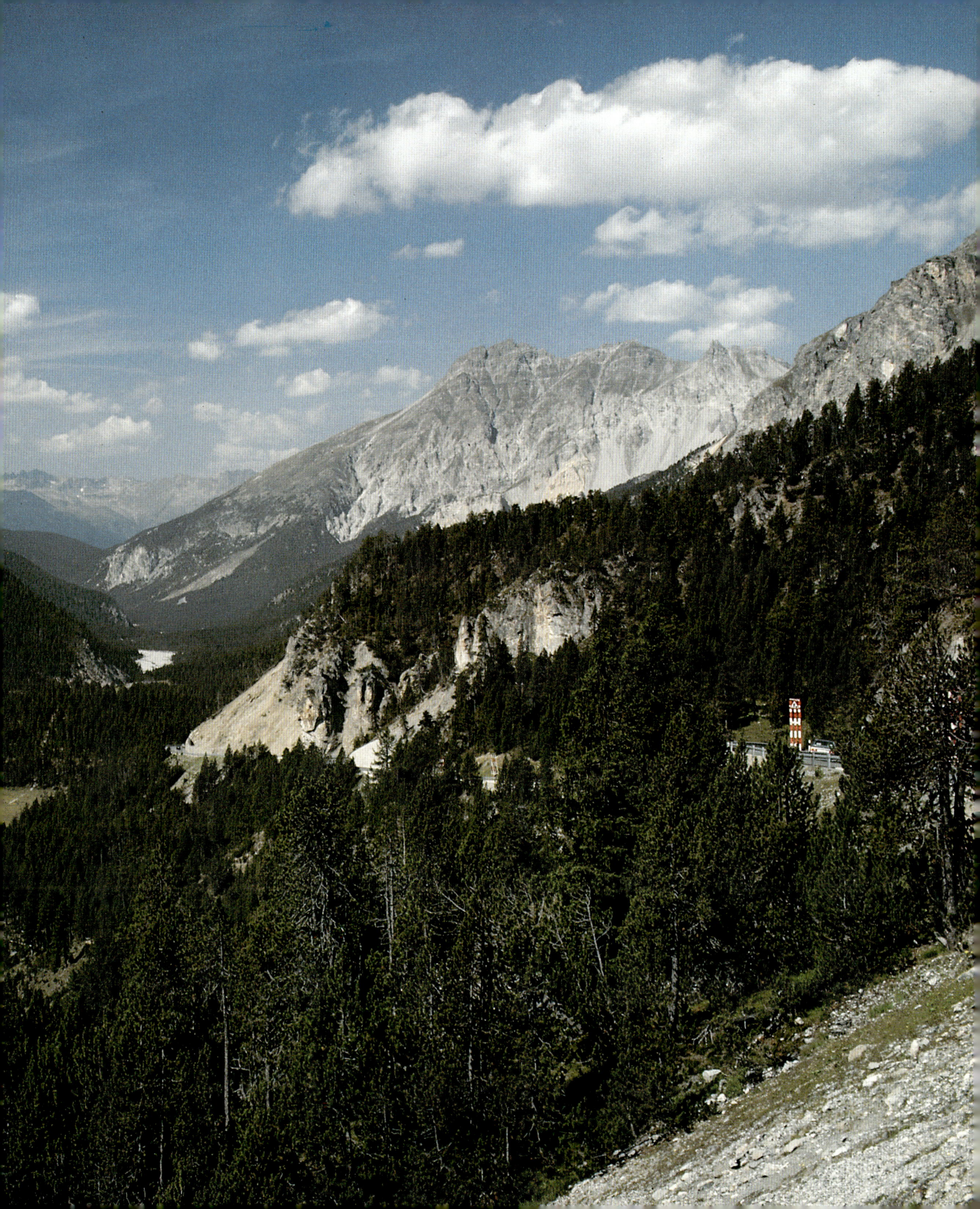

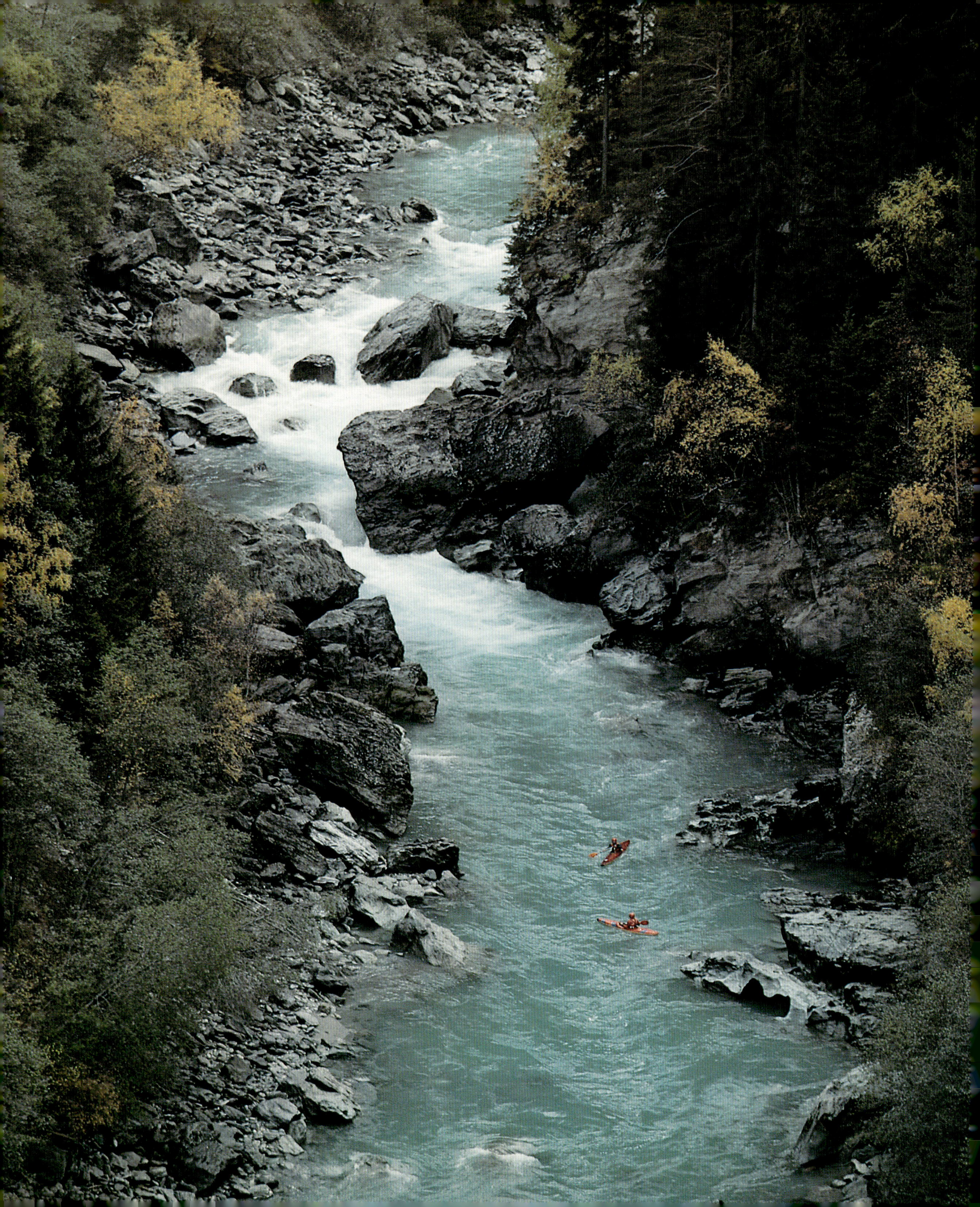

42 Von der Quelle bis nach Martina hat der junge Inn fast neunzig Kilometer hinter sich. Längst ist aus dem schmalen Rinnsal ein respektabler Fluß geworden, der vor allem im Frühjahr wild durch sein Bett tost.

henden Bauernpalästen hat der abweisende Bau nur eines gemein«, schreibt André Beerli treffend, »er ist nach dem Maßstab des Gebirges empfunden«.

Der Schweizerische Nationalpark

In Zernez zweigt die Straße zum Ofenpaß und hinüber ins Münstertal ab. »Parc Naziunal« verkünden schon nach wenigen Kilometern weithin sichtbare Schilder. Manche Landschaftsexperten befürchten allerdings eher einen Rummelplatz, von fast 2500 Hirschen bewohnt und von jährlich mehr als 300 000 Touristen besucht. Das sicher größte und auch schönste Naturreservat der Schweiz wird zwischen Ova Spin und Stradin von der vielbefahrenen Paßstraße durchquert, war also von Anfang an nur beschränkt ursprünglich und unberührt. Auf dem großen Parkplatz am Eingang zum Val Trupchun stehen die Autos dicht an dicht, im Sommer quält sich alle paar Minuten ein weiteres Vehikel den ausgefahrenen, steinigen Weg empor. Unzählige Berg- und Wanderschuhspuren, Zigarettenschachteln, Papiere von Bonbons und Kaugummis künden vom Heer der Zivilisationsmüden, die hier unverfälschte Wildnis suchen. Und der Parkwächter im Ova del Fuorn weiß schon längst Bescheid: Nicht die Gemsen fressen das Edelweiß entlang der Wanderwege oder schneuzen sich in Papiertaschentücher. Die 168,7 Quadratkilometer im Unterengadin sind – trotz ihrer unbestreitbaren Schönheit – ein vielstrapaziertes Stück Natur.

Dabei hatte alles so schön angefangen. Tier- und Pflanzenwelt sollten ihrer freien, natürlichen Entwicklung überlassen werden, Eingriffe nur zum Schutz des Nationalparks zulässig sein. Das war die Idee von Paul Sarasin und seinen Freunden, die 1909 den Gedanken aufbrachten, am Fuß des Ofenpasses ein Stück Schweiz wieder in den Urzustand zu versetzen. Ohne Düngung verkümmerten in der Folge die Weiden, die Bäume kämpften um Raum, stürzten irgendwann zu Boden, alte Stämme vertrockneten, neue wuchsen kraftvoll ans Licht. Zuerst fürchtete man, daß der Urwald die benachbarten – kultivierten – Baumbestände anstecken könnte, was aber nicht der Fall war. Hier und da kam es vorübergehend zu einer Vermehrung von schädlichen Insekten; aber sogleich tauchten andere Tiere auf, die sie vertilgten. Auf diese Weise blieb das Gleichgewicht gewahrt, zumindest bis Ende der fünfziger Jahre.

Inzwischen kommt es im Parc Naziunal immer wieder zu ökologischen Krisen. Hirsch und Rehwild vermehren sich mangels natürlicher Feinde geradezu beängstigend. Die Wiederansiedlung von großem Raubwild, das den Tierbestand regulieren würde, stieß erwartungsgemäß bei der Bevölkerung auf starke emotionale Vorbehalte. Das galt insbesondere für den Plan, im Ova del Fuorn Wölfe anzusiedeln. Man einigte sich schließlich versuchsweise darauf, ein Luchspärchen auszusetzen. Aber schon nach wenigen Wochen wanderten die beiden Raubkatzen ins südliche Engadin ab. Im Naturreservat war es den Luchsen ganz offensichtlich nicht behaglich.

Für die Touristen, die ihre Sehnsucht nach paradiesischen Begegnungen mit dem scheuen Wild rasch und intensiv stillen wollen, kann die Zahl der Hirsche und Steinböcke gar nicht groß genug sein. In dem grandiosen Hochtal mit seinen Lärchenwäldern, Almen und bizarren Felsformationen leben zwischen 1000 und 1500 Murmeltiere, etwa 2400 Hirsche, rund 1000 Gemsen, 160 Steinböcke, etwa 200 Rehe und ein gutes Dutzend Adler. Hotels veranstalten für ihre Gäste Exkursionen in den Park und beschäftigen eigens angestellte Führer, die die Besucher durch das Reservat schleusen. Die Garantie, einen röhrenden Vierzehnender zu sehen, erhöht zweifellos die Attraktivität des Urlaubs, ökologisches Gleichgewicht hin, überfüllte Parkplätze her.

Dennoch gehört der Schweizerische Nationalpark zu den am besten erforschten der Welt. Wissenschaftlern steht bei Il Fuorn ein kleines Laboratorium zur Verfügung, im Zernezer

42 From its high alpine source until it reaches Martina, the young Inn has almost 560 miles to travel. By then, the narrow stream has become a respectable river that surges wildly through its bed – especially in the spring.

Nationalparkhaus treffen sich renommierte Fachleute regelmäßig zum Gedankenaustausch. Und wenn man in entwicklungsgeschichtlichen Zeiträumen denkt, dann stehen die Chancen gut, daß der junge Urwald sein ökologisches Gleichgewicht noch finden wird, sofern man ihn nur läßt.

Nördlich von Susch ragt einsam und schwarz die Pyramide des Piz Linard (3411 m) in den Engadiner Himmel. Daneben der Piz Buin (3312 m) mit den Eisblöcken der Silvretta-Gletscher. Beide Gipfel versperren den Wolken den Zutritt, falls es diesen tatsächlich gelungen sein sollte, die Glarner, Bündner und Vorarlberger Alpen zu übersegeln. Zweitausend Meter tiefer spüren die Dörfer der Engiadina bassa nichts mehr vom Nordwind. Und die mächtigen Bergstöcke des Nationalparks sind wieder den Winden aus dem Süden im Weg, weshalb es beispielsweise in Ramosch nur halb so viel regnet wie auf dem Schweizerischen Hochplateau. Vergebens suchen die vielen fremdartigen Blumen und Pflanzen eine ebene Fläche wie bei Samedan oder Sils. Schon vor Giarsun sägt sich der Inn tief in eine wild-nasse Schlucht, während die Dörfer auf den Terrassen des linken Ufers ihre Apfel- und Kirschbäume der Sonne entgegenstrecken.

Die Dörfer des Unterengadin

In diesem romantischen Landstrich ändert sich langsam auch die Engadiner Bauart: Weiter ausladende Dächer, unregelmäßige Grundrisse und dekorative Zimmermannskunst, die ihre Tiroler Herkunft nur schwer verbergen kann. Auch das Sgraffito verläßt mehr und mehr die rein geometrischen Motive, wird an manchen Häusern schon zur Wand- oder Lüftlmalerei wie im nahen Vinschgau. Die letzte Epoche des Barocks brachte – wenn auch etwas verspätet – eine besonders anmutige Giebelform, benannt nach dem Dörfchen *Sent*, in dem vielleicht die schönsten Häuser des Unterengadin stehen. Schon in Schuls hat das Malerische die strenge Wucht der Oberengadiner Blöcke weitgehend verdrängt, die Grenze zu Österreich ist nicht mehr weit.

Auf den vier Hügeln bei *Susch* sind noch heute die Reste der keltischen Schutzwälle aus der Bronzezeit leicht auszumachen. Der Riegel zum Flüela hat die Phantasie der Militärs seit jeher gereizt. So fügte der Herzog von Rohan 1635 eine sternförmige Befestigung hinzu, die »Fortezza«, von der allerdings nur noch Ruinen vorhanden sind. Die mächtigen Planta spendierten dem Ortsbild einen schwerfälligen Wohnturm mit Zwiebelhaube, der den bescheidenen romanischen Kirchturm fast erdrückt. In Susch traten 1537 Protestanten und Katholiken aus dem Engadin zur berühmten Disputation zusammen. Sieben Tage lang wurde hitzig gestritten, auf Romanisch, damit auch das gemeine Volk alles mitbekam. Gallicius von Ardez, früher Pfarrer von Lavin, und sein Assistent Champel verteidigten die evangelische Sache gegen den gerissenen Erzdiakon Bursella. Als beide Seiten heiser und die Argumente ausgegangen waren, verkündete das Gericht unter dem Vorsitz des Landammanns eine weise Entscheidung: Glaubensfreiheit für alle Talbewohner.

Das war in der Theorie leichter als in der Praxis. Religiöse und politische Freiheit hingen vom Wohlwollen des benachbarten Österreich ab, dessen Kaiser nichts unversucht ließen, das strategisch unbezahlbare Engadin an sich zu reißen. Mit Unterstützung der katholischen Planta betrieben die Kapuziner eifrig die Gegenreformation, allerdings ohne rechten Erfolg. Die freien Bauern beharrten trotzig auf ihrer neuen Konfession, nur im Schatten des österreichischen Schlosses Tarasp konnten Papst und Kaiser einige Brückenköpfe gewinnen.

In der kleinen Kirche von Susch hat man leider irgendwann die alten Fresken übertüncht. Heute können Besucher nur noch das schmucke Sterngewölbe von 1515 und die barocke Orgelempore bewundern, was ein wenig traurig stimmt. Dreimal hat das Dorf gründlich gebrannt, zuletzt 1925, bedauerlich für das Ortsbild. Das gleiche Schicksal traf das benachbarte

43 Am Eingang zum Val d'Uina liegt der kleine Weiler Sur-En. In sanften Terrassen steigt der Hang aus dem Inntal, sonnt sich nur kurz auf dem Dorfplateau und verschwindet dann im Grün der Bergwälder.

43 At the mouth of Val d'Uina lies the little hamlet of Sur-En. In gentle terraces the slope rises out of the Inn valley, suns itself briefly on the village plateau, then disappears into the intense green of the alpine forests.

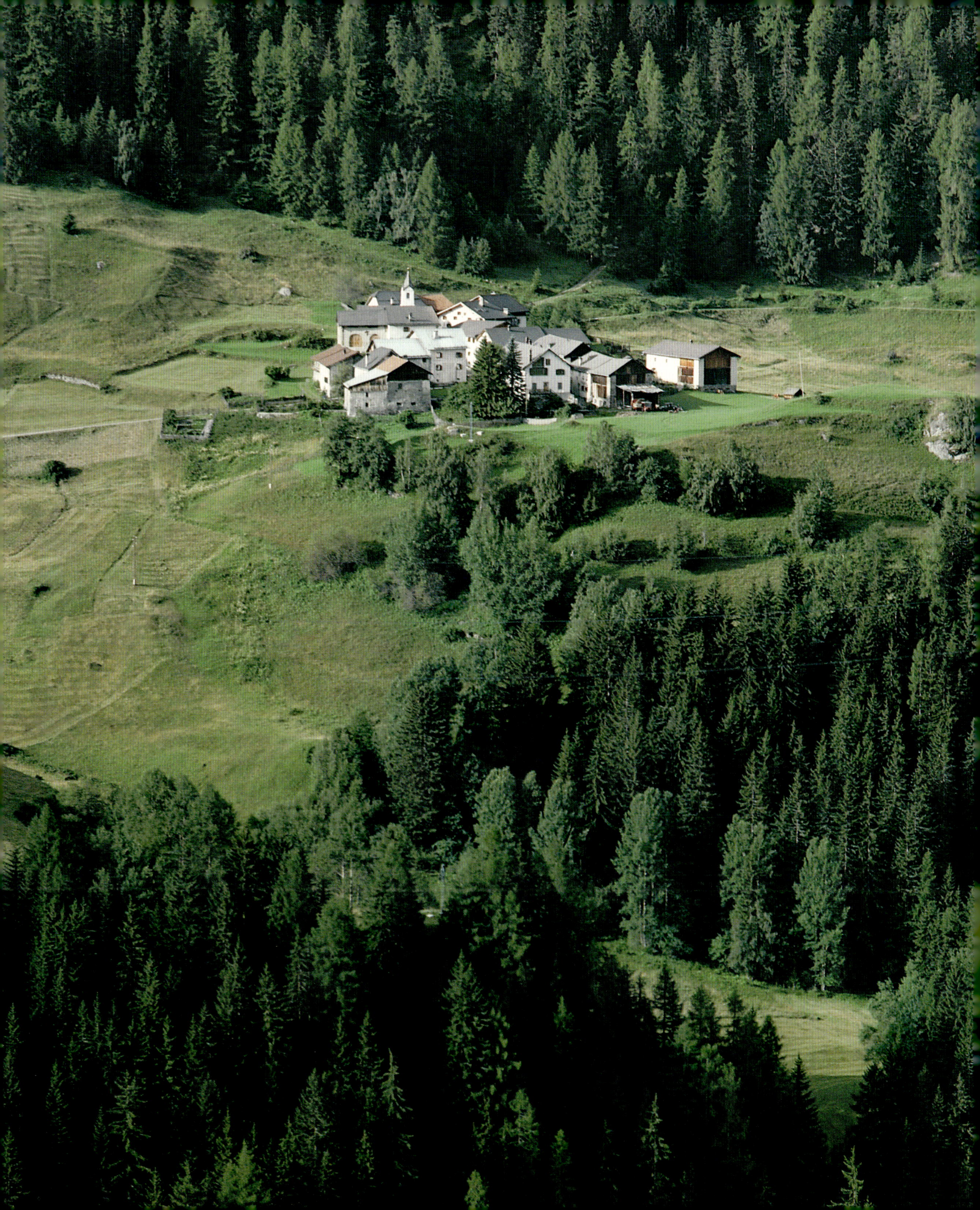

44 | 45

44 und 45 Guarda im Unterengadin ist der Realität gewordene Traum vom Bündner Dorf. Nirgendwo findet man so viele wappengeschmückte, prunkvoll dekorierte Häuser, so viele Blumen, Blattgewinde und Fabeltiere. Vor den mächtigen Eingangstoren sitzt man abends gerne auf der Bank.

46 Nach der großen Feuersbrunst von 1823 entstanden die schönsten Giebel in Sent, das auf 1433 Meter oberhalb von Scuol liegt. Es sind kunstvoll geschwungene Dächer im Stil des späten Rokoko, die dem kleinen Dorf hoch über dem Inn seinen eigenartigen Charme verleihen.

44 and 45 Guarda in the Lower Engadine is a dream of a Graubünden village made real. Nowhere else can you find so many highly decorated houses with such a wealth of ancient armorial bearings, flowers, leafy scrolls and mythical beasts ornamenting their walls. In front of the massive stone entrances, people like to sit in the evening.

46 After the great conflagration of 1823 the finest gables in Sent were built. Its artistically curved roofs in the style of late rococo lend this little village high above Schuls a charm all its own.

47–50

47–50 Die schönsten Engadiner Fenster findet man in Zuoz, Ardez und Guarda. Weil die Gassen schmal und der Lichteinfall entsprechend gering war, schrägte man die Mauerlaibungen seitlich und oben stark ab. Daß viele Häuser dadurch wie kleine Ritterburgen wirken, ist also nicht Resultat eines Schönheitsideals, sondern Folge notwendiger Veränderungen. Besonders reizvoll ist der Kontrast strenger Linien der Sgraffiti mit der Blütenfülle des Fensterschmucks.

Lavin, in dem das große Feuer nur ein paar gewundene Gassen, das stolze Haus Paravicini und die schlichte weiße Kirche übrigließ.

Im Innern hat man bei Restaurierungsarbeiten 1956 einen lange unter dem Kalk verborgenen Mauerschmuck entdeckt, fromme Temperamalereien eines unbekannten Meisters aus dem heutigen Norditalien. Sie bedecken die Ostwand des Schiffs und den Chor: Heiligenlegenden, Verkündigung der Geburt Christi, schließlich die Darstellung des Weltenherrschers inmitten seiner Engelschar. Wir erkennen das Wappen Ortlieb von Brandis, des Churer Bischofs zwischen 1458 und 1491, dem man den Wiederaufbau zuschreibt.

Eine Höhle in der Gegend heißt noch heute die Fuora da Baldiron. Der kaiserliche General sah in den Engadinern »Wilde Teiffel«, die es mit Feuer und Schwert zu züchtigen galt. Bauern, die dem Gemetzel entkommen konnten, versteckten sich in Felslöchern, weit von ihren Dörfern entfernt, die von den wütenden Österreichern in Brand gesetzt worden waren. An Baldiron erinnert auch eine kleine Tafel auf dem Friedhof von Schuls: 1621 verteidigte sich eine Schar von Männern, Frauen und Kindern dort eine geraume Weile gegen die Habsburger Soldateska, bevor schließlich alle erschlagen wurden.

Will man erfassen, was Unterengadin heißt, muß man sich *Guarda* erobern. Realität gewordener Traum vom Bündner Dorf, Postkarten-Romantik und dennoch voller Leben, kein Freilichtmuseum also. Der steile Weg hinauf ist nichts anderes als die alte Straße, die den Engpaß am Inn vermied und an der Bergflanke entlang bis Ardez lief. Seit 1865 die neue Trasse im Tal angelegt wurde, hat sich Guarda zur Ruhe gesetzt – die unfreiwillige Karriere als architektonisches Dornröschen begann. Daraus – zum größten Teil – resultiert das Entzücken seiner Besucher, den Rest besorgt der freie Blick auf die messerscharfen Konturen der Engadiner Dolomiten.

Wo nicht die Straße den Verlauf der Häuserzeilen bestimmt, bilden Brunnen aus Holz und Stein reizvolle Bezugspunkte. Je nach Standort lassen sich einzelne Häuser, Gassen und Treppen optisch immer wieder neu miteinander verknüpfen. Nahsichten wechseln mit tiefen Durchblicken, die sich an der kulissenhaften Farbigkeit mehrerer Fassaden vorbei und über die Dächer hinweg in Landschaft und Himmel verlieren. So lebendig dieses malerische Dorfbild ist – wirkliches Leben verleihen ihm erst die Bewohner: Bauern, Besucher, Kinder, Hunde und Katzen, Hühner oder prächtiges Vieh. Nirgendwo findet man so viele wappengeschmückte, prunkvoll dekorierte Häuser, so viele Blumen, Blattgewinde und Blumensträuße. Und das alles vor dem majestätischen Panorama von Piz S-chalambert, Lischana, Ajüz oder Pisoc.

Im Quartier Plazetta liegt das »Hotel Meissner«, ein ehemals großes Bauernhaus, das seine Besitzer Ende des 19. Jahrhunderts zu einem Gasthof umgebaut haben. In der Stüva sura das Allianzwappen der Planta-Jenatsch, draußen im Garten frisch gedeckte Tische, Apfel- und Birnbäume, Sommerseligkeit. Fast schämt man sich seiner Gefühle, denkt an die Abgeschiedenheit langer Winterabende, an die Plackerei auf steinig-steilen Wiesen als Preis für die Idylle. Und weiß doch, daß man – so abgedroschen es auch klingen mag – den berühmten Zipfel vom Paradies in den Händen hält.

Die Leute von Guarda haben verständlicherweise ihre eigene Sicht der Dinge. Der Fremdenverkehr entwickelt sich eher zögernd, die Landwirtschaft ist nur begrenzt profitabel. Zwei kleine Hotels mit vielleicht zusammen 100 Betten stehen den Gästen im Sommer zur Verfügung, was offensichtlich völlig ausreicht. Früher suchten die Bewohner in anderen Dörfern des Engadin Arbeit, viele wanderten nach Frankreich, Italien oder Rußland aus. Seine heutige Gestalt hatte das Dorf 1622 nach der Zerstörung durch Baldirons Truppen erhalten. Und so präsentiert sich Guarda heute im Ganzen noch so, wie es damals wieder aufgebaut worden ist. Nur drei Häuser sind in den letzten 200 Jahren neu erstellt und wenige grundlegend verändert

47–50 The most beautiful windows in the Engadine can be found in Zuoz, Ardez and Guarda. Since the streets are narrow and receive little light, window walls were designed to widen outward. So it wasn't some ideal of beauty that makes many houses look like small fortified castles, but adaptation to the site. The severe lines of the scratchwork contrast attractively with the flowers spilling out of window boxes.

worden. In der gleichen Zeit wurden mehrere Häuser abgebrochen, andere kaum gepflegt, weil die Kosten für ihre Besitzer untragbar waren. Die Substanz des Dorfs blieb somit im großen und ganzen erhalten, doch die Bauten waren Ende der dreißiger Jahre in einem so bedenklichen Zustand, daß viele einzustürzen drohten. Zum Glück für Guarda fanden sich einige Architekten 1939 zur Gründung der Initiative »Pro Campagna« zusammen und retteten das bäuerliche Juwel vor dem sicheren Untergang.

Inzwischen sind nicht nur die Engadiner stolz auf das Bilderbuchdorf über dem Inn. Mit viel Liebe und Geschmack, vor allem aber mit dem Geld der Eidgenossenschaft und des Kantons Graubünden, wurden die dringend notwendigen Restaurierungsarbeiten durchgeführt. Zarte Pastelltöne wechseln mit Fassaden in tiefrotem Ocker oder Grün, fast alle Häuser haben ihre rundbogige Einfahrt, die vertieften Fenster und bunte, formschöne Erker. Dazu Sgraffitodekorationen in Goldgelb, Hellrot oder Weiß wie vor mehr als 300 Jahren. Das alles macht Guarda so einzigartig, ohne daß man sich, wie in vergleichbaren Städten und Dörfern, gleich im Museum fühlt.

Nach Giarsun senkt sich die Straße in Richtung Vulpera und führt durch das alte *Ardez* am Fuße der Feste Steinsberg, die einst den Bischöfen von Chur gehörte. Die Gletscher haben dem Landschaftsbild sozusagen den letzten Schliff gegeben, daher die merkwürdig abgerundeten Kuppen zwischen Bos-cha, Ftan und Tarasp. Nicht nur die adligen Feudalherren haben sich die Launen der Natur zunutze gemacht, sondern auch manche Hoteliers bei der Anlage ihrer Parks und Golfplätze. Das *Schloß Tarasp* verdankt fast seine ganze frühere Macht der geschickt ausgenutzten Lage. Und Steinsberg auf seinem Kalkfelsen überwachte die wichtige Talstraße im harten Schachspiel des 13. Jahrhunderts, als sich der Bischof von Chur und die Tiroler Grafen gegenüberstanden. Später fiel Tarasp in die habgierigen Hände der Habsburger, die unter dem Doppeladler auf der Nordmauer ihr »Hie Esterreich« einmeißelten. Erst 1803 gelangte der Kanton Graubünden in den Besitz des Schlosses, als Napoleon dem Adler die Flügel kräftig stutzte.

Ardez, zusammengedrängt wie ein toskanisches Bergdorf, ist die Heimat des Bündner Reformators Phillip Gallicius. Der ließ unter anderem im Hauptschiff der Kirche eine massige Empore erstellen, um die Aufmerksamkeit seiner zahlreichen Zuhörer ganz auf die gegenüberliegende Kanzel zu konzentrieren. Ein schmuckloser Hallenbau, protestantisch bis in die grauen Pfeiler und bäuerlich-gedrungenen Säulen.

Die alten Wohnhäuser draußen im Dorf sind noch behäbiger als in Guarda, stattlicher jedenfalls, wie die Gruppe der aneinandergebauten Planta-Palazzi beweist. Auf dem Haus, das sich ein gewisser Dumeng Claglüna 1647 errichtet hat, vielleicht das schönste Sgraffito des Unterengadin: Adam und Eva in flagranti beim Sündenfall, umrankt von Blattwerk voller Vögel bis hinauf zum Giebel. Jetzt kommt es schon öfter vor, daß die gesamte Fassade bemalt wird, die Nähe zu Tirol ist nicht mehr zu leugnen.

Das gilt auch für *Ftan*, auf dem Weg nach Schuls, wo der Chronist Antonius Vulpius das Licht der Welt erblickte. Kein Dorf am Inn, das nicht irgendeinen wortgewaltigen Prediger oder Verfasser von Streitschriften hätte. Vulpius hatte die erste romanische Bibel verfaßt, die 1679 in Schuls oder Scuol gedruckt wurde. Dennoch mußte er hart um das Amt als Pastor von Ftan kämpfen, da ihm zwei andere Prediger aus demselben Ort die Kanzel auf recht unchristliche Art zu entreißen versuchten. Jeder Prädikant hatte nämlich das Recht, nach Studium und Wanderjahren in seiner Heimatgemeinde zu predigen, wie André Beerli in seinem Buch über Graubünden genüßlich anmerkt.

Trotz aller Gebete brannte das Dorf mindestens dreimal ab und wurde außerdem 1720 von einer Lawine halb zerstört. Glaubt man dem Zernezer Chronisten Sererhard, so überlebte unter anderem auch ein Mastschwein, das mehr als drei Wochen verschüttet war. Die Lawine

51 Schuls (Scuol) im Unterengadin ist das Musterbeispiel eines rätoromanischen Dorfs mit Plätzen, Brunnen, stilreinen Häusern und urgemütlichen Weinstuben. Malerisch gruppieren sich die abschüssigen Gassen um das sogenannte »Kloster«, auch Chà Gronda genannt, ein wuchtiges Haus mit drei säulenbewehrten Galerien, welches das Unterengadiner Museum beherbergt. Im Gegenlicht zeigt sich seine imposante Lage am Ufer des Inn.

Folgende Abbildung:
52 Inmitten herrlicher Wälder liegt Vulpera, dessen Kurhotel eher wie ein Pseudo-Märchenschloß wirkt. Schon seit der Jahrhundertwende ist Vulpera mit seinen Heilwassern als Kurbad gefragt.

51 Schuls (Scuol) in the Lower Engadine is a perfect example of a Rhaeto-Roman village, with its plazas, wells, houses pure in style and gemütlich wine taverns. Steep lanes lead away from the so-called "monastery", also known as the Chà Gronda, a massive structure with three columned galleries which houses the Lower Engadine Museum. Its imposing site high above the Inn is silhouetted here against the light.

Following illustration:
52 Vulpera is an alpine jewel embedded in deep forests; its spa hotel looks more like a pseudo-fairy-tale castle. Since the turn of the century, Vulpera has been famous for its healing waters.

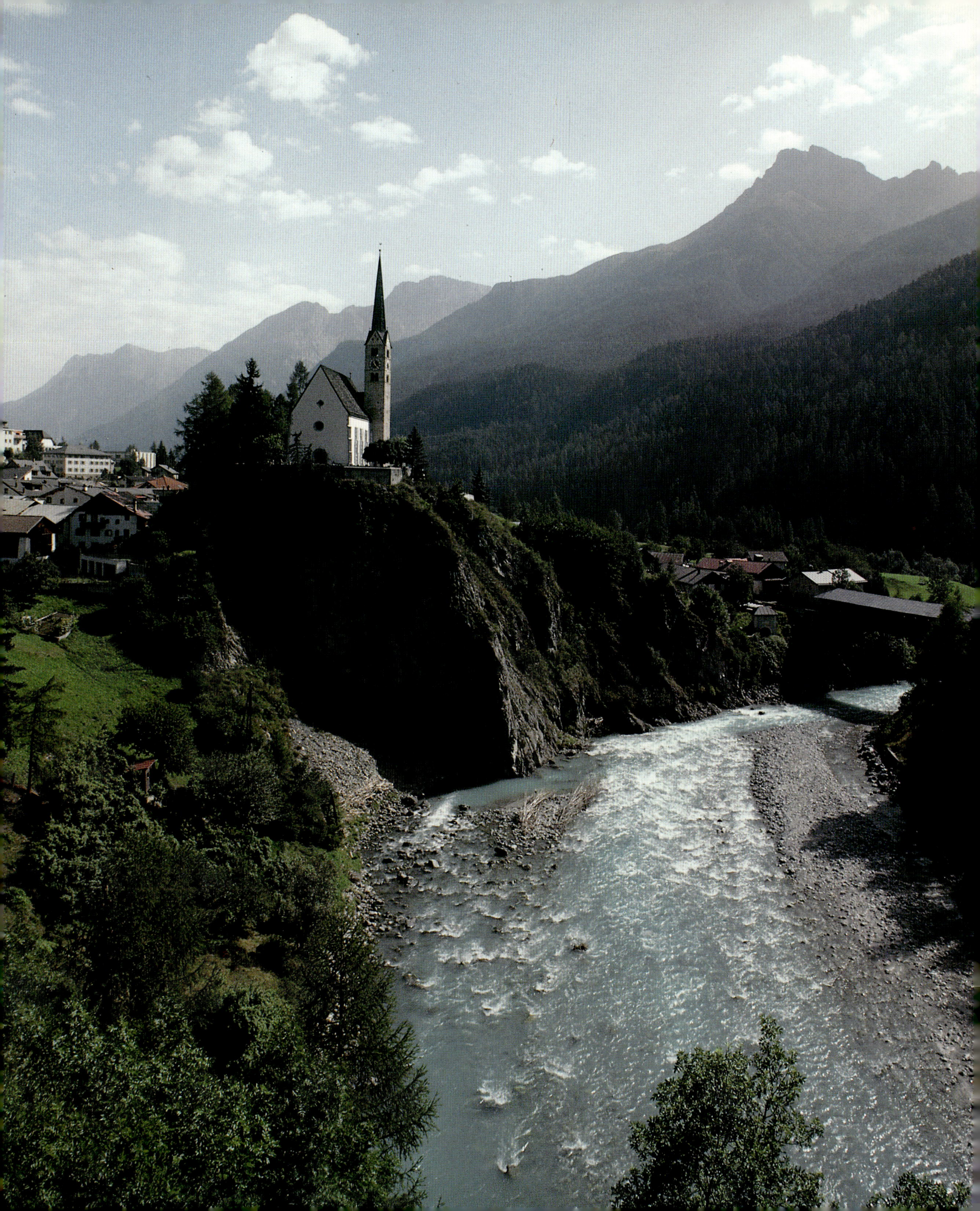

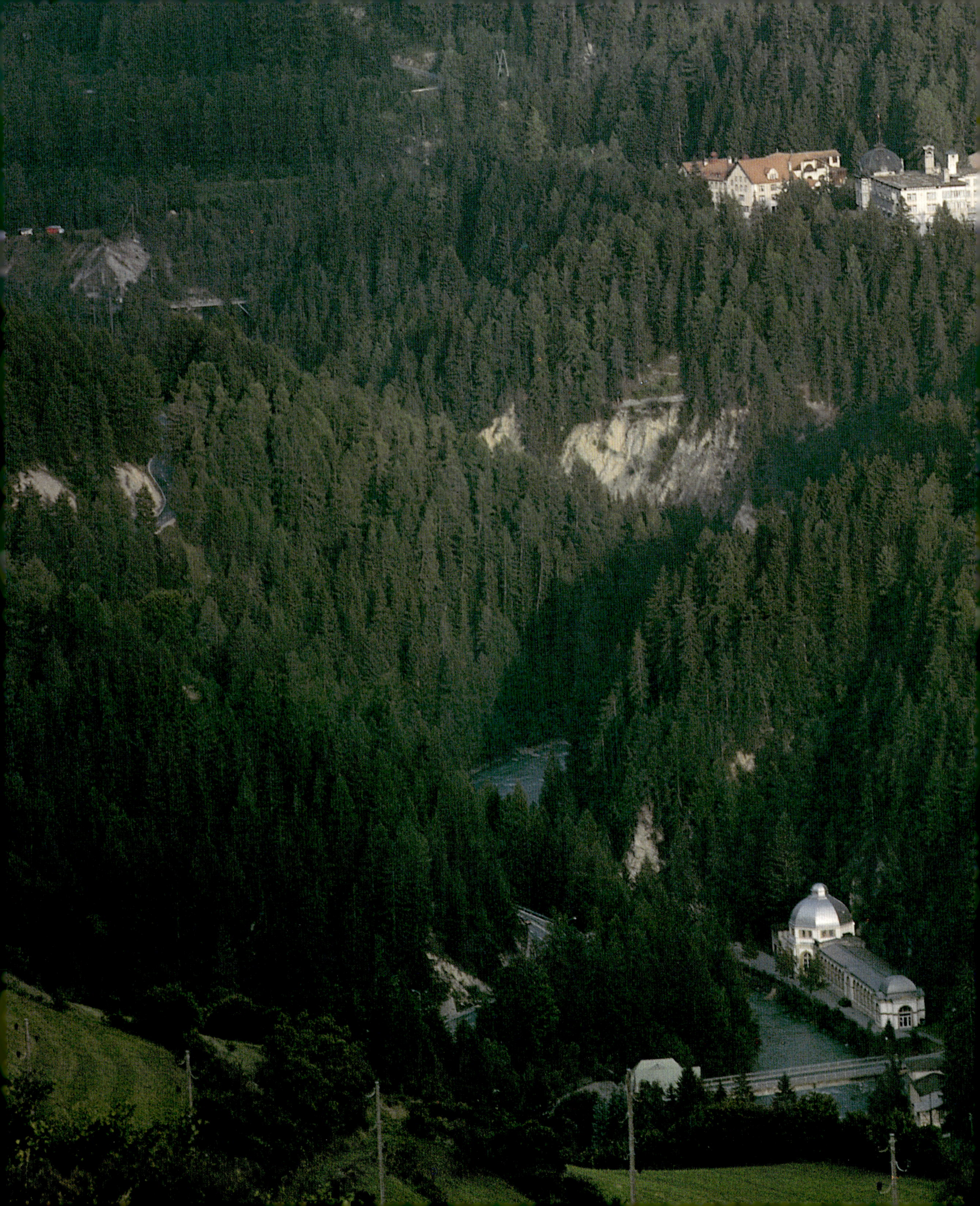

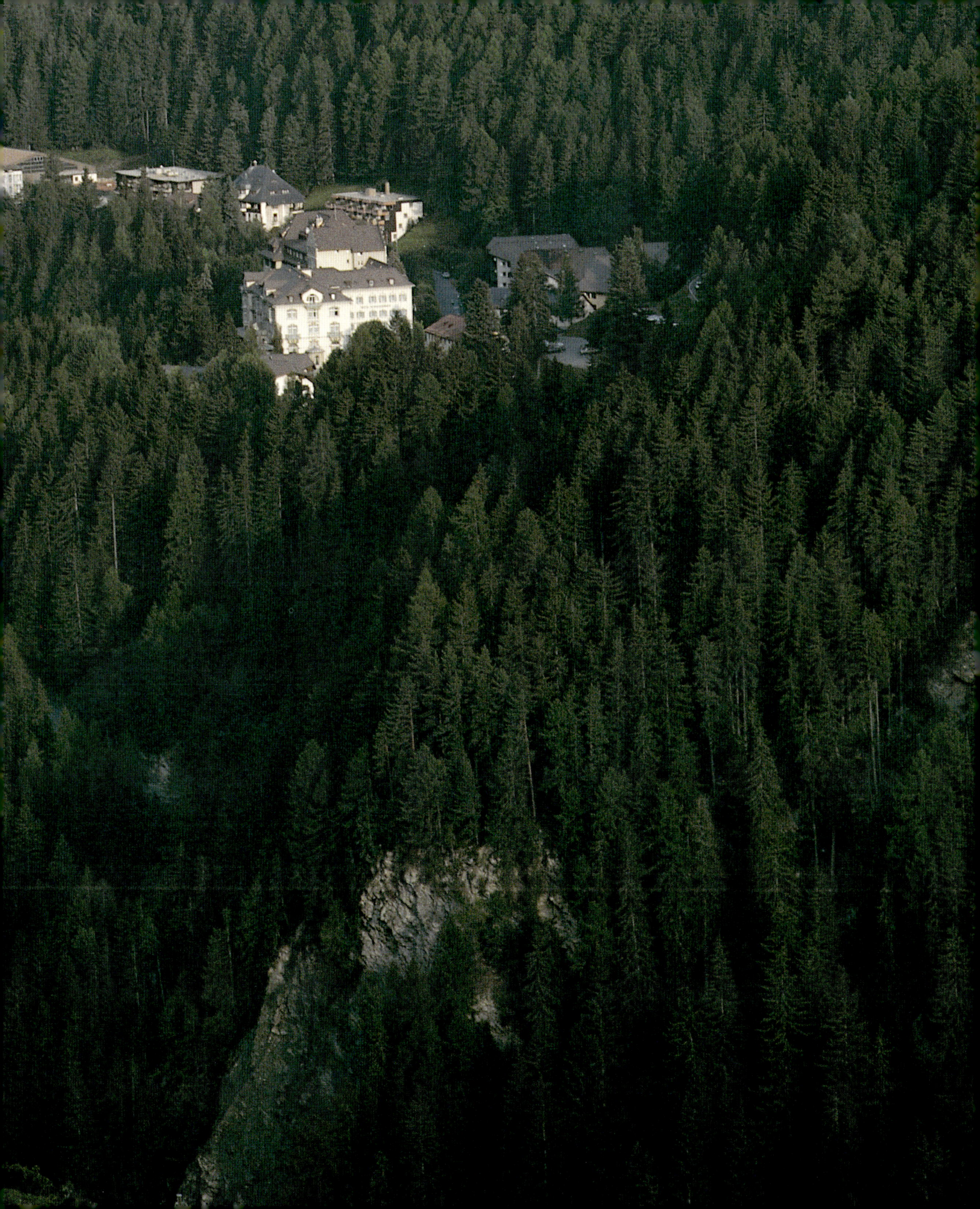

53 | 54

53 und 54 Die Sgraffiti an den Häusern von Schuls (Scuol) sind prächtiger als in den Dörfern des Oberengadin. In klangvollen Reimen erzählen sie von der Frömmigkeit ihrer Erbauer, vom Stolz der alten Familien und den vielen Feuersbrünsten. Allegorien und Fabeltiere sind mit leichter Hand in den Mörtel geritzt, in manchen Darstellungen spürt man schon die Nähe Tirols.

55 In Ardez steht das Adam-und-Eva-Haus, 1647 von einem gewissen Dumeng Claglüna erbaut. Erstmals nimmt die Malerei die gesamte Fassade ein: Unsere Urahnen in flagranti bei der Erbsünde, darüber Blattwerk, Weinrauben und reizvolle Bandornamente.

53 and 54 The scratchwork on the houses of Schuls is much more ornate than that of the Upper Engadine. Verses in scratchwork tell of the piety of those who built these houses, of their pride in family and of the many conflagrations they survived. Allegories and mythical beasts were carved into the mortar with a light hand, and some of these depictions remind us how near the Tyrol is.

55 In Ardez stands the Adam-and-Eva House, erected in 1647 by a certain Dumeng Claglüna. For the first time, the painting covers the entire façade: our primogenitors caught in flagranti comitting the original sin, above them leafwork, grapes and charming ribbon ornamentation.

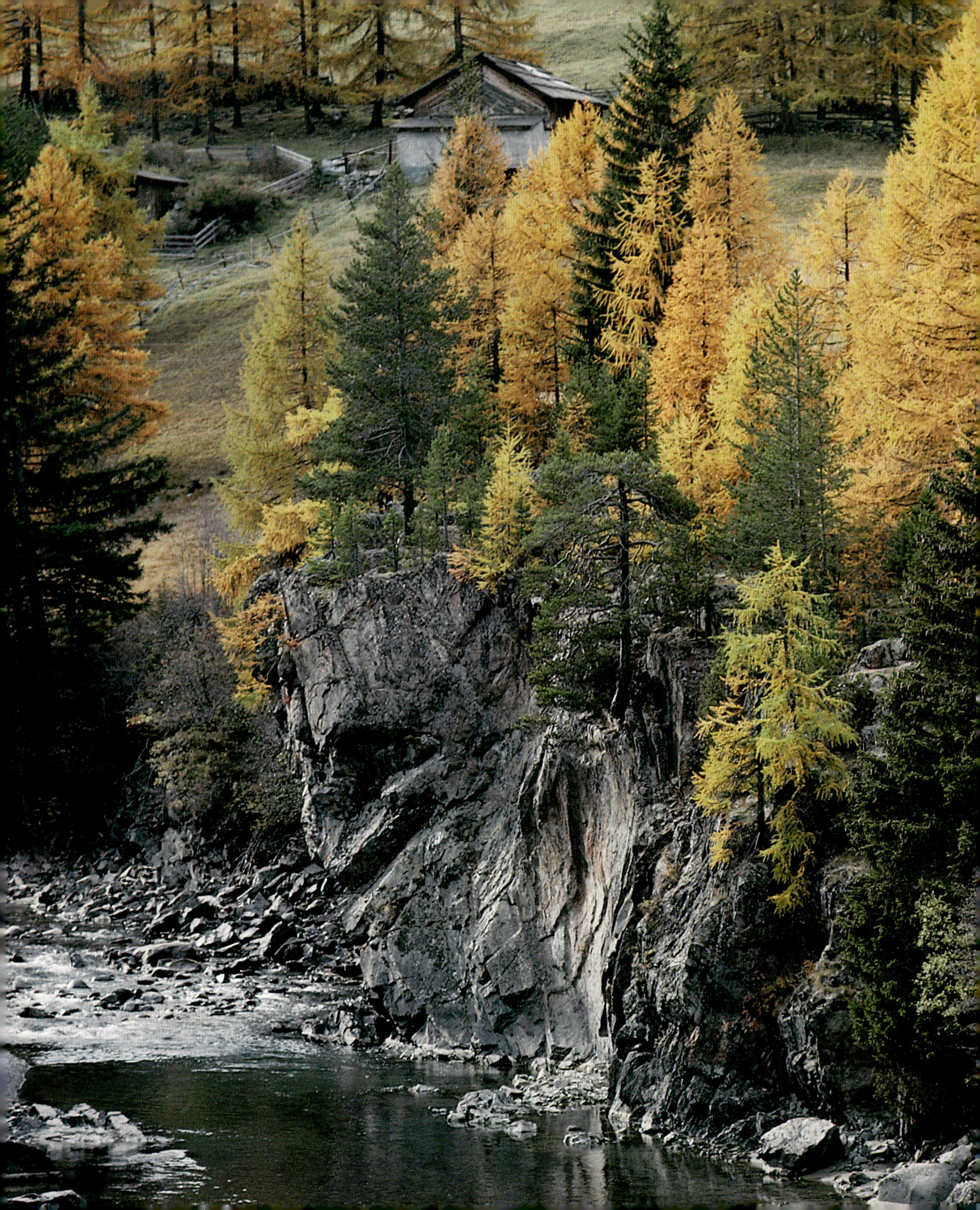

56 Die Landschaft bei Zernez ist typisch für das Unterengadin: Lärchen- und Arvenwälder, steile Schründe und im Frühjahr das reißende Wasser des Inn.

hatte einen Sack mit Weizen in den Schweinestall gepreßt, woran sich das Borstenvieh gütlich tat, bis der Schnee endlich weggeräumt wurde. Angeblich soll das Tier fetter als vor dem Unglück gefunden worden sein...

Schuls hat trotz seiner Luxushotels, Bergbahnen, Lifte und Loipen nicht den Ehrgeiz, ein zweites St. Moritz zu werden. Es wäre auch schade um die Originalität des rätoromanischen Dorfs mit seinen Plätzen, Brunnen, stilreinen Häusern und Veltliner Weinstuben, in denen wenigstens auch Einheimische am Tisch sitzen. Rund zwei Kilometer lang und, vom Inn bis zur Gipfelhöhe des Piz Campatsch gerechnet, exakt 1709 Meter hoch ist der Ort. Malerisch gruppieren sich die Häuser an abschüssigen Gassen und kleinen Plätzen um das sogenannte »Kloster«, auch Chagronda genannt. Es gibt eine Ober- und eine Unterstadt, eine Mineralquelle, attraktive Pisten und gut zwanzig Hotels, darunter das Parkhotel mit fünf Sternen und 210 Betten. Trotzdem riecht das elegante Dorf an manchen Stellen auch nach Heu und Stall, nach kuhwarmer Milch und frischgebackenem Brot. Das ist auch gut so, denn der alte Ortskern mit seinen gepflasterten Rampen, bemalten Holztüren und schmiedeeisernen Fenstergittern vermittelt mehr Behaglichkeit als alle Appartementhäuser des Tals in ihrem Neo-Engadiner Gewand.

Die Sgraffiti über den Toren berichten in klangvollen Reimen von Frömmigkeit und Stolz der Erbauer, mit sicherer Hand in den frischen Mörtel geritzt. Und die talergroße, diagonale Öffnung in einer Hausmauer beim Großen Brunnen wahrt die Erinnerung an Strenge, Mißtrauen und Zucht der Alten. Das Guckloch weist auf den Brunnen wie ein Flintenrohr: Gattin, Tochter oder Magd sollten sich beim Wasserholen nie unbeobachtet fühlen.

Noch heute brennt im Blick so mancher Engadinerin ein dunkles Feuer, etwas, was auch in der Natur dieser heroischen Landschaft gelegentlich durchbricht. Zu Allerheiligen, wenn granitfarbene Wolken die Gipfel unsichtbar machten, warfen sich noch im 19. Jahrhundert die Frauen weinend auf die Gräber ihrer Familien. Wenn dann die Glocke erklang, zogen sie mit gelösten Haaren und schwarzen Kleidern in die Kirche, was unter dem Sterngewölbe des Bernardo von Poschiavo ein faszinierendes Schauspiel gewesen sein muß. Andalusien oder Kreta sind weit, aber die Seelenverwandtschaft immer wieder augenfällig.

Bei einem so leidenschaftlichen Menschenschlag kann nicht verwundern, daß die Geschichte voll blutiger Episoden ist. So zerriß der Hader zwischen den Weißen (französische Partei) und den Schwarzen (österreichisch) Schuls im 18. Jahrhundert immer wieder. Die düstere, aufs Schwert gestützte Figur des Joan Marnia am Großen Brunnen erinnert an die wilden Jahre. Marnia, Kanzler der Schwarzen, entging mit knapper Not der Menge, die ihn lynchen wollte: Über das Stalldach sprang er in den Garten, schlich von dort in die Wohnung seiner Schwägerin, sprang wieder zum Fenster hinaus und rettete sich in die Berge. Die Weißen deckten das Hausdach ab, schlugen in ihrer Wut alles kurz und klein, fanden ihn aber nicht. Dafür leerten sie seinen Weinkeller, zertrümmerten Möbel, Türen und Fenster, wie Sererhard anschaulich berichtet. Jahre später kehrte ein Parteigänger des schwarzen Kanzlers nach Schuls zurück, in der irrigen Meinung, alles sei vergeben und vergessen. Man hat ihn auf der Stelle gesteinigt...

Friedlicher vollzog sich da schon der Aufstieg des Engadiner Dorfs zum Heilbad. Die erste Kunde von den Quellen stammt aus dem 14. Jahrhundert, aber erst ab 1858 entwickelte sich allmählich der Kurbetrieb. Bis dahin hatten die Bewohner und ihre Gäste das kalte Glaubersalzwasser in solchen Mengen getrunken, daß ihre Eingeweide fast zerrissen. Derart durchgespült und ausgefegt schleppten sie sich mehr tot als lebendig nach St. Moritz, wo sie sich langsam von ihrer Roßkur erholten.

Weil das wundersame Wasser aus sieben Brunnen im Ort fließt, hieß es schon früher: »In Scuol saufft spat un fruh Sauerwasser jede Kuh.« Dagegen spielt der Badebetrieb heute keine

56 The countryside around Zernez is typical of the Lower Engadine: larch and pine forests, steep cliffs full of fissures and in the spring, the racing waters of the Inn.

allzu große Rolle mehr. Nur knapp dreißig Prozent der Sommergäste weilen tatsächlich zur Kur, schlürfen aus den Quellen Luzius und Emerita, bei Bedarf auch vom Eisensäuerling Bonifazius, der bei Erkrankungen von Leber, Galle und Darm hilfreich sein soll. Das Wunderwerk der Natur wird von den Skiläufern sicher nicht gebührend gewürdigt. Die halten sich lieber an den roten Veltliner und härtere Sachen, was aber der allgemein guten Stimmung keinen Abbruch tut.

Die Saison dauert von Anfang Dezember bis Ende April und gilt als schneesicher. Es gibt über siebzig Kilometer präparierte Abfahrten, darunter die »Traumpiste« mit einem Höhenunterschied von 1550 Metern und einer Länge von fast zwölf Kilometern. Hinauf in die Silvretta geht's mit zwei großen Seilbahnen und einem guten Dutzend Sessel- und Schleppliften. Natürlich verfügt Schuls über endlose Loipen für die Langläufer, Eisflächen für Curling und Schlittschuhlauf, Hallenbäder, Saunen und Rodelbahnen. Ein Feriendorf eben, mit Cafés, Diskotheken und eleganten Restaurants, mit holzgetäfelten Weinstuben und urgemütlichen Hütten. Für die knapp 2000 Einwohner werden die Nußtorten zuletzt gebacken oder das Bündnerfleisch getrocknet. Der Gast ist König, dies hat natürlich seinen Preis, wobei ein gewisser Charme der Hoteliers allerdings strafmildernd ins Gewicht fällt.

Richtig, eine Handvoll Bauern gibt es auch noch, obwohl die kaum auffallen. Und die Jugend übt gelegentlich die alten Bräuche, trotz – oder vielleicht wegen – der vielen Fremden. Der Winter wird mit Peitschenknall vertrieben, wobei man das nicht allzu ernst betreiben darf, weil die Lifte doch bis Ende April ausgelastet sein müssen. Und mit scheppernden Kuhglocken schüchtern die jungen Burschen im Frühjahr die bösen Geister ein, sofern sie sich nicht längst vor dem Saisontrubel in die unwegsamen Berge geflüchtet haben.

Schloß Tarasp

Südlich von Schuls zieht sich das S'charltal in die wildesten Gebirge des Engadin, riesige, zerklüftete Massive mit kahlen grauen Graten und Spitzen, mit turmartigen Zacken und Nadeln besetzt. Auf den unteren Bergformationen dieses dolomitenhaften Gebiets liegt *Tarasp*, beherrscht von dem gewaltigen Block des Piz Pisoc.

Wahrscheinlich waren es Raubritter aus dem Vinschgau, die auf den strategisch so verlockenden Hügel eine Burg setzten. Das mag um 1040 gewesen sein, so genau weiß man das nicht. Aber sicher ist, daß die Herren von Tarasp schon hundert Jahre später im Mannesstamm ausgestorben sind, gerade als ihr Aufstieg zu einem der mächtigen Geschlechter Tirols in vollem Gange war. Als hätten sie plötzlich allen weltlichen Ehrgeiz satt, schenkten sie ihre Güter den Klöstern Marienberg und Schuls, traten selbst als Mönche und Nonnen in diese Klöster ein. Das war im frühen Mittelalter nicht selten, dessen religiöse Spannung mit dem starken Drang nach Heil und Erlösung zu solchen Reaktionen führen konnte. Jedenfalls fiel die Burg erst an Chur, dann an Tirol und etwas später an die Vögte von Matsch, die sie 1464 wieder an Tirol verkauften. Als die Habsburger Landesherren geworden waren, hätten sie von Tarasp aus gern das ganze Unterengadin geschluckt, um ihre Position in Graubünden ein für allemal zu sichern. Doch die Bünde blieben hart, trotz vieler Rückschläge, Intrigen und Morde. Schließlich kauften sich die Unterengadiner Gemeinden für eine ungeheure Summe von Österreich los, eine große Leistung für die durch ständige Überfälle geplagte und ausgeplünderte Bevölkerung. Nur Burg und Herrschaft blieben kaiserlich.

Das märchenhafte Äußere des Schlosses steht in keinem Verhältnis zu seiner Geschichte. Ein Bild wie aus Dürers Skizzenbuch: helle Mauern, wuchtige Wände, Bastionen, Türme und rote Dächer hoch über dem Dorf. Wie ein Detail aus den Ideallandschaften des großen Altdorfer – und dennoch keine Waffentaten, keine Schreckensszenen, keine Liebesabenteuer, die den Steinen Leben verleihen könnten.

57 Tarasp, steingewordener Traum am Fuß des Piz Pisoc. Einem Mundwasserfabrikanten aus Dresden, der es kaufte und ab 1900 renovierte, verdankt das Schloß seine heutige Gestalt, nachdem Bündner Truppen die alte Burg schon 1612 in Schutt und Asche gelegt hatten.

Folgende Abbildung:
58 Der Blick von oben verdeutlicht, wie sich der Inn bei Lavin im Unterengadin in einer großen Schleife durch die Landschaft schlängelt. Er hat sich durch Geröll und Schuttmassen seinen Weg gebahnt.

57 Tarasp, a fantasy in frozen stone at the foot of Piz Pisoc. Graubünden troops laid waste to the old castle in 1612 and left it in ruins. It owes its present form to a mouthwash manufacturer from Dresden who bought it and began to renovate it in 1900.

Following illustration:
58 An aerial view shows how the Inn snakes through the landscape near Lavin in the Lower Engadine, forcing its path through scree and detritus.

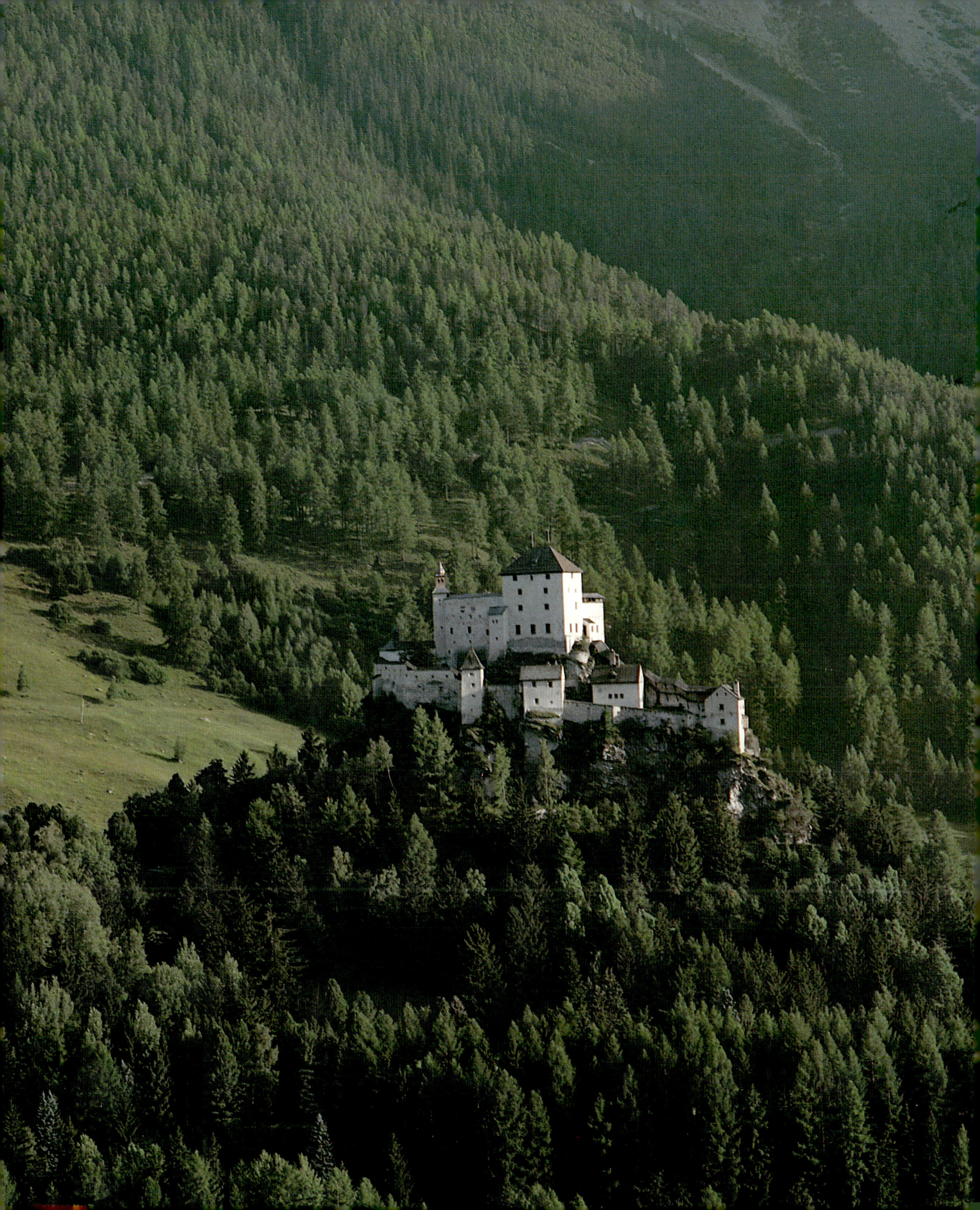

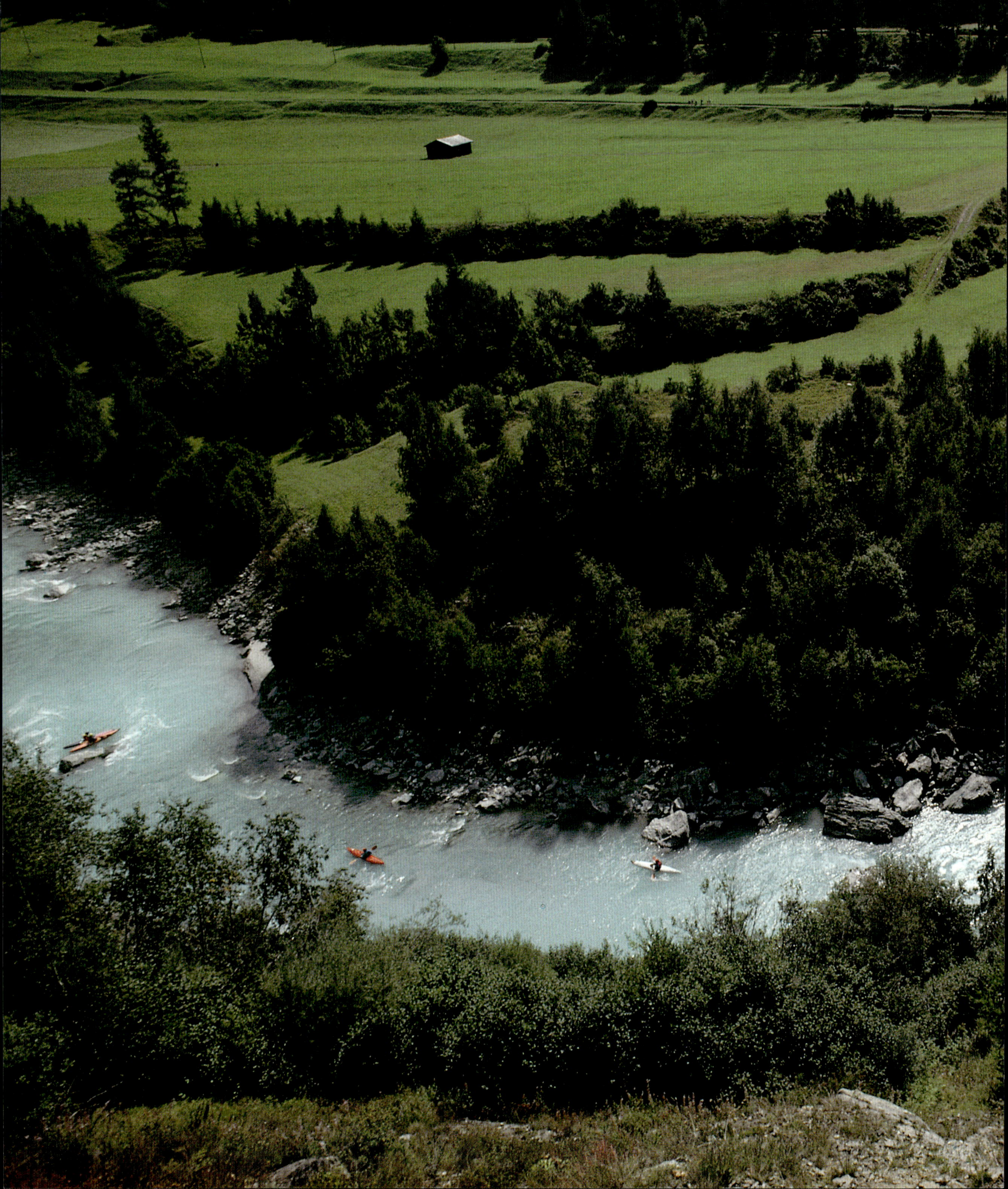

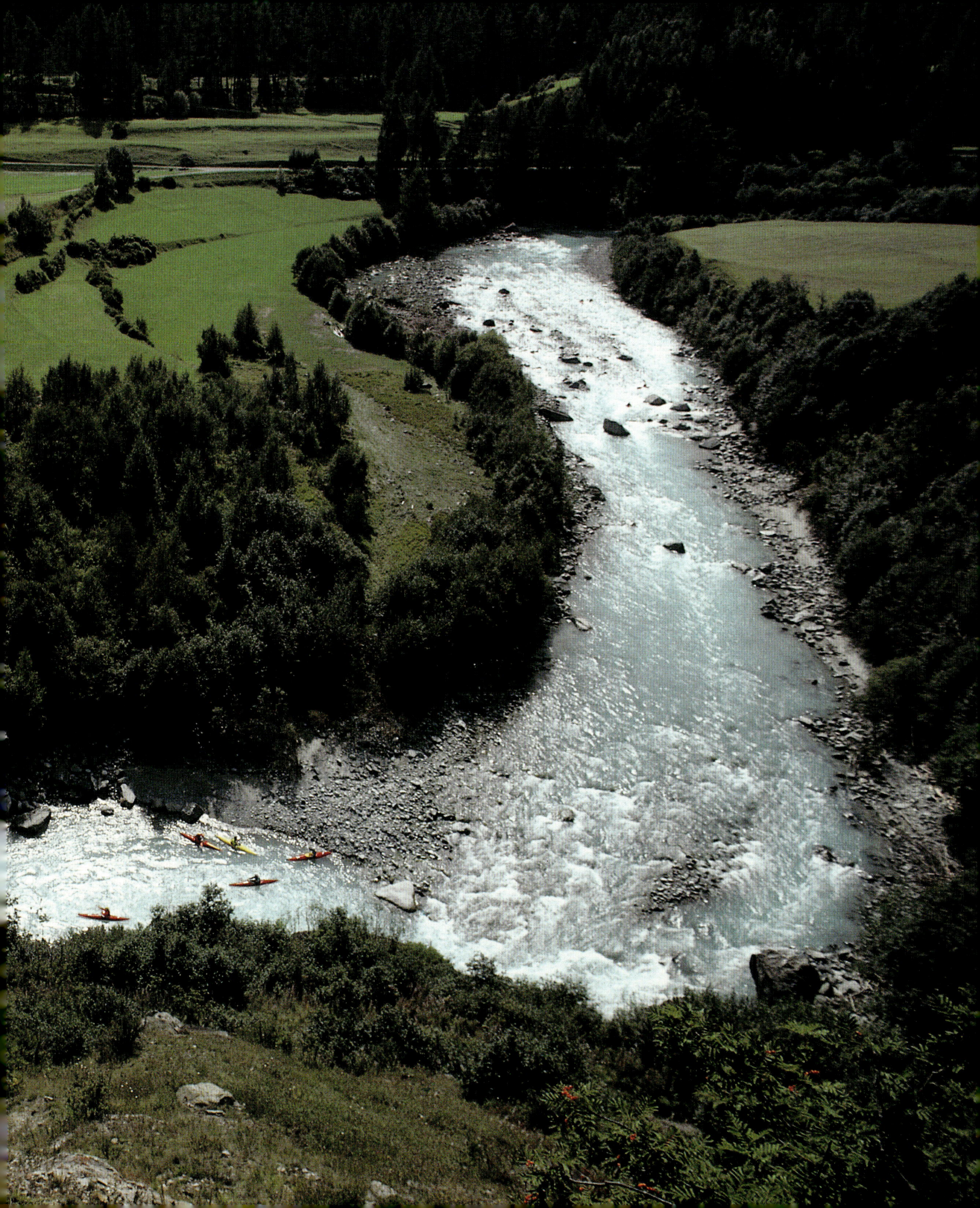

59 | 60

59 Friedlich liegt der Hof am Waldrand. Doch die Idylle trügt: Immer mehr Bauern resignieren und geben die unrentable Landwirtschaft auf.

60 Spaziergänger bei Tarasp im Unterengadin. Das Wanderparadies Engadin bietet dem Besucher eine Vielzahl an Wegen und Steigen, wie man sie wohl kaum anderswo findet.

Im Gegenteil, ein Mundwasserfabrikant war es, der zu Beginn unseres Jahrhunderts dafür sorgte, daß diese einmalige Kulisse über den Lärchenwäldern überhaupt erhalten blieb. 1612 hatten die Engadiner nämlich Dorf und Burg Tarasp heimgesucht, das verhaßte Symbol Habsburger Gewalt dabei arg demoliert. Den Rest besorgten Wind und Wetter, so daß um 1900 der endgültige Zerfall besiegelt schien.

Was nun kommt, klingt wie ein Märchen. In Dresden lebte der Kommerzienrat Karl August Lingner, Besitzer der Odol-Mundwasserfabriken und Liebhaber romantischer Ruinen. Der steinreiche Unternehmer verliebte sich auf den ersten Blick, kaufte die Burg für 20 000 Franken, ließ Beton in die Grundmauern gießen, die Wände wieder herstellen und einen Lift in den Campanile einbauen. Aus allen Winkeln Graubündens kaufte Lingner Getäfel, Möbel und Wappenscheiben zusammen, ließ aus Italien Bilder, Skulpuren und Glasfenster kommen und richtete das Märchenschloß so her, wie er sich ein Engadiner Adelshaus der Renaissance vorstellte. Im Mai 1914 war Richtfest, im Juni 1916 sollte die feierliche Einweihung erfolgen. Kaum eine Woche vorher verstarb der sächsische Kommerzienrat, sein Alterssitz wurde nicht mehr gebraucht.

Testamentarisch hatte Lingner den König von Sachsen als Erben seiner steingewordenen Träume eingesetzt. Sollte dieser ablehnen, so trat der Großherzog Ernst Ludwig von Hessen an seine Stelle, und so geschah es auch. Allerdings erwies sich Tarasp für den neuen Besitzer als Danaergeschenk, denn die Erhaltung der Burg, in welcher der Fürst jährlich einige Wochen mit seiner Familie verbrachte, kostete viel Geld. 1929 entschloß man sich daher zur Gründung einer Stiftung, um den Bau für die Zukunft zu sichern.

Was dem Schloß vielleicht an großen historischen Merkwürdigkeiten fehlt, wird durch die spektakuläre Lage über dem einsamen Hochtal mehr als wettgemacht. Man sieht auf den ersten Blick, wie sehr eine solche Burg zur Landschaft gehört, wie sie ein Teil von ihr ist. Eigentlich kann man sich das Tal ohne Schloß Tarasp gar nicht vorstellen, so harmonisch fügt sich der helle Block in die kraftvolle Wildheit der Engadiner Dolomiten. Und sollte die Burg einst zerfallen, so wird sie unmerklich ein Teil der Natur werden.

Für die Unterländer gibt es das Bündnerland, das Engadin und dazu das Unterengadin. Und dann ist da noch das Dorf *Sent*, wie Guarda auf einer Terrasse hoch über dem Inn gelegen. Den Kirchturm, eine spitze neogotische Nadel, sieht man eigentlich von überallher, vom Tal unten und von den Bergen oben. Dafür sieht man dann vom Turm die Welt, die Gipfel, das breite Tal, Schloß Tarasp, die Häuser von Schuls, sonnengeschwärzte Sennhütten und friedliches Vieh. Leider war es nicht immer so friedlich hier, und wie andere Engadiner Dörfer hat auch Sent gut ein halbes dutzendmal gebrannt. Zum Glück sind immer noch genug alte Gebäude übriggeblieben, zählt man die von 1823 dazu, als der Feuerteufel 73 Häuser zerstörte. Damals, beim Wiederaufbau, entstanden die schönsten »Senter Giebel«, kunstvoll geschwungene Rokokodächer, die dem Ort einen eigenartigen Charme verliehen. Manche verschwanden wieder bei der letzten Feuersbrunst, von der die Einwohner von Sent sprechen, als sei sie erst gestern gewesen. Am 8. Juni 1921 brannten im westlichen Teil der Ortschaft 45 Häuser nieder, von denen nur 29 wieder aufgebaut wurden.

Sent war immer Bauerngemeinde und ist es wohl auch heute noch. Gut 700 Gästebetten stehen in kleinen Hotels, Pensionen und Privathäusern, auf fünfzig Höfen wird erfolgreich Landwirtschaft betrieben. Dicke Mauern und wuchtige Formen bestimmen das Dorfbild, gemildert durch ocker- oder rosafarbene Fassaden, die manchmal auch nach Tiroler Vorbild ganzflächig bemalt sind. Und dann überraschend italienische Bauelemente, Säulen, die zu toskanischen Villen gehören könnten, wie selbstverständlich in das archaische Ortsbild integriert. Das sind die Spuren der Randolins oder Schwalben, wie man die nach Italien ausge-

59 A farm in a peaceful setting at the forest edge. Yet this picture is deceptive, for more and more alpine farmers are giving up a way of life that has become unprofitable.

60 Strolling through the countryside near Tarasp in the Lower Engadine. This hiker's paradise offers more paths and trails than almost any other alpine region.

wanderten Senter nennt. Sie kehrten immer wieder heim, um sich schließlich endgültig im Dorf niederzulassen. Wer reich geworden war, der baute sich einen Palazzo, andere fügten ihrem Bauernhaus ein italienisches Element an. Architektionische Folgen einer Emigration, die im 18. Jahrhundert begann und im 19. ihren Höhepunkt hatte.

Warum die Leute weggingen, wo es doch in Sent am schönsten war? Es gab zu viele Kinder in den Familien, nur wenige konnten Bauern werden, mußten woanders ihr Glück versuchen. Viele kamen jeden Sommer zurück, mit Dienstboten und Bekannten, es wurde auf Plätzen und Straßen fast nur italienisch gesprochen.

Die Emigration drückte sich nicht nur im Baustil aus, sondern auch in der Mentalität: Weltläufigkeit mit soliden Wurzeln. Deshalb ist die Enge des Dorfs keine Enge, die bedrückt. Ein lebhaftes Haufendorf, alle nahe beieinander, doch nichts Kleinliches. Wer nicht so ist wie die Senter, ist eben anders, damit hat es sich auch. Auf dem Dorfplatz münden fünf Straßen ein, wie zufällig, ohne Planung und alles andere als gradlinig. Manche Häuser stehen nicht mit der Front zum Platz, sondern drehen ihm die Schmalseite zu, hier zurückversetzt, dort mutig nach vorn geschoben. Es ist unmöglich, den Grundriß dieses Ensembles genau zu zeichnen. Aber es entspricht ganz offensichtlich der Art der Senter, freiheitlich und leger zusammenzuleben.

Am Sala-Platz trägt ein schön geputztes Herrenhaus das Wappen der Familie Taverna-Perl und als Inschrift einen Vierzeiler, der für die Dörfer des Unterengadin geradezu exemplarisch ist: »La giassa ais stipa / at ferma ün mumaint / la prescha dal muond / nu't renda cuntaint.« (Die Gasse ist steil / steh' einen Augenblick still / die Hast der Welt / macht dich nicht glücklich ...)

Die große Chasa Gistun beschließt den Platz. Durch eine steile »Giassa« kommt man zum kleinen Brunnen und den Palazzi Lansel, Stupan, Schmid-Poo und Tschaller. Ein Lehrbuch Engadiner Architektur unter freiem Himmel, Renaissance, Barock und Klassizimus auf engstem Raum, dazwischen Tiroler Einsprengsel oder italienische Elemente. Vielleicht ist das Unterengadin wirklich die schönere Hälfte des Hochtals. Und Sent der vielzitierte »Zipfel vom Paradies«, wer weiß.

Die große Talstraße führt ostwärts über Crusch nach *Ramosch*, vorbei an der Burg Tschanüff, die mindestens viermal wieder aufgebaut wurde, ehe sie endgültig verfiel. Im Hühnerkrieg niedergebrannt – dieser brach 1475 aus, weil sich die Engadiner weigerten, den Österreichern den Hühnertribut abzuliefern –, bauten die Herren von Ramosch ihre Festung wieder auf. Später zündeten erst der Schloßherr, dann der Blitz Tschanüff an. Schließlich verwüsteten die Truppen des österreichischen Generals Baldiron den unglücklichen Ort, weil, wie Baldiron wütend nach Wien schrieb, »alle Engadiner leibhaftige Teiffel seind«.

Auf halber Höhe über dem Dorf Ramosch erhebt sich der Felskopf von *Mott'ata*, der mehr als zweitausend Jahre ununterbrochen besiedelt war. Bei Grabungen fanden sich intakte Hügelgräber aus der mittleren Bronzezeit, daneben Gläser und Keramik der Melauner Kultur, wie sie auch im oberen Etschtal gefunden wurden. Schichten aus der späteren Eisenzeit belegten schließlich die These von der illyrischen Einwanderung ins Engadin, unter anderem durch das Fundament eines viereckigen Hauses mit senkrechten Balken und einer Schutzmauer aus gerollten Findlingen. Wenn man so will: die Ahnmutter der »Chesa engiadinaisa«, ähnlich der Siedlung von Patnal bei Susch. Römische Truppen brannten im Jahre 15 v. Chr. das Dorf nieder, die Räter flohen, und seitdem ist der Hügel von Mott'ata verlassen.

Noch ein verlorenes Dorf findet sich in der unmittelbaren Nähe von Ramosch. Eingestürzte Dächer und verwitterte Mauern erinnern an die Leute von *Vnà*, die irgendwann im 18. Jahrhundert der elenden Plackerei müde waren und die Türen ihrer Häuser für immer verschlossen. Nur die Kirche steht noch, ein winziges symmetrieloses Gotteshaus mit romanischem Schiff und gotischen Malereien.

61 Engadin – das ist vor allem Licht und Farbe. Nirgendwo in Europa ist der Himmel so unwirklich blau, leuchten die Farben so kräftig. Vor allem im Herbst stehen die Bäume regelrecht in Flammen.

Folgende Abbildung:

62 Ein grandioses Bild bietet die Sesvenna-Gruppe südwestlich von Schuls, deren Hauptgipfel, der 3205 Meter hohe Piz Sesvenna, ein attraktives Skitourenziel darstellt.

61 The Engadine – a symphony in light and color. Nowhere else in Europe is the sky so piercingly blue, the colors so intense. In autumn the trees seem to go up in flames.

Following illustration:

62 Southwest of Schuls you come upon a view of awesome grandeur: the Sesvenna chain, whose main peak, the 10,500-foot-high Piz Sesvenna, looks down on one of the most popular ski tours.

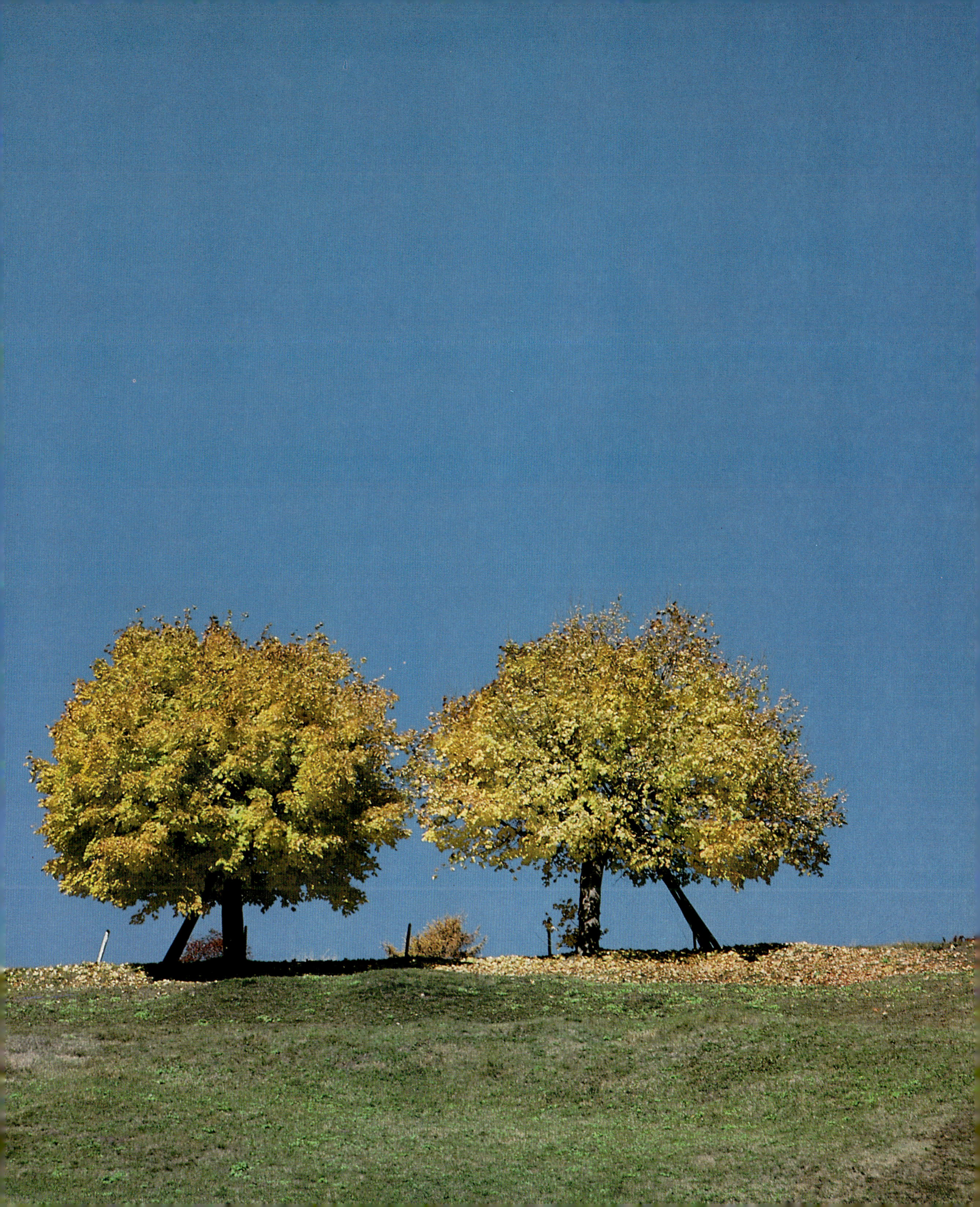

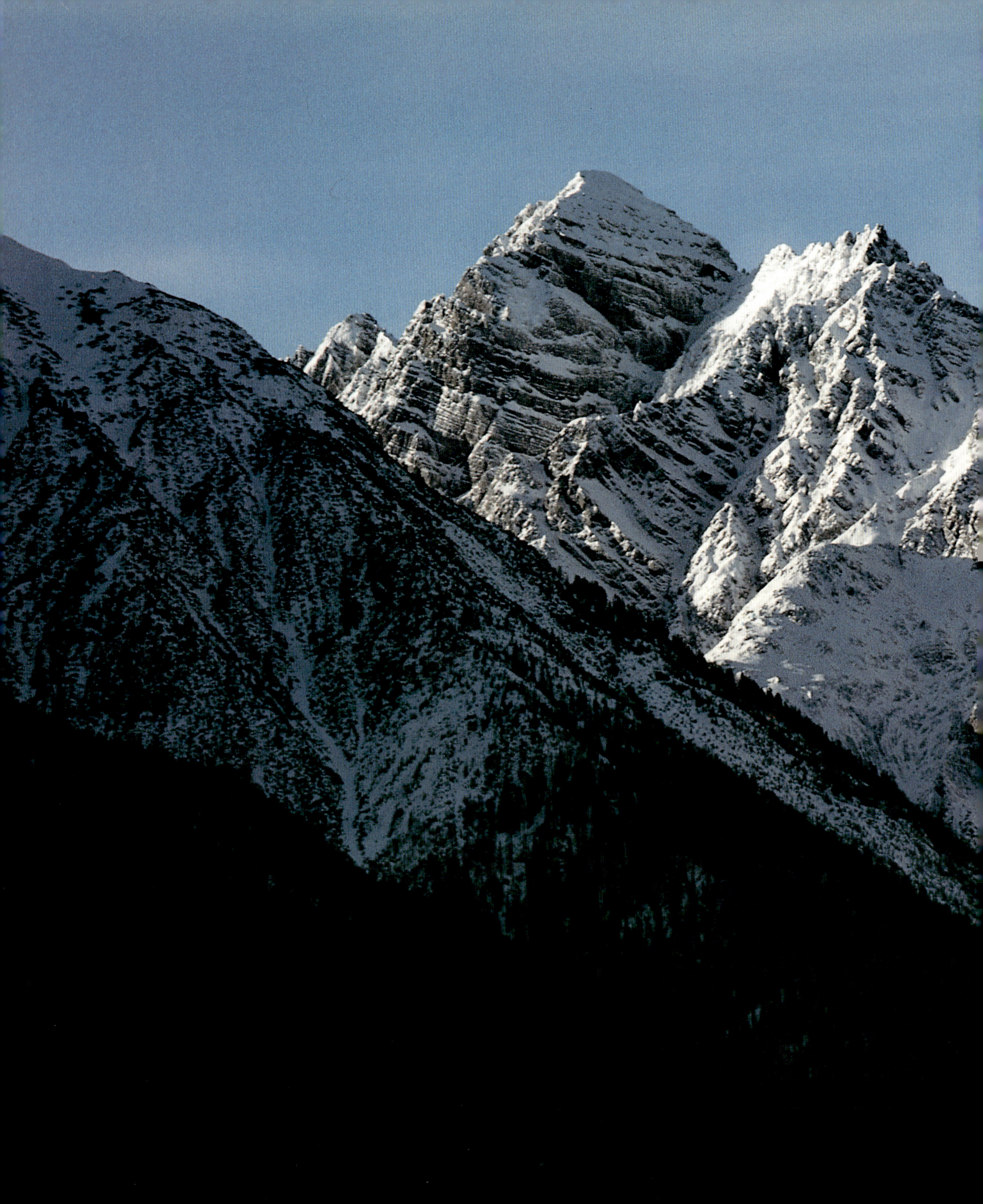

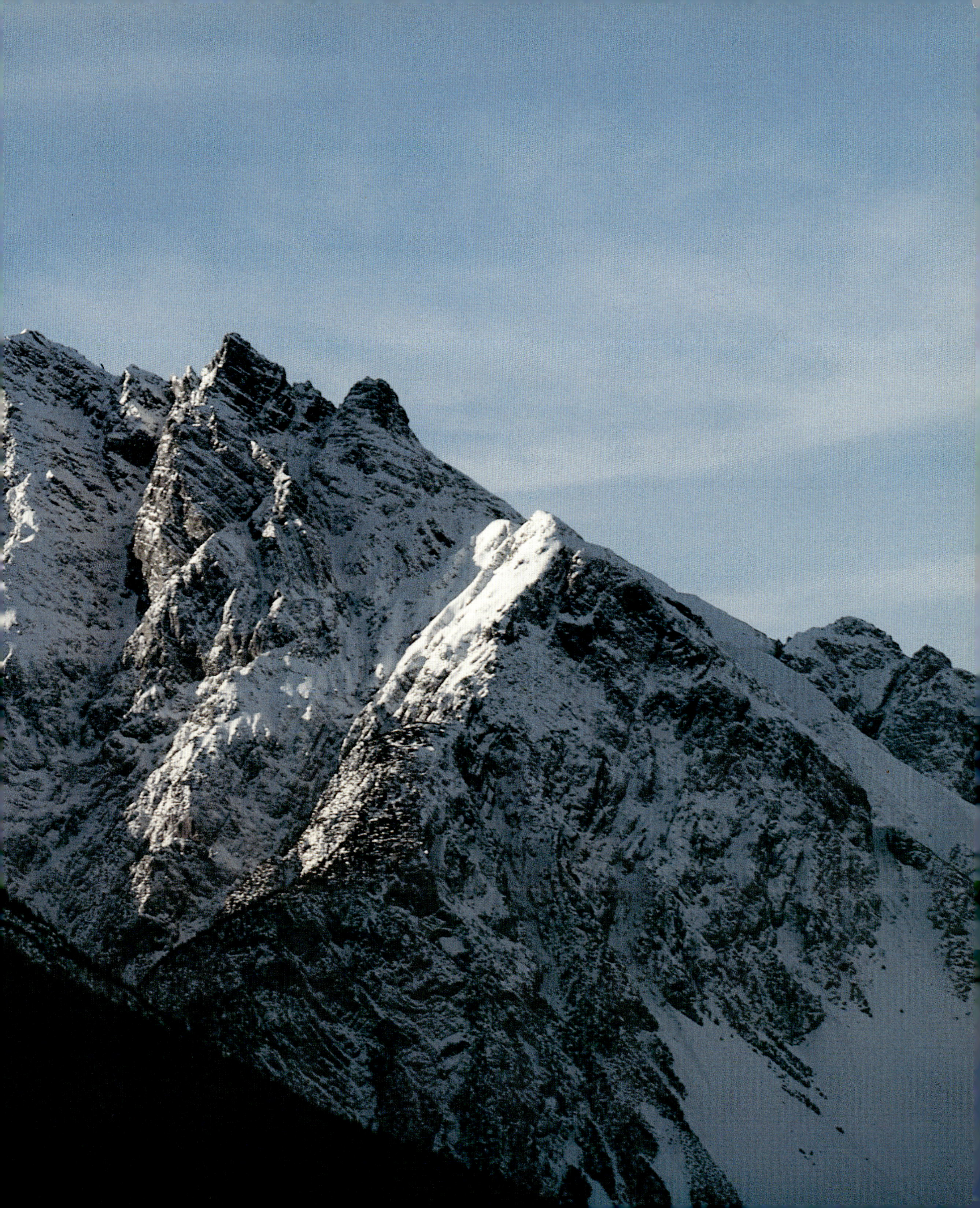

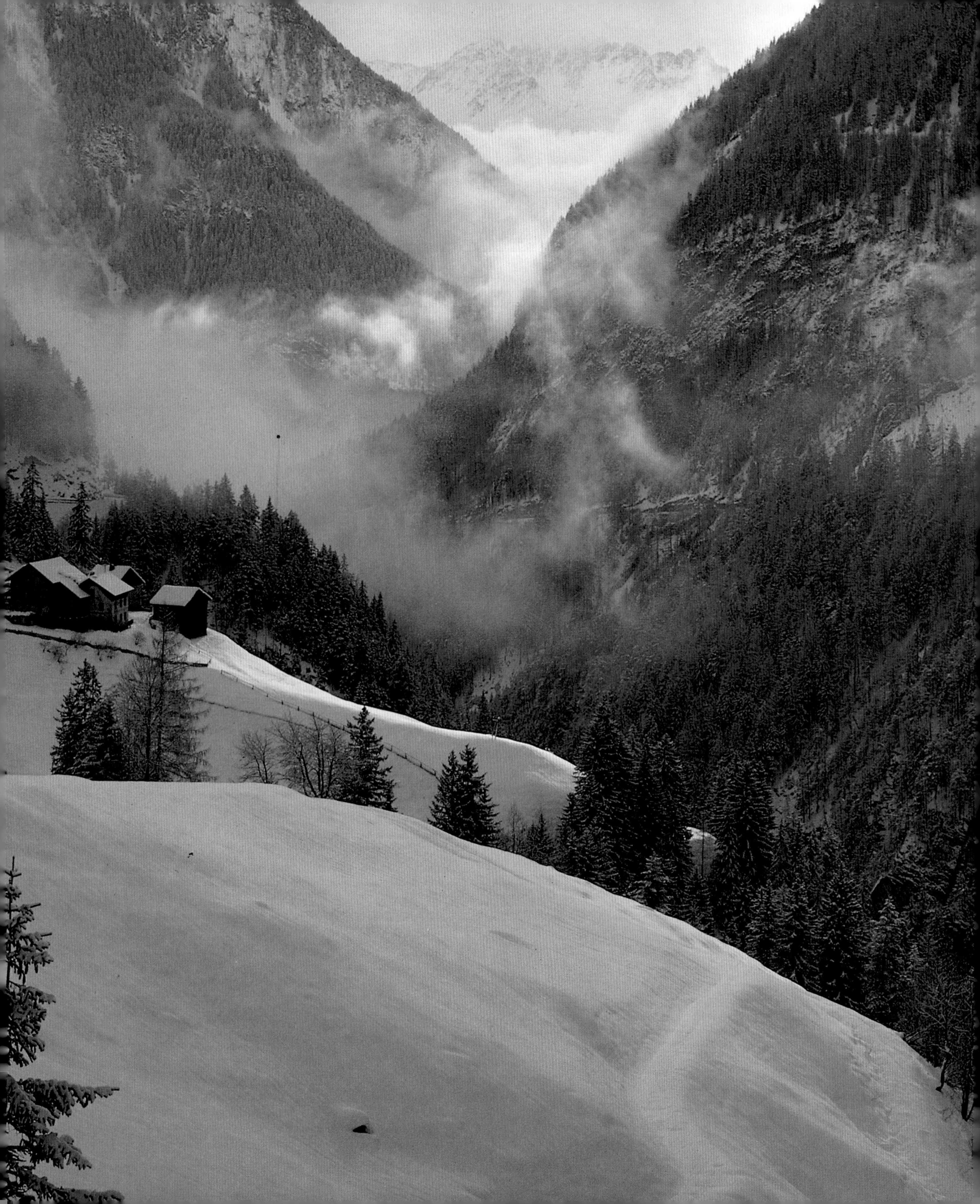

63 Almhütten bei Samnaun. Seit 1912 ist die Enklave durch eine Poststraße mit der übrigen Schweiz verbunden. Das alte Schmugglernest in der Silvretta lockt heute mit zollfreiem Whisky und im Winter mit herrlich gelegenen Tiefschneerevieren.

Ganz anders St. Florian in Ramosch, ein Meisterwerk des Bernhard von Poschiavo mit stämmigem Gewölbe und einem filigranen Netz steinerner Rippen. Ihre elegante Empore, die prächtige Kanzel und der bemalte Tabernakel machen sie zu einem der schönsten Bauten Graubündens. Früher kamen die Pilger von weither zum Grab des beliebten Heiligen, bis die Reformation das Standbild Florians in die Sakristei verbannte. Das hat sich spätestens 1880 gerächt, als man den Schutzpatron der Feuerwehr dringend benötigt hätte. Bei einem Großbrand fielen in Ramosch von 177 Häusern mehr als 100 den Flammen zum Opfer, nur die Kirche blieb halbwegs unversehrt. So ist das Dorf wenig ansehnlich, im lieblosen Stil der Jahrhundertwende wieder aufgebaut, was beim Anblick der wenigen Engadiner Häuser um so schmerzlicher ins Auge fällt.

Talabwärts zweigt die Straße links nach *Tschlin* ab, wo schon 1856 ein großes Feuer wütete. Von der St. Johanneskirche steht seitdem nur noch der Glockenturm, aber die schlichten Wandmalereien in St. Blasius entzücken die Kunsthistoriker um so mehr. Weil das Kirchenschiff annähernd so breit wie hoch ist, und der Bau dadurch eher kräftig wirkt, schreibt man das reizvolle Gotteshaus dem Meister Bernhard von Poschiavo zu.

Hinter *Strada*, das einmal sehr wohlhabend und für seinen Viehmarkt berühmt war, weicht das Ladinische dem Deutschen, die Grenze zu Tirol ist nicht mehr weit. Trotzdem findet sich nordöstlich in den Bergen der Silvretta noch ein Stück Engadin, seit 1912 durch eine Poststraße mit der übrigen Schweiz verbunden. Das alte Schmugglernest *Samnaun*, 1835 Meter hoch gelegen, lockt heute mit zollfreiem Whisky und herrlich gelegenen Tiefschneerevieren. Über das Idjoch kommen die Skiläufer aus dem österreichischen Ischgl, packen Anorak und Rucksack voll, weil die Schweizer Zöllner Wichtigeres zu tun haben, als Zigaretten zu konfiszieren. Die wilden Jagden auf illegale Grenzgänger oder Alkoholschmuggler sind jedenfalls nur noch Folklore, mehr nicht.

Das Bergell

Die Winter sind lang im Bergell. Nur selten dringen die Strahlen der Sonne hinab in die Talsohle, und das Land, die Menschen verharren im Dunkeln, in der Wärme ihrer Häuser. Deshalb kommt die späte Rückkehr des Frühlings immer noch einem großen Fest gleich. Wahrscheinlich erleben die Bergbewohner intensiver als anderswo die Jahreszeiten, den Übergang von Nebel und Kälte in eine Zeit des Lichts und der Wärme. Eine Welt, die aus tausend Formen und Farben besteht, beginnt zu leben: das klare Profil der Gipfel, Grate und Wände, die Grüntöne der Seen und Kastanienwälder. Dazwischen das tiefe Granitgrau als Farbe der Felsen und Häuser, strahlendweißes Wasser der Wildbäche und am Himmel schon italienisches Blau.

Das Bergell ist die kürzeste Verbindung vom Engadin zum Comer See, uraltes Durchgangsland mit märchenhaft anmutender Bergwelt und eigenständiger Kultur. Auf dem Talboden die schmucklosen Straßendörfer, Brücken und Türme, fast schon archaisch in ihrer Strenge. Vicosoprano, Stampa, Bondo oder Castasegna erschließen sich selten auf den ersten Blick. Zu hart sind die Kontraste für den Reisenden von Italien, zu steil fällt die Treppe vom weiten Hochplateau des Oberengadin in die schattige Schlucht. Gerade 32 Kilometer sind es vom Malojapaß im Nordosten bis zur Landesgrenze bei Castasegna im Südwesten. Und am Ende stehen die Feigenbäume, fast noch in Sichtweite der Gletscher, wenig später die ersten Weinberge.

Wenn es da nicht *Soglio* gäbe, hoch oben am Hang und wohl das schönste Dorf im Bergell. »La soglia al paradiso«, die Schwelle zum Paradies, nennen die Bewohner den kleinen Traum

63 Alpine cottages near Samnaun. In 1912 this enclave was connected with the rest of Switzerland through a postal route. Today the old smugglers nest in the Silvretta draws visitors in the summer with its duty-free whiskey and in the winter with its deep-snow ski trails.

aus Granit und Geranien. Nicht weniger als fünf Palazzi hat die stolze Familie von Salis zwischen Bauernhäuser und Ziegenställe gebaut, Soglio damit ihren Stempel aufgedrückt. Das älteste Haus ist die Casa alta, 1524 erbaut, ein turmartiges Gebäude ohne jeden Schmuck. Hinter den dicken Mauern schön gewölbte Treppenhäuser, holzgetäfelte Zimmer und feiner Stuck. Die Casa Gubert, am östlichen Dorfausgang, stammt aus dem Jahre 1554 und besitzt neben alten Kassettendecken zahlreiche Kachelöfen, die noch prächtig funktionieren. Zwischen die beiden Häuser setzten die Salis drei weitere Palazzi, die Casa Battista, Casa Max und Casa Antonio. Natürlich sind das keine Schlösser im landläufigen Sinn, dafür war schon der Platz auf dem schmalen Hochplateau viel zu knapp. Eher stattliche Gutshäuser mit harmonischen Proportionen, bescheidenem Schmuck und gerade dadurch von ganz eigenem Reiz. Vielleicht liegt es an der bloßen Nachbarschaft zu geduckten Viehställen und schlichten Bauernhäusern, daß der vornehme Adel der Salis-Palazzi so dominant zur Geltung kommt.

Rilke, mit dem sicheren Gespür für echte Größe, war eine Zeitlang im Schloßhotel der Casa Battista zu Gast, schlief unter weißblauem Louis-Seize-Stuck und schwärmte später von der Idylle des Orts. Auch Giovanni Segantini steht im Gästebuch, neben allerlei Persönlichkeiten, deren Namen uns heute nicht mehr viel sagen. Er malte in Soglio das »Werden«, tief beeindruckt vom allmorgendlichen Panorama der Bondasca-Gruppe. Bergell – das ist sicher vor allem Soglio mit dem Blick auf die gewaltigen Nordwände der Badile, Cengalo und Fuori, wobei der barocke Kirchturm die Vertikale noch betont.

Tief unten im Tal fließt ruhelos der Verkehr über die inzwischen perfekt ausgebaute Malojastraße. Bis ins vergangene Jahrhundert hinein gab es eine andere, vermutlich viel ältere Verbindung aus der Römerzeit: den Septimer, der auf dem kürzesten Weg nach Bivio ins Oberhalbstein führte. Der Malojapaß lief ihm jedoch den Rang ab, weil er lawinensicher war. Seit 1826 verläuft die neue Trasse von Casaccia nach Silvaplana und weiter über den Julier, eine alpine Autobahn im Vergleich zum Septimer. Auf dem Pflaster des alten Saumwegs, 1390 von Giacomo de Castelmur im Auftrag des Churer Bischofs verlegt, wächst in heutiger Zeit dichtes Gras.

Parallel zur Malojastraße stürzt sich die Mera vom Piz da la Margna in Richtung Chiavenna. Das Durchschnittsgefälle von sechs Prozent verleiht dem Wildwasser eine ganz andere Erosionskraft als die acht Promille dem Inn. Die alten Räter gaben ihr in der keltisch gefärbten Landessprache einen Namen, in dem sich großer Respekt ausdrückt: Maira – das heißt die Mächtige. Gewalttätig wie ihr Fluß lagen die Bergaioten seit den Zeiten des Kaisers Tiberius mit den Comaskern vom gleichnamigen See fast immer im Streit. Noch sprechen die Älteren unter ihnen das Bargaiot, einen eigenen romanischen Dialekt. Wo die Italiener sagen: »Ho veduto le vacche sul prato« (Ich habe die Kühe auf der Weide gesehen) – sagen sie: »I a fdü lan vaka sül prà.«

Von diesen Wiesen hat die Mera nicht mehr viel übriggelassen, weshalb die Kühe der Bergaioten im Engadin oder auf den Madriser Alpen weiden. Ein wenig Viehzucht, die Maroni aus dem Kastanienwald von Brenta und die Touristen – das gibt den Bergellern ein eher spärliches Auskommen. Man kann die Verhältnisse vielleicht bessern, aber nicht grundsätzlich ändern. Viele finden ihr Auskommen während der Saison im Oberengadin, während ein Teil der italienischen Grenzgänger wiederum im Wald und in den Steinbrüchen arbeitet. Die Land- und Forstwirtschaft geht mehr und mehr zurück, weil die jungen Leute, verständlicherweise, nicht mehr bereit sind, das Nomadenleben als Senner und Hirten auf sich zu nehmen. Ohnehin verdient man in den Hotelpalästen von St. Moritz oder Pontresina leicht das Zehnfache, wer will den Bergellern da Vorwürfe machen? Weil sich zudem die Entfernungen verkürzt haben, bedeutet auswärts zu arbeiten nicht mehr den endgültigen Abschied vom heimatlichen Tal.

64 Bevor man nach Soglio im Bergell kommt, durchquert man den größten Kastanienwald Europas, der besonders zur Blütezeit sehenswert ist.

Unten und folgende Abbildung:

65 und 66 »La soglia al paradiso«, »die Schwelle zum Paradies«, nennen die Bewohner ihr kleines Dorf aus Granit, Holz und Geranien. Soglio im Bergell gilt vielen als das schönste Dorf der Schweiz. Und der Blick auf die gewaltigen Nordwände der Bondasca-Gruppe gehört zu den Klassikern der Alpenregion, wobei der barocke Kirchturm die Vertikale noch betont.

64 To reach Soglio in Bergell you have to cross the largest chestnut forest in Europe, and the best time is in the spring, when its trees are crowned with millions of fragrant flowers.

Below and following illustration:

65 and 66 "La soglia al paradiso" – the gates of paradise – is what people here call their little hamlet of granite, wood and geraniums. Soglio in Bergell is considered by many the most beautiful village in Switzerland. The massive northern peaks of the Bondasca chain behind it provide a classic alpine view, accented by the baroque church tower that rises above the town.

64 | 65

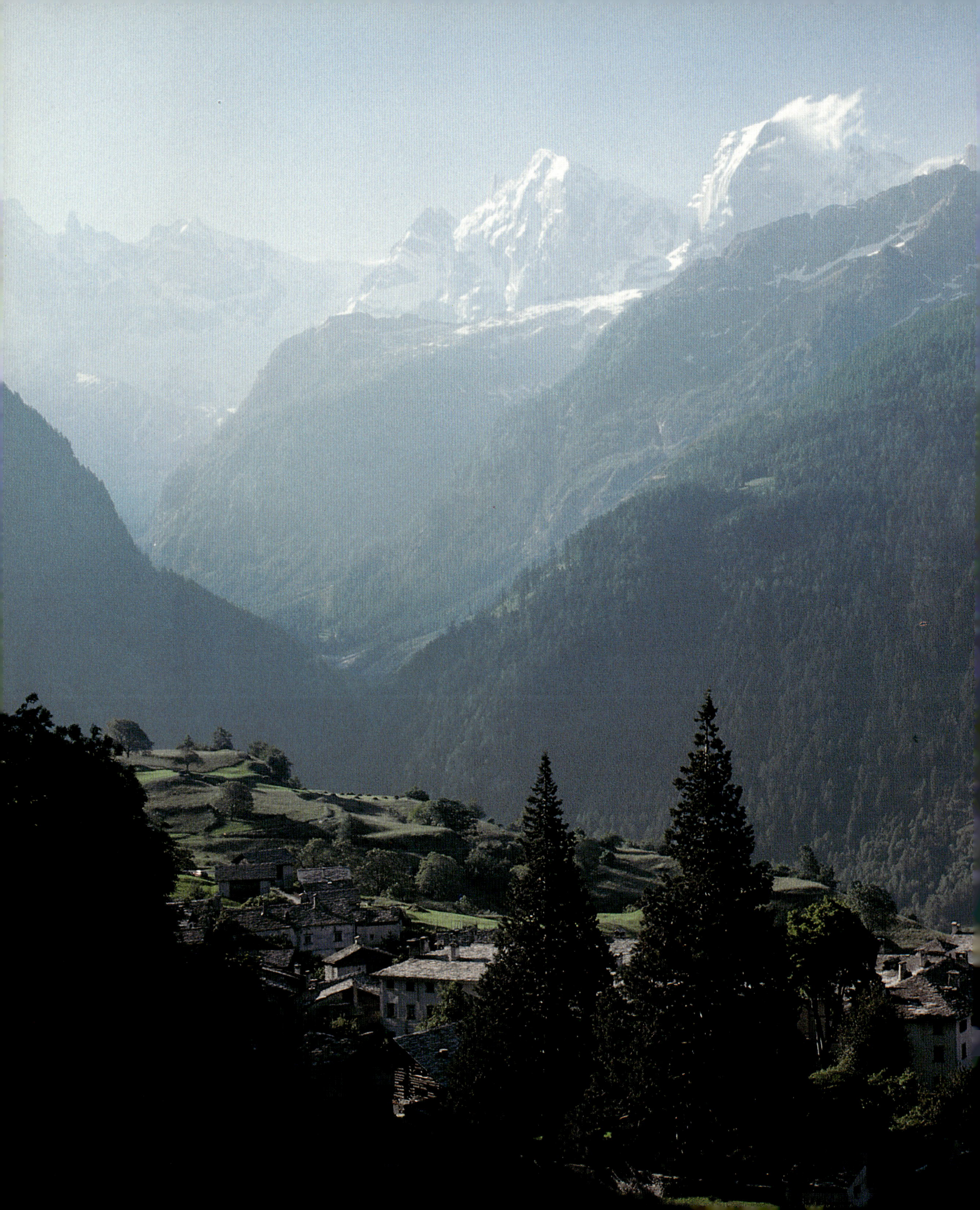

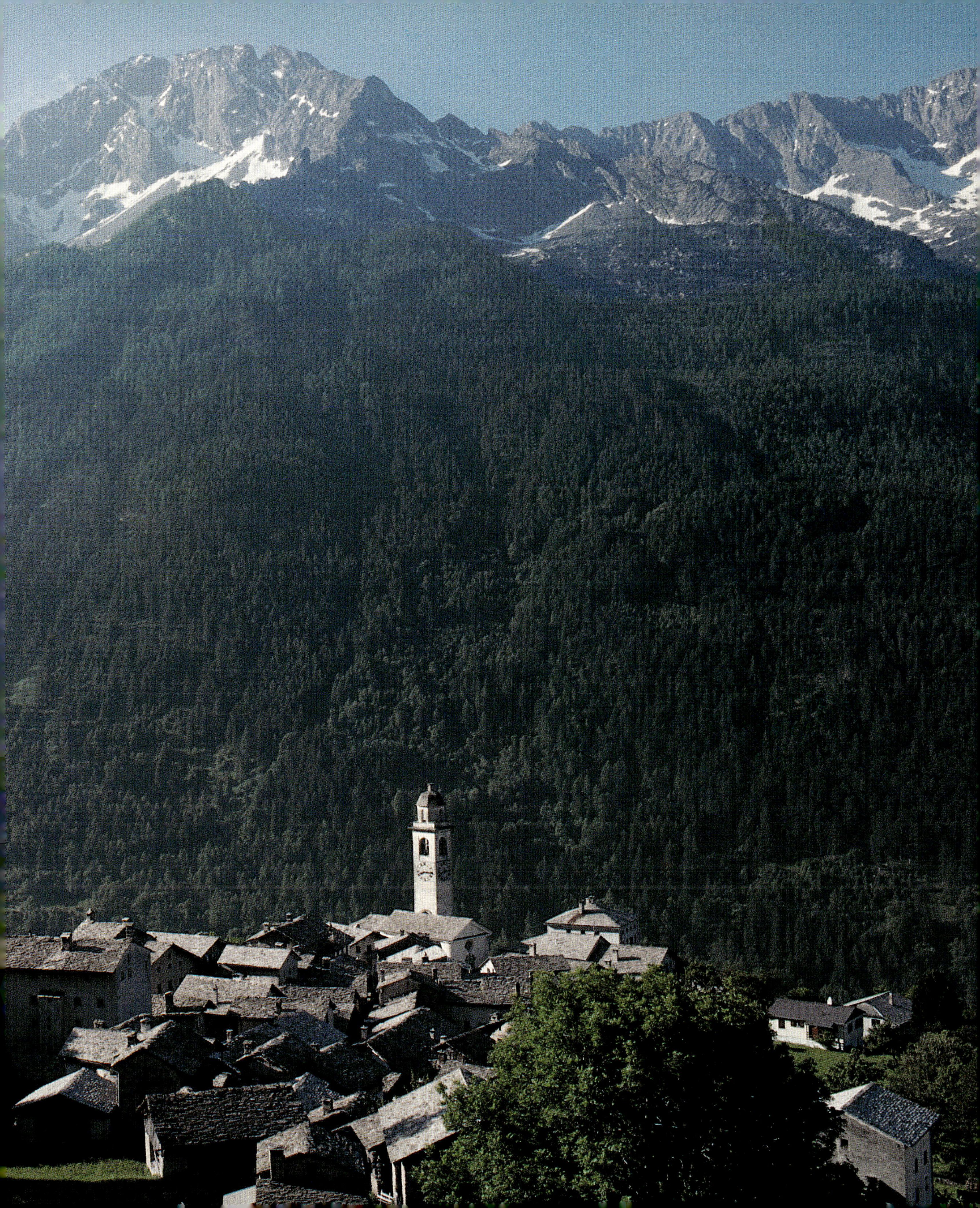

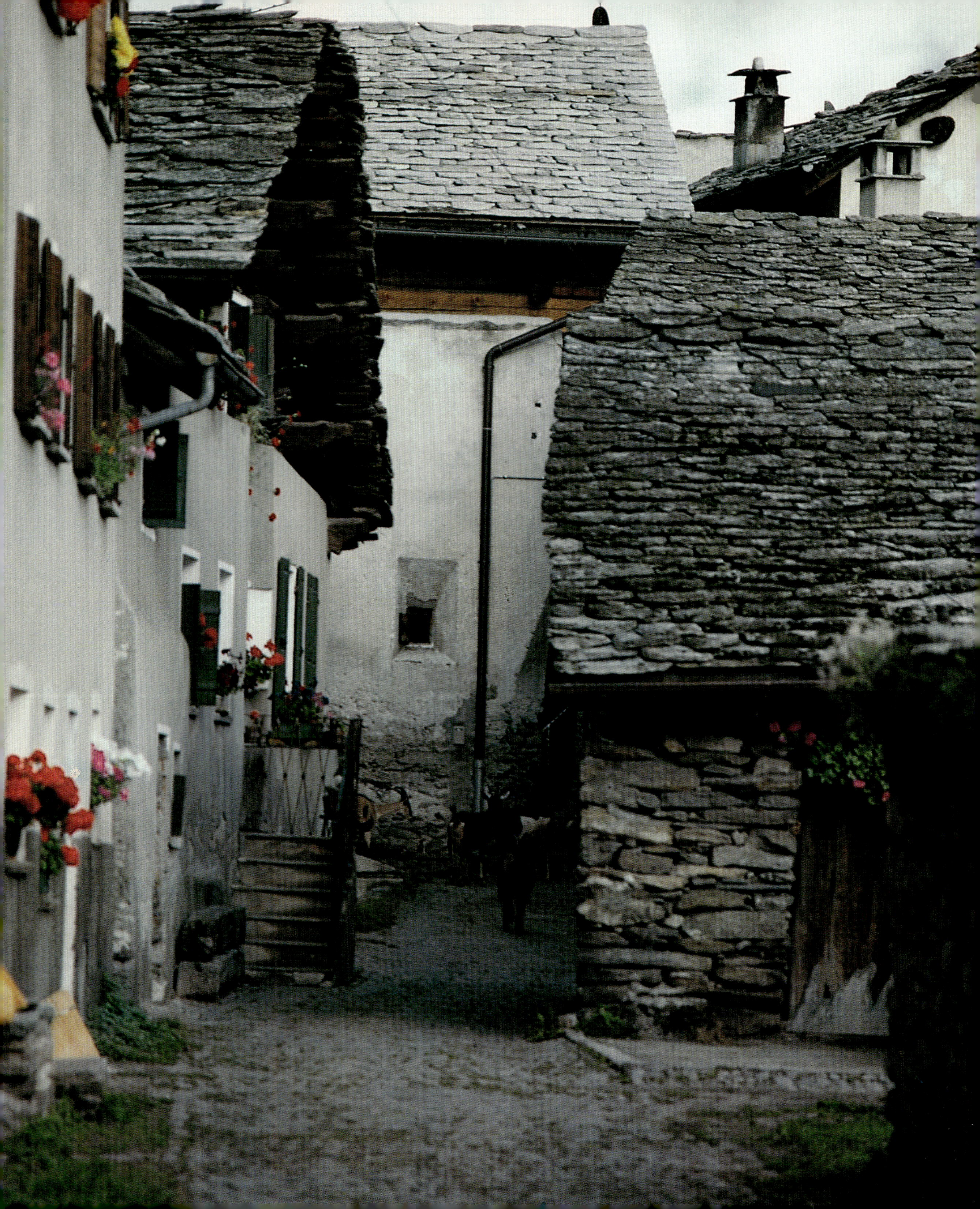

67 Abends kehren die Ziegen heim nach Soglio. Ihr Meckern verbindet sich in den engen Gassen mit dem Geläut der Kirchenglocken zur ländlichen Harmonie.

Manche – wie die Salis – haben ohnehin ihr Glück in der Fremde gemacht. Später kamen sie zurück und bauten sich stolze Palazzi in das enge Tal. Durch Kriegsdienst in fremden Heeren, politische Schachzüge und einträglichen Transithandel wuchs das Vermögen der Familie bald ins Unermeßliche. Kein Wunder, daß Max, Antonio oder Battista im Bergell die Zügel fest in den Händen hielten. Mehr als einmal versuchten ihre Rivalen, die Planta aus Zuoz, ihnen den Rang abzulaufen. Vergeblich, wie die Geschichte immer wieder gezeigt hat. Zuletzt plante P. C. Planta 1771 mit Unterstützung des Wiener Hofs eine große Handelsstraße von Como nach Tirol, über das Engadin und Bergell natürlich. Die Salis glaubten sich in ihren Vorrechten bedroht und hetzten die Bünde auf – so erfolgreich, daß der Plan scheiterte.

Man merkt den Gegensatz der Familien schon ihren Palästen an: Der massige Häuserblock der Planta in Zuoz ist fast ländlich – gemäß ihrer Devise »Mehr sein als scheinen«. Dagegen manifestieren die höfischen Palazzi der Salis in Soglio oder Bondo den festen Entschluß zu Vornehmheit und standesgemäßer Repräsentation.

Lange Zeit war *Vicosoprano* Hauptort der Talschaft. Hier sprach der Podestà Recht, und hier befand sich auch der Pranger für den anschließenden Strafvollzug. Er steht noch heute samt Halseisen vor dem Rathaus, von den Touristen andächtig bestaunt. An der Wand dahinter der Steinbock als Erinnerung an die Churer Bischofsherrschaft, verwitterte Sgraffiti wie an anderen Häusern des Ortes auch. »Schreib nichts, sprich wenig, aber beobachte alles!« hat ein vorsichtiger Bürger über seine Tür geschrieben, die Zeiten waren in der Tat alles andere als ungefährlich. Das hat Johann Baptist Prevot, genannt »Zambra«, am eigenen Leibe erfahren müssen. Man zeigt noch sein Haus mit der Nummer 89 und dem Wappen in Rot, Blau und Gold. Aus edler Bergeller Familie stammend, ließ sich Zambra mit dem Marques de Fuentes ein, dem spanischen Statthalter zu Mailand und Erbauer der Befestigungen, die den Weg nach Graubünden sperrten. Anno 1618 verurteilte das Strafgericht zu Thusis den Mann aus Vicosoprano zum Tode. Was ihre Freiheit und Unabhängigkeit anbelangte, verstanden die Bündner keinen Spaß.

Die Verbindung des Bergell mit dem rätischen Lebensbereich, die grundsätzliche Orientierung nach Norden, begann schon früh. Kaiser Otto der Große trennte 960 die Talschaft vom Bistum Como und unterstellte sie dem Bischof von Chur. Ab 1524 gehörte das Bergell zum Freistaat der Drei Bünde und nahm in der Folgezeit italienische Glaubensflüchtlinge auf, die wegen ihrer protestantischen Konfession vertrieben worden waren. So kam der neue Glaube in das dunkle Tal und fand rasch großen Anklang. Der profilierteste Reformator war Peter Paul Vergerio, vormals Bischof von Capodistria. Er hatte bereits im Puschlav gewirkt und in den Alpen geistig-militante Stützpunkte errichtet. Das blieb nicht ohne Folgen. In Casaccia kam es nach einer aufrüttelnden Predigt Vergerios zum Bildersturm, dem die gotische Wallfahrtskirche San Gaudenzio zum Opfer fiel. Nachts drangen Fanatiker durchs Fenster, warfen die Altäre um und schändeten das Grab des Heiligen. Direkt an der Malojastraße, dort, wo der Engpaß von Cavril beginnt, stehen die Überreste der Kirche. Als sich das Bergell von Rom trennte, blieb das Gotteshaus unbenutzt und verfiel.

Weiter südlich, bei Promontogno, teilt ein Felsriegel das Tal. Hier verlief einst die Grenze der Bistümer Como und Chur, bewacht von Burg Castelmur aus dem 9. Jahrhundert. Wenn man so will, teilt der Tunnel durch den Fels das Bergell in zwei Teile: Sopra-Porta mit seinem kalten Gletscherwind und Sotto-Porta, wo die ersten Edelkastanien und Walnüsse reifen.

Über Bondo mit dem Palazzo des Grafen Hieronymus Salis-Soglio führt die Straße in leichten Windungen nach *Castasegna* hinunter. Italienische Zöllner winken die Fahrzeuge lässig durch, man nimmt die Grenze nicht allzu ernst. Auf halbem Weg nach Chiavenna standen einst die prächtigen Häuser der Seidenhändler von Plurs. Das Dorf liegt seit 1618 mit all seinen Bewohnern unter einer riesigen Geröllhalde. Fortunat Sprecher von Bernegg, damals

67 At day's end the goats come home to Soglio. Their bleating in the narrow lanes blends with the chiming of church bells in pastoral harmony.

Bündner Kommissar, hat die Katastrophe überliefert. Seit zwei Tagen hatten die Bienen ihre Körbe verlassen und waren nicht zurückgekehrt. Aber niemand deutete die Warnung richtig, bis in der Dämmerung plötzlich der Berg ins Tal stürzte. »Der Donner«, so Sprecher, »tönte uns noch in Chiavenna wie die Explosion großer Geschütze in den Ohren. Obwohl eine halbe Stunde von Plurs entfernt, wurde dennoch mein Hut vom aufgewirbelten Staub bedeckt«.

Den Kirchturm fand man später an der gegenüberliegenden Bergflanke, wo ihn die Geröll-Lawine hingeschoben hatte. Alle Rettungsversuche blieben erfolglos und förderten nur Tote zutage. Eine Dienstmagd hatte noch ein halbgerupftes Huhn in der Hand und ein Stück Brot unterm Arm...

Erdrutsche – wenn auch nicht so verheerend – sind im Bergell noch immer an der Tagesordnung. Seit die Nadel- und Mischwälder an den Steilflanken des Tals ihre frühere Kraft verloren haben, spült der Regen im Frühjahr oft tonnenweise Geröll und totes Holz auf die Malojastraße. Dann schauen die Leute von Bondo besorgt zur Staumauer in den Bondasca-Bergen, ob die 970 000 Kubikmeter Beton dem ungeheuren Wasserdruck auch wirklich gewachsen sind.

Nein, das Bergell ist keine Landschaft, die sich dem Besucher anbiedert. Dafür sind die Felsen zu schroff, die Schatten zu lang und die Dörfer zu düster. Vielleicht ist dieser Charakterzug der Grund dafür, daß es einen festen Stamm von Liebhabern gibt, die vom Tal und seinen spröden Bewohnern nicht mehr loskommen. Trotz der grandiosen Fernblicke wird das Bergell immer eine bescheidene Rolle spielen, verglichen mit den Seen des Oberengadin oder den Burgen und Schlössern am unteren Inn. Die wechselnden Farben der Wälder, die prachtvollen Mineralien oder ursprünglichen Gasthöfe sind eher etwas für Kenner, zumal die Winter extrem lang dauern. Vom Tourismus können nicht alle 1700 Bewohner der Talschaft existieren, was sicher auch seine guten Seiten hat. Man will die Verhältnisse zwar bessern, aber nicht grundsätzlich ändern. So finden viele Bergeller ihr Auskommen nach wie vor in den großen Hotels zwischen Maloja und St. Moritz, andere arbeiten in den Wäldern und Steinbrüchen direkt vor der Haustür. Am schwersten tun sich die Bauern mit der neuen Zeit: Wer von den jungen Leuten will schon das traditionelle Nomadentum auf sich nehmen? Die steilen Wiesen sind rasch gemäht oder abgeweidet, man muß das Heu auf verschiedenen Höhenlagen einbringen, mit den Herden weiterziehen, wie es die Bergeller schon immer getan haben. Zudem ist der Boden vor allem im oberen Tal für den Ackerbau nicht geeignet. Und auch die Wälder werfen heute nur noch geringen Ertrag ab, gemessen an den Lohn- und Transportkosten für das geschlagene Holz.

Daran denken die Gäste im Schloß-Hotel von Soglio natürlich nicht. Sie schlafen unter himmelblauen Stuckdecken, zwischen Renaissance- und Barockmöbeln, trinken die schweren Rotweine aus Chiavenna und lauschen dem Gebimmel der Glocken. Irgendwo bellt ein Hund, die Ziegen kommen meckernd von den Almen, es riecht nach gebratenem Käse und frischem Thymian, kurzum – Gottes Friede über allem.

Das Puschlav

So weit im Süden – und doch nicht Italien. Vom Berninapaß zieht sich das Puschlav als schmales Tal fast 2000 Höhenmeter hinunter nach *Campocologno*, wo Wein und Tabak, Nußbäume und Edelkastanien wachsen. In einer knappen Stunde durchfährt man alle Klimastufen, etwa zehn Dörfer und Städtchen, Geröllfelder, Uferpromenaden, Viehweiden und Obstgärten. Das Puschlav ist Vergessenheitszone, ohne nennenswerte Industrie und trotz seiner offensichtlichen Schönheit noch immer touristische Diaspora. Für den, der nicht unter

68 Alte Steinbrücke bei Promontogno im Bergell. Hier verlief einst die Grenze der Bistümer Como und Chur.

68 An old stone bridge near Promontogno in Bergell. Once the border between the bishoprics of Como and Chur ran along here.

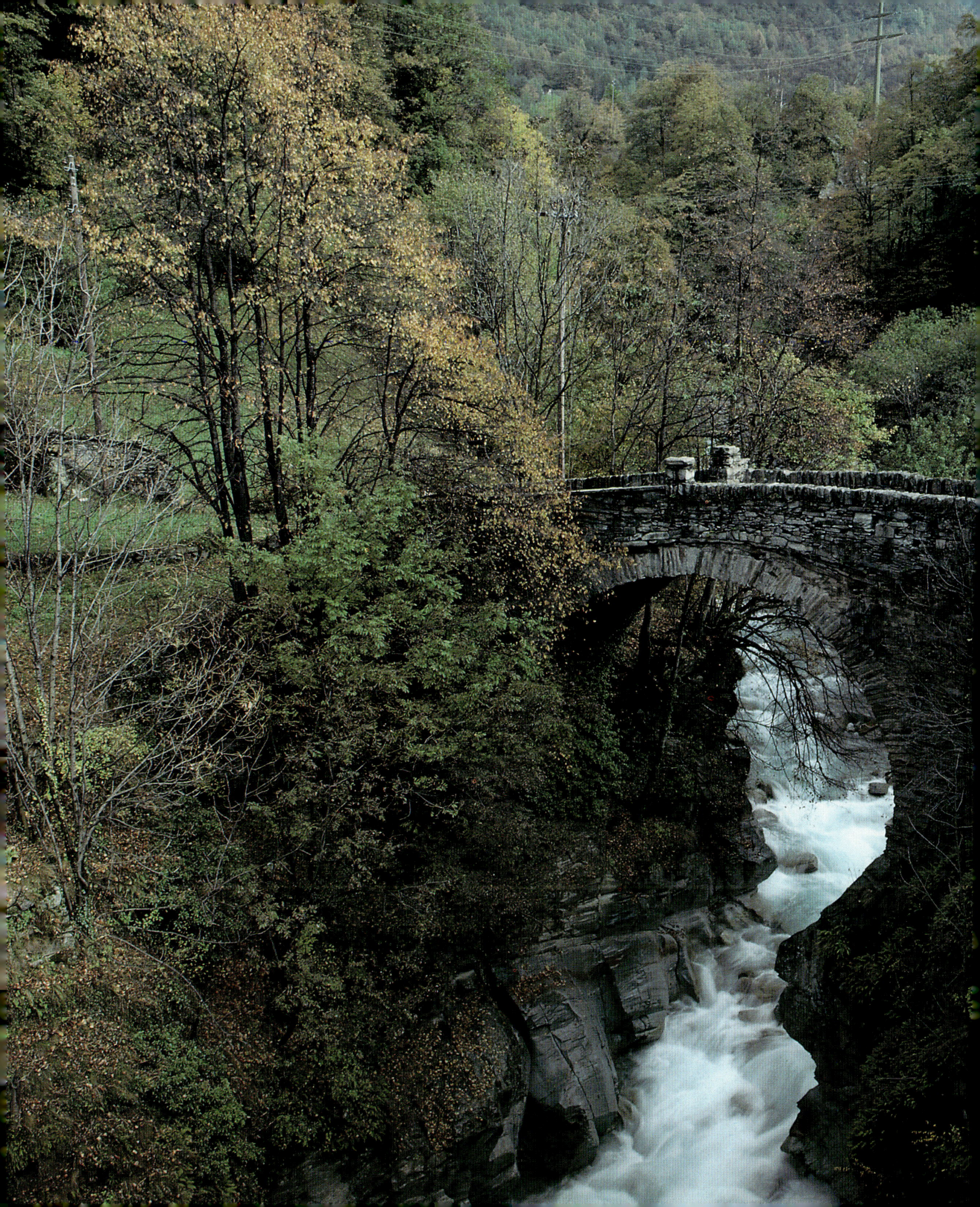

69 | 70

69 und 70 In Poschiavo im Puschlav glaubt man sich nach Italien versetzt. Palazzi wie schlichte Wohnhäuser vermitteln mit ihren farbigen Fassaden und gußeisernen Balkonen den Eindruck, als habe man die Grenze bereits überschritten, so sehr unterscheidet sich die Gemeinde von den übrigen Dörfern des Engadin.

schwierigsten Bedingungen dort leben muß, ein geographischer Glücksfall von ganz eigenartigem Reiz.

Zur Zeit der Merowinger besaß die reiche Abtei St. Denis Güter im Puschlav, später rivalisierten Como, Mailand und der Bischof von Chur um die Vorherrschaft. Schließlich trug der rätische Einfluß den Sieg davon, als sich die Bündner 1512 des gesamten Veltlins bemächtigten. Diese Eroberung machte den Berninapaß – und damit auch das Tal von Poschiavo – zu einer lebenswichtigen Verkehrsader von Graubünden in die Lombardei. Davon zeugen die prächtigen Palazzi der Puschlaver Aristokratie, uralte Gasthöfe und wappengeschmückte Brunnen. Manche Dörfer sind während der Pest 1672–1676 von der Landkarte verschwunden, andere wurden unter meterhohem Geröll begraben, weil die Berge bis heute nicht zur Ruhe gekommen sind. Im 18. Jahrhundert verschüttete eine Steinlawine die damals vielbefahrene Straße von Cavaglia, worauf man auf die uralte Route über La Rösa zurückgriff. Dafür zieht jetzt die Rhätische Bahn im Kessel von Cavaglia ihre spektakulären Kreise bis hinauf zur Alp Grüm, von wo der Blick auf Palü-Gletscher und das grüne Wasser des Lago Bianco fällt. Gerade in dieser Höhe, bei Sassal-Masone, Selva und San Rumedi bewahrt das Puschlav noch eine uralte Bauart aus der Bronzezeit: die Trulli oder Crot, kuppelgewölbte Steinhütten ohne Mörtel. Früher waren sie bewohnt, heute dienen sie als Keller für Milch und Vorräte der Bauern. Dank der grob gefügten Steine atmet der Trullo, so daß die Luft immer frisch und kühl bleibt. Vielleicht ist die These gar nicht so abwegig, Sarazenen aus dem arabischen Raum hätten diese Bauform ins Tal von Poschiavo gebracht. Ähnliche Trulli stehen auch in Sardinien und Apulien, Pontresina hieß schließlich früher einmal Pont Zarisino (Sarazenenbrücke), nachdem maurische Invasoren im 10. Jahrhundert bis zum Inn vorgestoßen waren.

Wie auch immer, das Puschlav gehört sicher zu den am wenigsten bekannten Landschaften der Schweiz. Dabei fühlen sich die Bewohner trotz ihrer italienischen Sprache als waschechte Graubündner, die allerdings nie einer deutsch-schweizerischen »Fremdherrschaft« untertan waren. Ebensowenig gab es Ansätze einer italienischen Irredenta, obwohl es an Verlockungen aus Bergamo oder Mailand nicht gefehlt hat. Entscheidend war immer der Freiheitsdrang, das ungebärdige Selbstbewußtsein der Puschlaver, die in der freiheitlichen Ordnung des helvetischen Nordens ihre politische Heimat sahen. Konfessionelle Gegensätze konnten daran nichts ändern, weil sie kreuz und quer durcheinanderliefen. Unter den reformierten wie unter den katholischen Gemeinden befanden sich gleichermaßen solche deutscher, rätoromanischer oder italienischer Sprache. Und noch heute ist das wohlhabende Bürgertum Poschiavos großenteils evangelisch, während die einfachen Leute, das Landvolk also, dem römischen Glauben anhängen. Bezeichnenderweise wurde das ladinische Engadin vom Bergell und Puschlav her für die neue Lehre gewonnen. Diese von Süden über den Alpenkamm hergreifende Reformation hat auch das Rätoromanische dort aus dem langen Schlaf eines »Bauerndialekts« erweckt und zur Schriftsprache befördert. Ausgerechnet im abgelegenen Poschiavo stand seit 1549 die erste Buchdruckerei Graubündens, die nicht nur italienische, sondern auch rätoromanische Schriften, Traktate und Katechismen in großer Zahl über den Berninapaß ins Engadin schleuste.

Heute fasziniert uns an *Poschiavo* neben den Palästen der Landolfi oder Mengotti vor allem die Kirchturm-Szenerie. Neben San Pietro und San Carlo ragt der massige Campanile der Stiftskirche San Vittore empor, die Andreas Bühler und ein Meister namens Westolf im 15. Jahrhundert erbauten. Man fühlt sich irgendwie an die Gotik Kataloniens oder des Languedoc erinnert: Wie dort sind die Strebepfeiler fast ganz nach innen ins Schiff gezogen, wobei ihnen die Rippen der breiten Gewölbe wie Palmwedel entspringen. Ganz anders die barocke Kapelle Santa Maria Presentata oder – unweit des Bahnhofs – San Pietro mit halbkreisförmiger Apsis. Ein wandernder Meister der lombardischen Renaissance hat die Mauern

69 and 70 In Poschiavo in the commune of Puschlav, you may think you've been transported to Italy. The colorful façades and wrought-iron balconies of palaces and even ordinary houses make you think you're already over the border – so great is the difference between this Italianate town and the other villages of the Engadine.

mit kraftvollen Fresken geschmückt. Weiter unten am linken Ufer Santa Maria Assunta, vielleicht die schönste Barockkirche der Schweiz. Mitten in der Wiese, flankiert von vier Pappeln und gekrönt von einem achteckigen Tambour, besticht sie mit der Harmonie ihrer Proportionen. Der italienische Einfluß ist unverkennbar. Und es war auch ein Comasker, Giovanni Prina, der die Hauptkuppel im Innern mit einer Himmelfahrt Mariens ausgemalt hat.

Poschiavo hat Charakter, zweifellos. Seine Türme, die beiden alten Plätze und die wappengeschmückten Tore sind mehr, als man in einem abgelegenen Seitental Graubündens erwarten würde. Und doch verblaßt der Charme des kleinen Städtchens schon wenige Kilometer weiter südlich bei Le Prese, wo die »Riviera« des Puschlav beginnt. Ein Bergsturz in vorgeschichtlicher Zeit hat den See aufgestaut, nicht übermäßig groß und von türkisblauer Farbe. Vor allem im Sommer sind die Ufer blumenübersät, alte Baumgruppen spiegeln sich im Wasser, das selten mehr als zwölf Grad aufweist. Auf einer Höhe von 1794 Metern liegt an einem Pilgerweg San Romerio, ein archaisch anmutendes Kirchlein, dessen Mauern wahrscheinlich auf einer prähistorischen Kultstätte stehen. Nach der einen Seite öffnet sich der Blick auf die Steindächer von Le Prese und Piz Verona, nach der anderen in den sonnigen Dunst der Veltliner Weingärten.

Ganz unten, nur wenige Kilometer von der Grenze zu Italien entfernt, *Brusio*, malerisch über den Hang verstreut. Das Sommerlicht flimmert unbarmherzig, die Läden der grauen Steinhäuser sind über Mittag geschlossen. Zartes Trockenfleisch, Bresaola, gibt es hier in fast allen Trattorien. Dazu kleine, trockene Rotweine – Grumello, Inferno, Sassella oder wie die Veltliner alle heißen. Und wieder Kirchen, die das Herz rühren, Brunnen, Palazzi wie droben in Poschiavo. Ein schmales Gäßchen führt zur Casa Comunale, dem früheren Stammsitz der stolzen Marlianico: rot und grün bemalte Holzschnitzereien, viel Stuck und die Wappen des Michele Marlianico und seiner Frau, einer geborenen Planta.

Schließlich hat auch Graubünden einmal ein Ende. Beim Engpaß von Campocolongo ist es soweit, und die Engadiner trauern noch heute – nicht ganz zu Unrecht – über den Verlust des Veltlin im Jahre 1797. Wasserfälle, Kastanienwälder, Felsblöcke und Eidechsen – das sind die letzten Impressionen, bevor man das Puschlav in Richtung Italien verläßt.

Das Münstertal

Etwas versteckt liegt das Val Müstair hinter dem Ofenpaß im Dreieck zwischen Schweizerischem Nationalpark, Stilfser Joch und Südtirol. Vom Talbeginn bis zum Umbrail an der Grenze nach Italien sind es knapp 25 Kilometer durch weite, sanft geschwungene Wiesen, unversehrte Dörfer und dichte Bergwälder. Doch die Abgeschiedenheit ist erst ein Resultat der Neuzeit, als die strategische Lage praktisch bedeutungslos wurde. Zuvor galt das Münstertal über Jahrhunderte hinweg als Durchmarschgebiet fremder Heere und potentieller Kriegsschauplatz. In kaum einer anderen Schweizer Region wurde so viel Blut vergossen, geplündert und gebrannt. Da ist es nur ein schwacher Trost, daß sich die Bündner letztlich gegen alle Annexionsgelüste übermächtiger Nachbarn behaupten konnten.

Was den österreichischen, französischen oder spanischen Truppen nicht gelang, hätte beinahe ein Stück Papier erreicht: Im Jahre 1728 verkaufte der Churer Bischof Ulrich VII. das ganze Tal für 17 000 Gulden an die Tiroler, was besonders bei den reformierten Eidgenossen heftigen Widerstand hervorrief. Unter Kaiserin Maria Theresia gelang es den Bewohnern unter großem Einsatz, sich mit Hilfe einer Sammelaktion der Drei Bünde wieder freizukaufen, was noch heute in den Schweizer Geschichtsbüchern Anlaß für allerlei rührende Anmerkungen bietet.

71 Das Leben Poschiavos spielt sich an warmen Sommertagen auf den Gassen ab. Dominiert wird das Ortsbild vom romanischen Turm der Stiftskirche San Vittore, der sich markant über die grauen Gneisdächer erhebt.

71 On warm summer days in Poschiavo, its lanes are full of life and movement. Dominating the scene is the roman tower of the collegiate church of San Vittore, thrusting up above the roofs of gray gneiss.

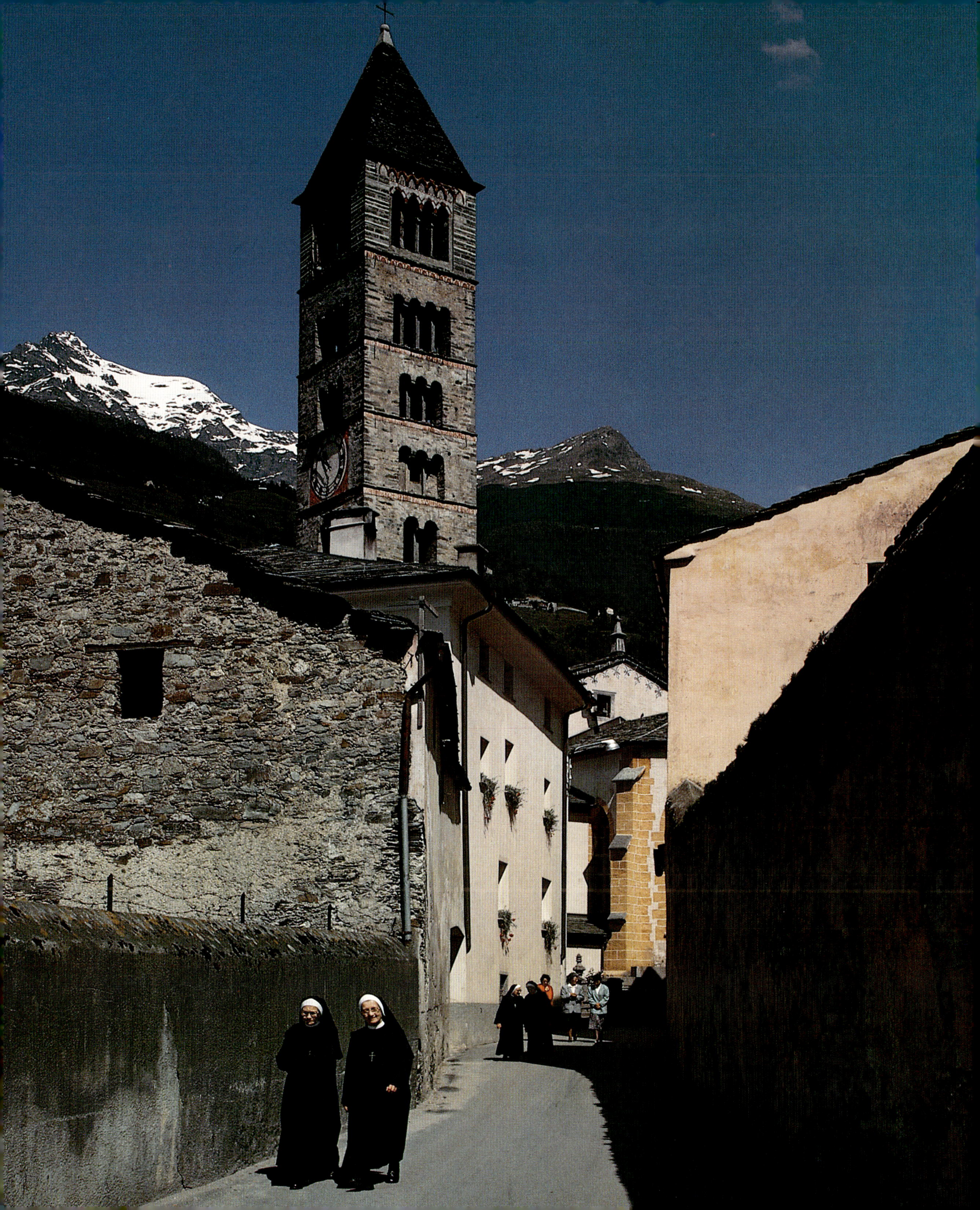

72 | 73

72 An die karolingische Kirche von Müstair schließen sich die Häuser des Klosterhofs an. Hinter den weißgekalkten Mauern verbergen sich schöne Räume mit gotischen und Renaissance-Holzschnitzereien.

73 Valchava im Val Müstair hat sich bis heute sein historisches Ortsbild erhalten.

74 In Müstair blieben die Uhren schon vor langer Zeit stehen. Fast könnte man meinen, die Äbtissin Angelina von Planta wohne noch heute in ihrem archaischen Kloster-Palais.

72 The houses of Klosterhof cluster around the Carolingian church of Müstair. Behind its calcimined walls are beautiful rooms full of Gothic and Renaissance woodcarvings.

73 Valchava in Val Müstair has retained its historical character to this day.

74 In Müstair the clocks stood still long ago. You might almost believe that the abbess, Angelina von Planta, were still living in her archaic nunnery-palace.

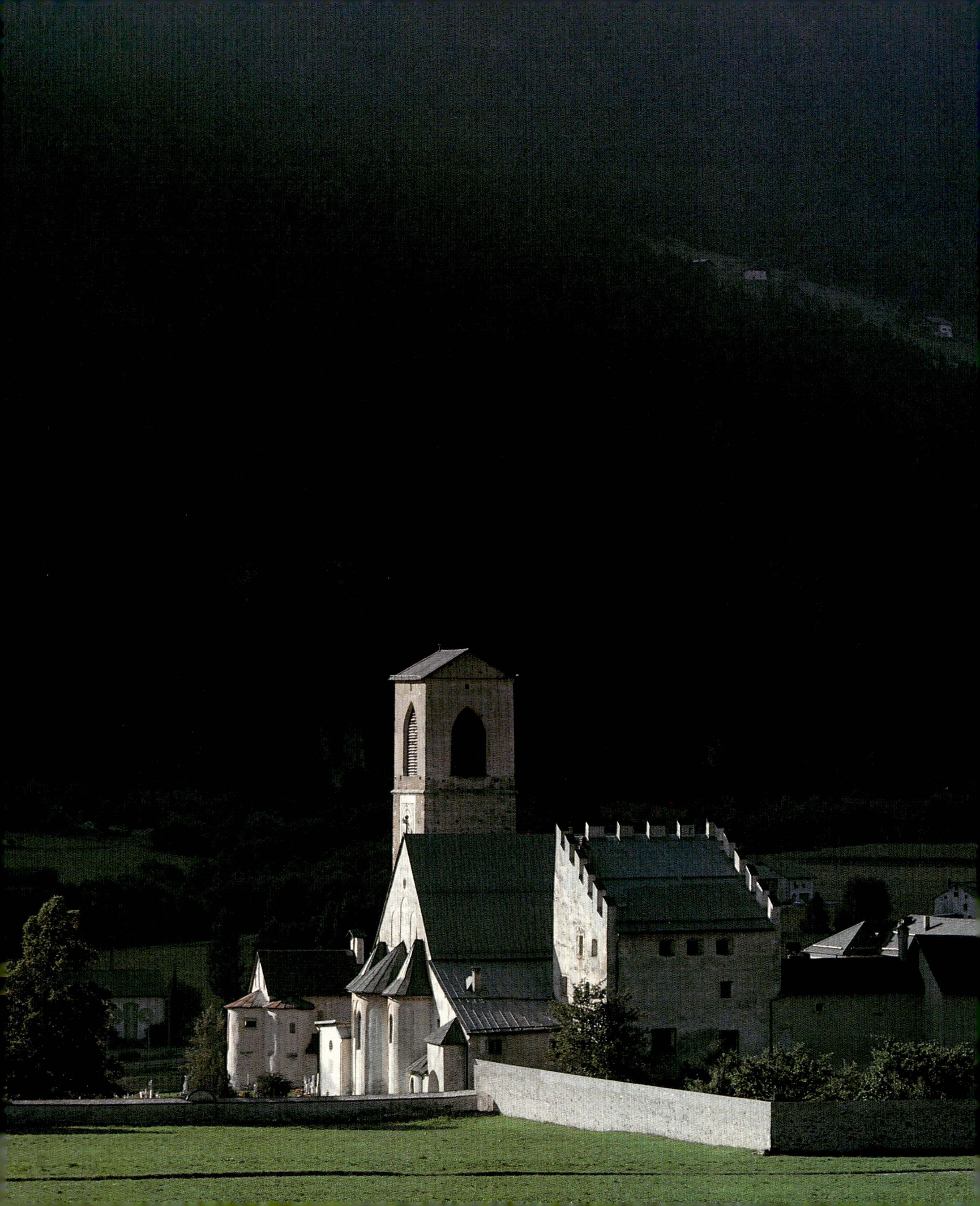

75 Für viele ist Müstair eine perfekte Vision aus dem Mittelalter: Der zinnengekrönte Wohnturm der Äbtissin Angelina von Planta, die karolingische Kirche St. Johann Baptista mit den drei Apsiden, maßvoll gegliederte Mauern mit Erkern und Blendarkaden.

Unverkennbar ist der starke Engadiner Einfluß in Tschierv, Valchava oder Santa Maria, das Breite, Behäbige, die Unregelmäßigkeit der Fassaden und der prachtvolle Sgraffitoschmuck. Das Romanische hat – nicht nur in der Sprache – dem Tirolerischen standgehalten, obwohl die Grenze so nah und der Zugang damit leicht war. Am Gemeindehaus von Valchava zeigt ein bemerkenswertes Erkerfenster die Wappen der Drei Bünde, daneben die archaischen Blöcke alter Bauernhäuser im Engadiner Stil. Nur selten ein überstehendes Dach oder bunte Wandmalereien wie im benachbarten Tirol.

Das Val Müstair hat sich immer gegen Eindringlinge gewehrt und so seine Selbständigkeit und Eigenart behauptet. Bis heute sind die Bauern und Handwerker ohne ausländisches Kapital und ohne Bodenspekulationen ausgekommen, haben die Gastwirte und Hoteliers eher bescheiden expandiert. Zunächst sah es so aus, als habe man dadurch ein wenig den Anschluß an den modernen Tourismus verpaßt, zumal Arbeitsplätze immer knapp waren. Inzwischen sieht das Münstertal in der langsamen Entwicklung seine große Chance: Noch werden alle Alpenweiden genutzt, Verkarstungen als Folge rücksichtslosen Pistenbaus sind nahezu unbekannt, geschmacklose Hotelkästen und unpersönliche Allerweltsbetriebe fehlen. Anstatt Neues hinzustellen, wird Bestehendes renoviert oder ergänzt. Die Vernunft der Münstertaler hat so die organisch gewachsenen Dorfbilder bewahrt, historisch wertvolle Gebäude einer wirtschaftlich sinnvollen Nutzung zugeführt und damit auf der anderen Seite jeden musealen Charakter vermieden.

Massentourismus wird es zwischen Ofenpaß und Müstair an der italienischen Grenze ohnehin nie geben. Dazu ist das Tal zu klein, zu abgelegen. Eigentlich genügen die zwei Dutzend Hotels und Pensionen in dieser zauberhaften Landschaft, auch wenn man im Gemeindeverband der »Corporaziun regiunale Val Müstair« 2000 Betten als Obergrenze anpeilt. Dafür gibt es Häuser mit unvergleichlichem Ambiente, trutzige Gasthöfe und urgemütliche Hütten mit guter, regionaler Küche. Die bietet gottlob auch die »Chasa Chapòl«, ein originelles Hotel in Santa Maria, das über ein Kleintheater mit 150 Plätzen und eine eigene Weinkellerei verfügt. Bis unters Dach ist das alte Patrizierhaus mit Antiquitäten und Bildern gefüllt, es duftet nach Arvenholz und verführerisch nach gebratenem Käse, nach Veltliner und Bauernspeck.

In diese heile Welt paßt auch der Entschluß der Münstertaler, nur ein Skigebiet an den Hängen des Mischuns zu erschließen, die übrige Natur vor Liften, Seilbahnen und Schneisen zu schützen. Die mittelschweren Pisten liegen auf einer Höhe von 2000 bis 2500 Metern und gelten als sehr schneesicher. Eine Langlaufloipe, die durch offenen Arvenwald führt, und ein Restaurant mit prachtvollem Ausblick auf die Gipfel ringsum komplettieren die Anlagen. Eigentlich handelt es sich bei der Sonnenterrasse um einen Stall, der jeden Herbst in ein Bergrestaurant verwandelt wird und immer ausgelastet ist: im Sommer mit Vieh, im Winter mit Touristen, gemolken wird allezeit…

Abends bringt der Skibus die Gäste von der Liftstation zurück in die umliegenden Dörfer. Zuletzt fährt er nach Müstair am Ende des Tals, wo man wieder katholisch gesinnt ist, wie das Kruzifix am Dorfeingang verkündet. Bis zum anderen Ende sind es nur ein paar Häuser mit tiefliegenden Fenstern und eher mittelmäßigen Sgraffiti. Aber hinter dem letzten Brunnen wartet die Vision aus dem Mittelalter, die Abtei St. Johann: weißes Mauerwerk, granitgefaßt, niedrige Tore und leuchtende Fresken, die Türme des Klosters und der Äbtissin Angelina, mit ländlichem Dach und schrägen Zinnen. Innen die berühmten karolingischen Fresken, gotische Pfeiler wie Palmstämme, aus denen die Rippen der Netzwölbung entspringen. Im großen Klosterhof – so scheint es jedenfalls – steht die Zeit schon seit Jahrhunderten still. Wäre da nicht die freundliche Schwester Pförtnerin und ihre kundige Führung – man könnte glauben, seit den Tagen der Planta hätte sich nichts verändert.

75 Many people find Müstair a perfect vision of the Middle Ages: the crenelated tower where Angelina von Planta resided as abbess, the Carolingian church of St. John the Baptist with its three apses and finely designed walls with their oriels and arcatures.

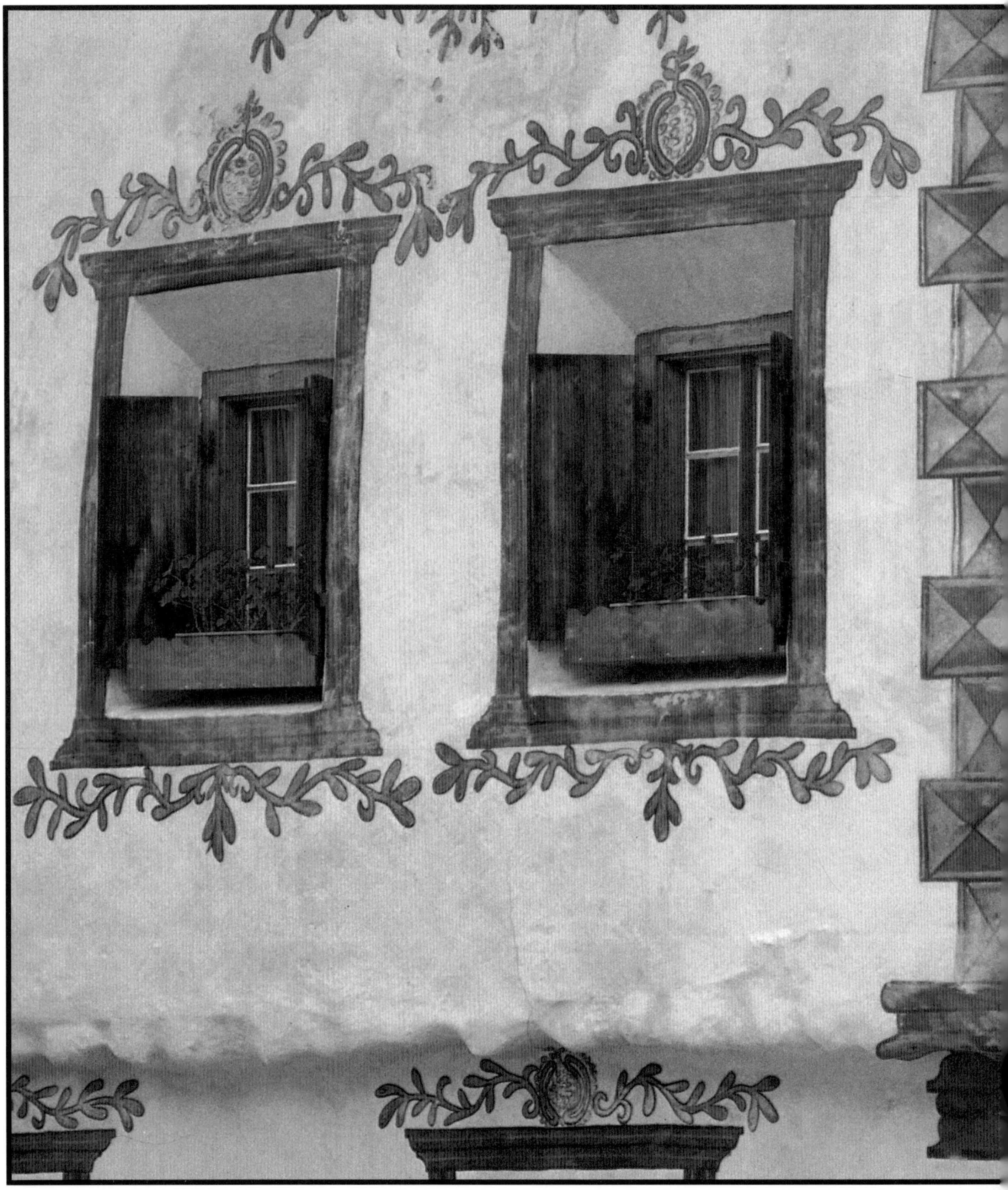

Kulturlandschaft Engadin

Von der Romanik
bis zu den Architekturen der Belle Epoque

Die Engadiner Dörfer sind romanische Siedlungen – dichtgedrängt, geschlossen und von seltener Harmonie. Unverkennbar der Wunsch nach Gemeinsamkeit, Geselligkeit, aber auch der Zwang, sich vor Mensch und Natur zu schützen. Immer dann ist Architektur vollendet, perfekt, wenn sie gleichsam dem Erdboden entspringt. Form und Material sind nur ein Spiegelbild der Umgebung, charakteristischer Ausdruck einer Landschaft und ihrer Bewohner. Etwa das Kirchlein San Gian, genial auf einen schmalen Hügel zwischen Celerina und Punt Muragl gesetzt: Romanik als steingewordene Askese, deren Schmucklosigkeit mehr fasziniert als alle Farb- und Formfülle des Barock. Oder die geduckten Quader der Häuser von Guarda: friedliches Nebeneinander aristokratischer und bäuerlicher Elemente, typisch für das Engadin wie Gletscher und Granit.

Daß sich auf dem Dach Europas eine so hohe Baukultur entwickeln konnte, hat mehrere Gründe. Die extremen klimatischen Verhältnisse zwangen die Menschen zu erhöhter Anpassungsfähigkeit, solider Wohlstand und ein letztlich glücklicher Verlauf der Geschichte schufen die materiellen Voraussetzungen. Weil an begabten Architekten und Handwerkern kein Mangel bestand, zählen die Dörfer des Engadin zum Schönsten, was bäuerliche Kultur in Europa hervorgebracht hat.

Aus der Zeit vor 1500 sind neben einigen Wohntürmen und Fundamenten nur die Kirchen übriggeblieben. Das liegt daran, daß Kaiser Maximilian I. 1499 einen letzten Versuch unternahm, das Engadin an sich zu reißen. Überraschend drangen die österreichischen Truppen über einen Nebenpaß ins schutzlose Oberengadin ein. Die Bevölkerung floh mit Habe, Vieh und Lebensmitteln in die Berge und faßte den verzweifelten Entschluß, die Orte in Flammen aufgehen zu lassen und den Feind mit dieser Taktik der verbrannten Erde auszuhungern. Was an Wohnkultur vorhanden war, ist damals vernichtet worden. Den Rest besorgten die Bündner Wirren, als Spanier und Österreicher das Engadin nochmals verwüsteten.

Nur die steinernen Kirchen der Romanik überlebten den Feuersturm: Sta. Maria oberhalb von Pontresina, St. Lorenz in Sils-Baselgia, San Andrea am Ausgang des Val Chamuera oder eben San Gian. Halb Ruine, halb Gotteshaus, ist die schlichte Kirche auf dem Hügel längst zum Wahrzeichen des Oberengadin geworden. Dabei bezieht sie ihren einzigartigen Zauber mehr aus der Lage, weniger aus der Architektur, die sich hier ganz der Landschaft untergeordnet hat.

Die beiden Türme entwachsen gleichsam dem Boden wie die Tannen an der Nordwestseite, genial in den weiten Talboden komponiert und Teil der Natur. Aus der Ferne fällt der Blick zuerst auf tote Giebel und leere Fensterhöhlen, auf verwitterte Bruchsteine und andere Zeugen früher Zerstörung. 1682 schlug der Blitz in den Südturm, dessen Helm vollständig ausbrannte. Mag sein, daß die Kosten für den Wiederaufbau zu hoch waren. Jedenfalls muß es heute als fast genialer Einfall angesehen werden, daß der malerische Torso nie mehr repariert wurde. Alles ist ärmlich-schlicht und dennoch vornehm an diesem Gotteshaus: der kleine romanische Turm aus dem 11. Jahrhundert, die halbverwitterten Stufen zum Tor, die schiefe Umfassungsmauer. Dahinter ein kleiner Friedhof, auf dem man liegen möchte, wenn es wirklich einmal so weit ist.

Das Innere der Kirche wirkt leer, obwohl Harmonie und Proportionen des Raums wohltuend ins Auge fallen. Zur Zeit der Reformation wußte die Gemeinde nicht, was sie mit den kostbaren Altären anfangen sollte. Es wurde durch Handaufheben abgestimmt, und die guten Leute kamen zu dem Schluß, »was ihnen nicht zu nuz seye, seye anderen auch nichts nuz«. So

Vorhergehende Abbildung:
76 Bergün an der Albulastraße prunkt mit besonders schönen Sgraffiti an behaglichen Bauernfenstern.

77 Von Muottas Muragl hat man einen atemberaubenden Blick auf die auf einem Hügel gelegene Kirche San Gian und Celerina. Ziel der St. Moritzer Bobbahn, jedoch auch bekannt als günstiger Platz für andere Wintersportarten.

Illustration on previous page:
76 Bergün on the Albula highway proudly displays some of the finest scratchwork in the Engadine on its cozy farmhouse windows.

77 From Muottas Muragl you have a breathtaking view of the San Gian church perched on a little hill with the town of Celerina spread out behind it. This is where the St. Moritz bobsled run ends, but the town also offers other winter sports such as ice-skating and cross-country skiing.

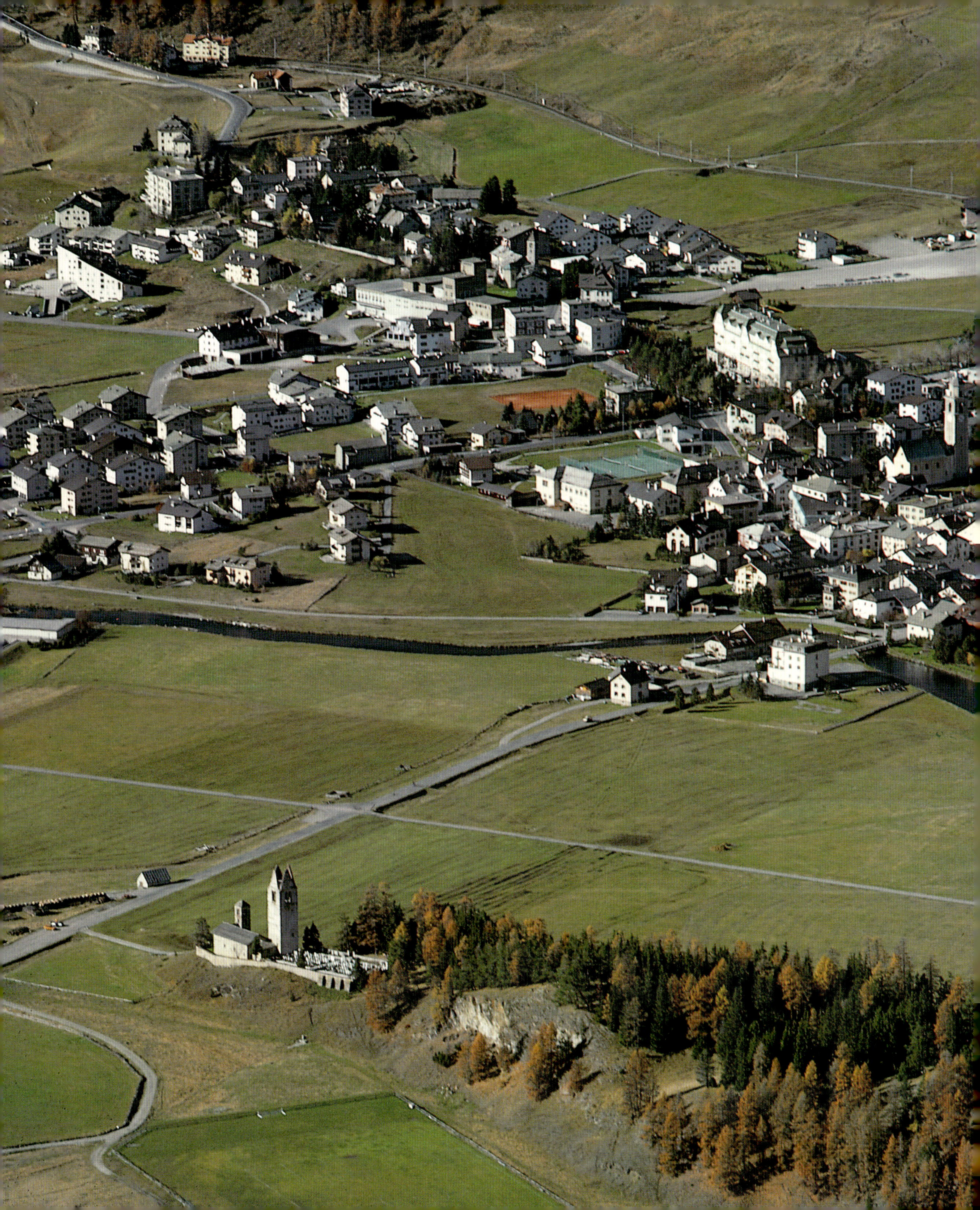

78 und 79 Der Herbst ist die schönste Jahreszeit im Engadin. Bevor der lange Winter die Landschaft weiß verpackt, leuchten die Wälder noch einmal in verschwenderischen Farben.

80 Bauernhäuser im Fextal, das sich seine Ursprünglichkeit bewahrt hat und auch heute nur zu Fuß oder mit Kutsche beziehungsweise Schlitten erreichbar ist.

78 and 79 Some think autumn is the loveliest season in the Engadine. Before the long winter covers the land with a blanket of white, the woods burn brightly in lavish colors.

80 Farmhouses in Val Fex, a village that looks just like it did a century ago. You can only reach this high alpine valley by foot or horse-drawn carriage in the summer, and in the winter by sleigh.

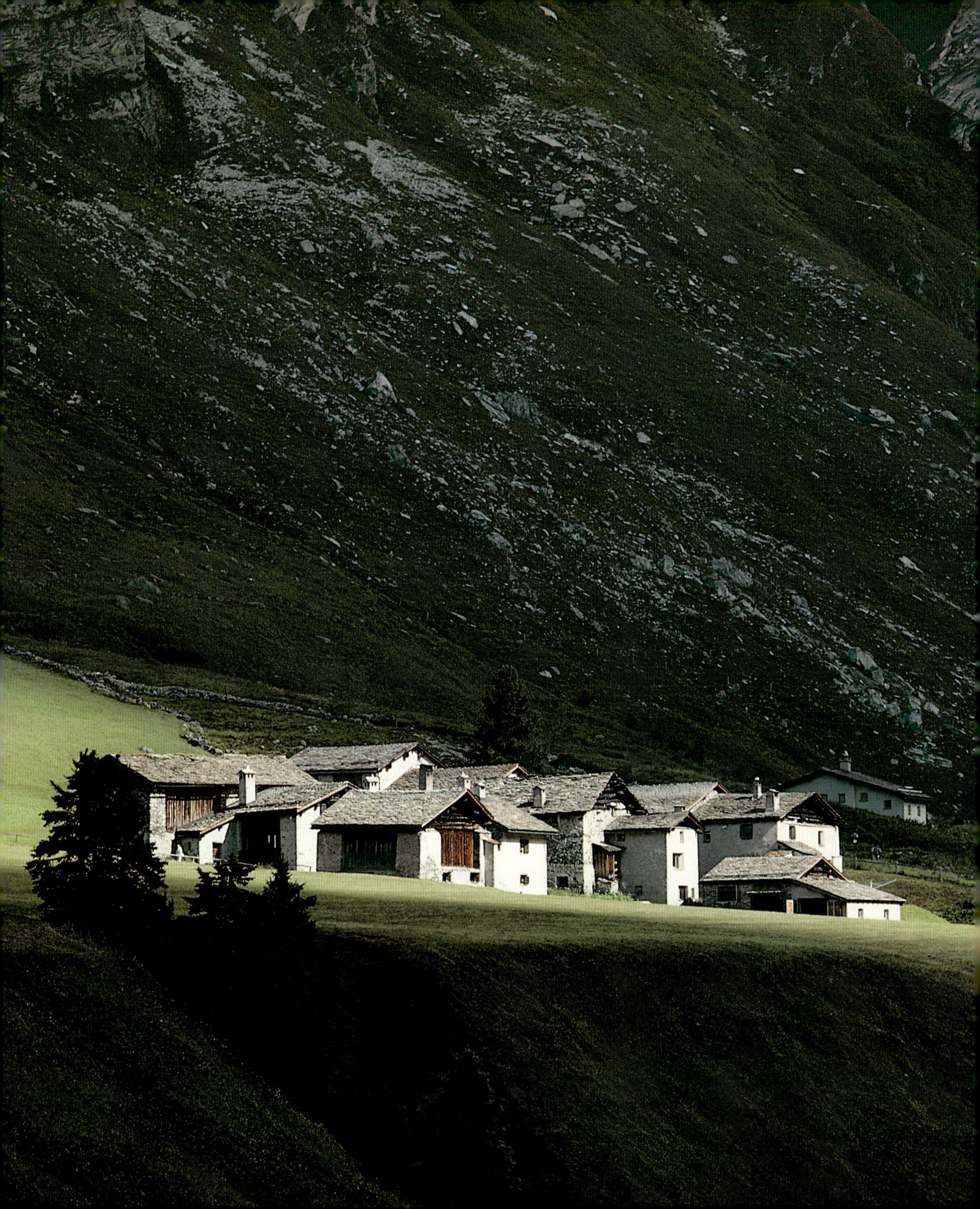

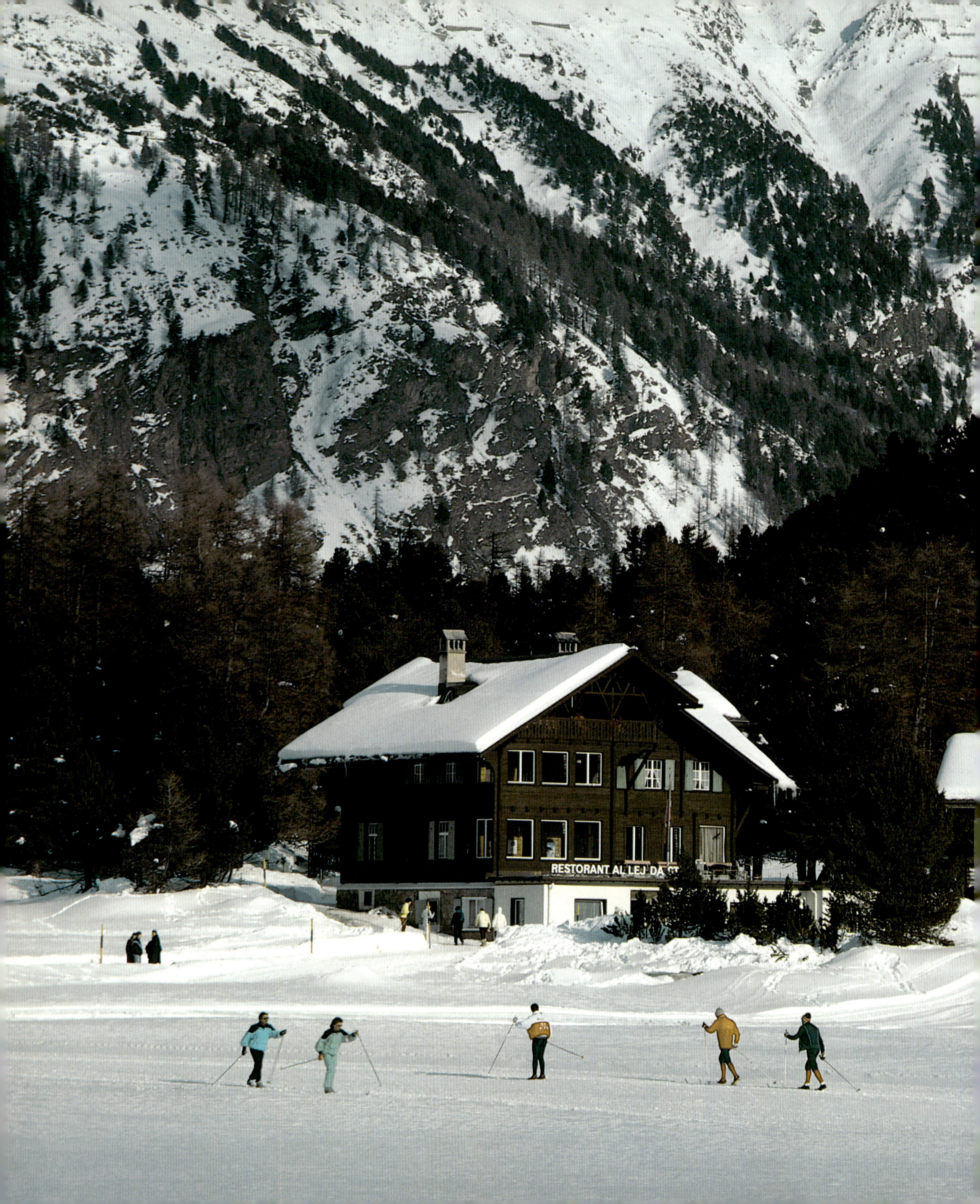
RESTORANT AL LEJ DA

81 Für die Langläufer – hier auf dem zugefrorenen Stazer See – ist das Engadin ein Dorado.

warfen sie kurzerhand »die Götzenbilder« ins Wasser des Inn, der nur einen Steinwurf entfernt vorbeifließt.

Ein Meister des Quattrocento (wie die Italiener das 14. Jahrhundert nennen) hat den Chor mit Fresken ausgemalt, die zum Teil noch gut erhalten sind. Rot, Ocker, Grün und Gelb dominieren, die Figuren sind von köstlich ländlicher Art, fast ein wenig archaisch. Um so reizvoller der Kontrast zur reichgeschnitzten Holzdecke, auf der sich das Wappen des Churer Bischofs Ortlieb von Brandis mit dem Steinbock abwechselt. Tritt man wieder hinaus in die gleißende Sonne, dann verstärkt sich noch der Eindruck, in San Gian so etwas wie eine einmalige Insel gefunden zu haben. Nur hier, auf dem Hügel, und nirgends anders mußte sie gebaut werden.

Das gilt mit Abstrichen auch für die alte Pfarrkirche St. Lorenz in Sils-Baselgia. Direkt am Inn hat ein unbekannter spätromanischer Meister das eher unscheinbare Gotteshaus postiert und damit ein unsterbliches Motiv für Maler und Fotografen geschaffen. Wieder fasziniert die Harmonie von Architektur und Landschaft, das untrügliche Gefühl der Engadiner Baumeister für Maß und Raum. Den »kleinen Finger Gottes« haben die Silser ihren konischen Spitzturm getauft, dessen Silhouette sich verträumt im Wasser des Inn spiegelt.

Oben am Waldrand, im mittelalterlichen Teil von Pontresina, steht die bescheidene Basilika Sta. Maria. Das romanische Kirchlein aus dem 12. Jahrhundert offenbart seine Schönheit erst im Innern, wo man inzwischen den reichen Freskenschmuck vollständig freigelegt und restauriert hat. An der Westwand finden sich sogar noch Reste romanischer Malerei von kraftvoller Zeichnung, unter anderem eine rührende Anbetung der Heiligen Drei Könige. Alles übrige dürfte wohl Quattrocento sein, wobei die Restaurierung einfühlsam versucht hat, den unverkennbar byzantinischen Einfluß lebendig zu erhalten.

An beiden Seiten der halbkreisförmigen Apsis – wo die Majestas Domini, die Apostel und die Kirchenväter regieren – kontrastiert orangefarbenes Rot mit blauen und gelben Tönen. Die Madonna erkennen wir, auf der anderen Seite Maria Magdalena, die reuige Sünderin, als Schutzheilige bis auf den heutigen Tag verehrt. Unter der bemalten Holzdecke Szenen aus dem Neuen Testament, und zwischen den Fenstern das Jüngste Gericht. Ein großartiger Zyklus, zweifellos, auch wenn uns manches heute eher naiv anmutet. Andererseits hat die fromme Legende auch etwas Tröstliches, Rührendes an sich. Die roten und grünen Farbwerte der Figuren und Friese untermalen eine wunderbare Geschichte: In einer steuerlosen Barke mit Martha und Lazarus ins Meer gestoßen, treibt Maria Magdalena bei Marseille an Land und predigt dort den neuen Glauben. Von einem fürstlichen Paar aufgenommen, erfleht die Heilige Gottes Kindersegen für ihre Gastgeberin. Erfolgreich, wie man auf dem nächsten Bild unschwer erkennen kann. Auf dem Weg nach Rom gebärt die Fürstin ein Kind und stirbt anschließend im Gewitter – der Gatte läßt den Leichnam der Unglücklichen auf einer Insel zurück. Dort bekehrt ihn der Apostel Petrus und nimmt ihn mit nach Jerusalem, wo die beiden das Heilige Grab besuchen. Bei der Heimfahrt – welch Wunder – findet der Fürst Frau und Sohn lebendig auf ihrer Insel. Zu guter Letzt beerdigt der heilige Maximin Maria Magdalena, und auf ihrem Grab sprießen Blumen und Wunder...

Dagegen wirken die Fresken in Müstair eher bescheiden. Und trotzdem gehört die Abtei St. Johann Baptista zum Großartigsten, was die Romanik im Engadin zuwege gebracht hat. Eine Vision aus dem Mittelalter, weit hinter dem Ofenpaß und eigentlich schon dem italienischen Kulturkreis zugehörig: uraltes Mauerwerk, befestigte Tore, das architektonische Kleeblatt der Heiligkreuz-Kapelle, dahinter die Zinnen des Wohnturms der Äbtissin Angelina von Planta. Schon vor dem Jahr 800 soll Karl der Große den Bau in Auftrag gegeben haben, die drei karolingischen Apsiden und die durch Blendarkaden maßvoll gliederten Kirchenmauern sprechen dafür. Kunstexperten sprechen sogar von einem syrischen Einfluß, was immer man

81 For cross-country skiers – seen here on the frozen Lake Staz – the Engadine is an El Dorado with its hundreds of trails.

113

darunter auch verstehen mag. Auf jeden Fall war die erste Klosterkirche im Münstertal ein einschiffiger Saalbau mit flacher Holzdecke. Später, zur Zeit des gotischen Aufbruchs, entstand die Hallenkirche nach deutscher Art: Es wurden sechs Rundsäulen errichtet, drei Schiffe und ein elegantes Netzwerk steinerner Wölbungen.

Trotz dieser Veränderungen behielt die Abtei bis auf den heutigen Tag ihren karolingisch-graubündnerischen Charakter. Das liegt wohl in erster Linie an den freigelegten Wandmalereien, die man unter dem weißen Kalkanstrich fand. Die oberen, die ohnehin vom Boden aus nicht sichtbar gewesen wären, hat man abgelöst und schon 1909 ins Zürcher Landesmuseum transplantiert. Die übrigen Gemälde, erst 1948 entdeckt und restauriert, vermitteln noch immer ein eindrucksvolles Bild monumentaler Malerei zur Zeit Karls des Großen.

Leider hat der Durchbruch für das große gotische Fenster die Kompositionen an der Westwand verstümmelt. Von den Engeln und Aposteln über der Empore blieben nur klägliche Bruchstücke, zumal ein Wasserschaden während der Brandlöschung 1499 den Fresken arg zusetzte. Es bleibt die ergreifende Nordwand mit ihren vierfach übereinandergesetzen Bilderreihen, ein beispielhafter Zyklus des Lebens Christi, ohne byzantinische Anleihen. Die Farbenskala reicht von frischem Ocker über Rostrot und Grau bis hin zu den zartesten Blautönen. Geniale Aufteilung der Flächen, ein kraftvoller, geschmeidiger Pinselstrich und die Phantasie des Künstlers lassen zu Recht von einer karolingischen Renaissance sprechen. Linus Birchler, der die Restaurierung von Müstair leitete, schrieb in sein Tagebuch: »Die Bilder führen uns zurück ins Altertum. St. Johann Baptista bedeutet die Wiederaufnahme der durch die arabische Invasion unterbrochenen Linie der hellenistischen und syrischen Kunst.« Dem ist eigentlich nichts hinzuzufügen.

Die Wichtigkeit der rätischen Pässe macht die Gründung der Abtei durch Karl den Großen zumindest glaubhaft. Entsprechende Urkunden fehlen zwar, dafür hat man im 12. Jahrhundert den Kaiser als Statue zwischen die mittlere und die südliche Apsis postiert. Dort beobachtet er gleichmütig das Heer der Touristen, die vor allem in den Sommermonaten das Kloster aus seiner ländlichen Ruhe reißen. Nicht immer verliefen die Invasionen allerdings so friedlich. Machtkämpfe zwischen den Herren von Matsch – den Klostervögten – und den Bischöfen von Chur wurden so erbittert geführt, daß sich die Nonnen unter den Schutz Österreichs stellten. Sie hätten keine schlimmere Wahl treffen können, denn dadurch entstanden neue Rivalitäten, die schließlich zum Ausbruch des Schwabenkriegs führten. Das Val Müstair wurde verwüstet, das Kloster mehrmals in Brand gesteckt und die Äbtissin Angelina von Planta nach Tirol verschleppt. Der Sieg der Bündner Truppen an der Calvenschlucht über die verhaßten Österreicher brachte schließlich die Entscheidung. Am 22. September 1499 schloß man zu Basel Frieden, die Bünde trennten sich vom Reich. Müstair versank für Jahrhunderte in einen Dornröschenschlaf, aus dem es erst durch die Napoleonischen Kriege geweckt wurde. Der Klosterschatz ist zwar seitdem verschwunden, aber die Nonnen gibt es noch immer – nach elfeinhalb Jahrhunderten –, und in der karolingischen Abtei ist jetzt eine Erziehungsanstalt für junge Mädchen einquartiert.

Nicht alle historischen Bauten des Engadin haben den Lauf der Zeit so unbeschadet überstanden. Kriege und Brände gab es genug, mancher Bauernpalast fiel der Spitzhacke zum Opfer oder verfiel, weil seine Bewohner auswanderten. Um so erstaunlicher ist die Tatsache, daß die Dörfer zwischen Martina und Maloja – zumindest in ihrem Kern – den ursprünglichen Charakter bewahren konnten. Noch immer bestimmt das Engadiner Haus in seiner archetypischen Form Straßen und Plätze – trotz aller architektonischen Sünden der Neuzeit. Eine Ausnahme bildet sicher St. Moritz mit seinen Hotelpalästen, Tiefgaragen und Profitbauten. Aber das ist wieder eine andere Geschichte.

Unbestreitbar war das Engadin zu allen Zeiten starken Einflüssen aus Italien ausgesetzt. So

82 Karl der Große war der Stifter des Klosters Müstair. In der Kirche St. Johann Baptista hat man dem Kaiser ein Denkmal errichtet, in Lebensgröße und dennoch maßvoll in seinen Proportionen. Rechts die vierfach übereinandergesetzten Fresken aus romanischer Zeit.

82 Charlemagne was the founder of the Müstair convent. In the church of St. John the Baptist a statue of the emperor was erected, life-size but well proportioned. To the right are four rows of frescos from the Romanic era.

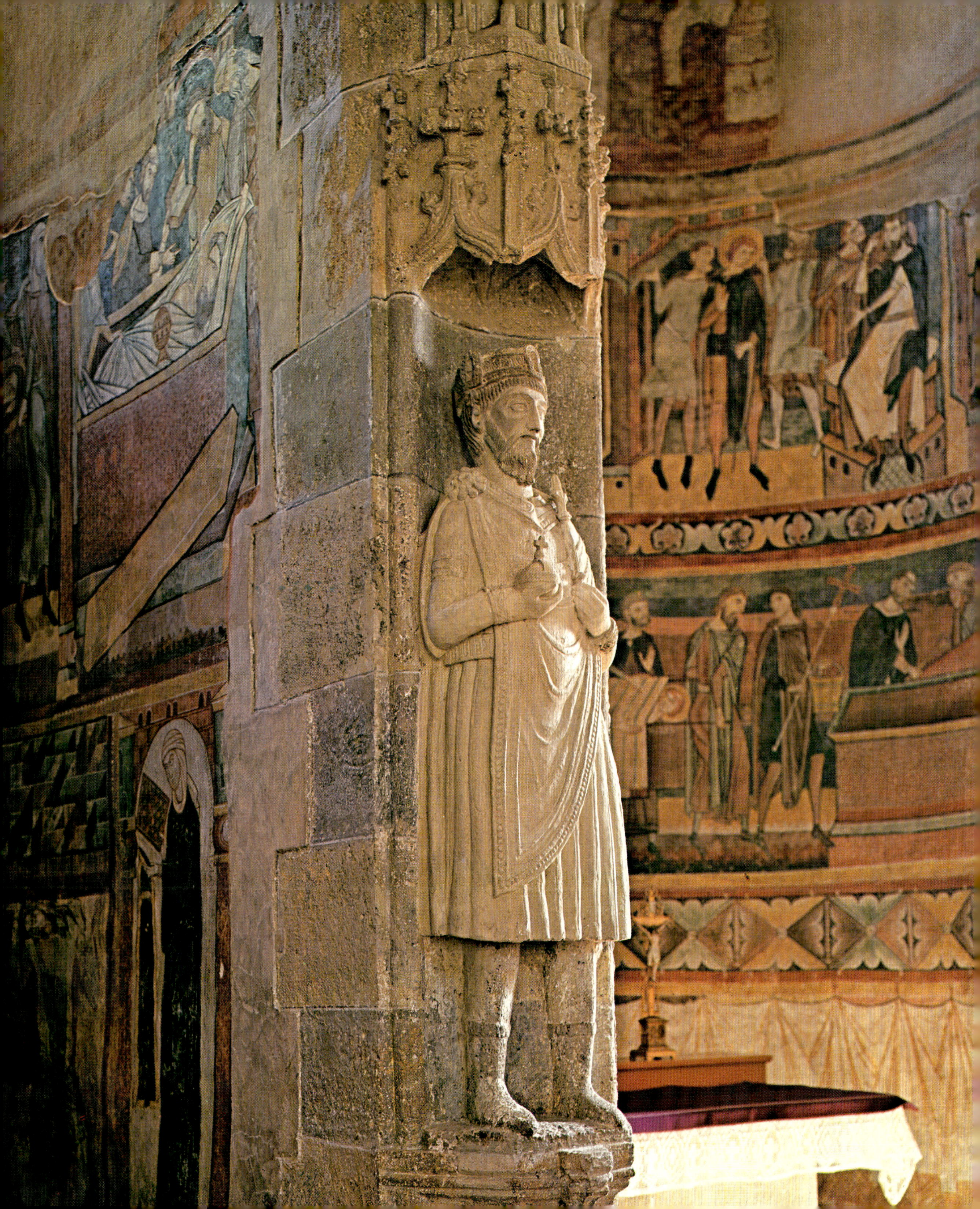

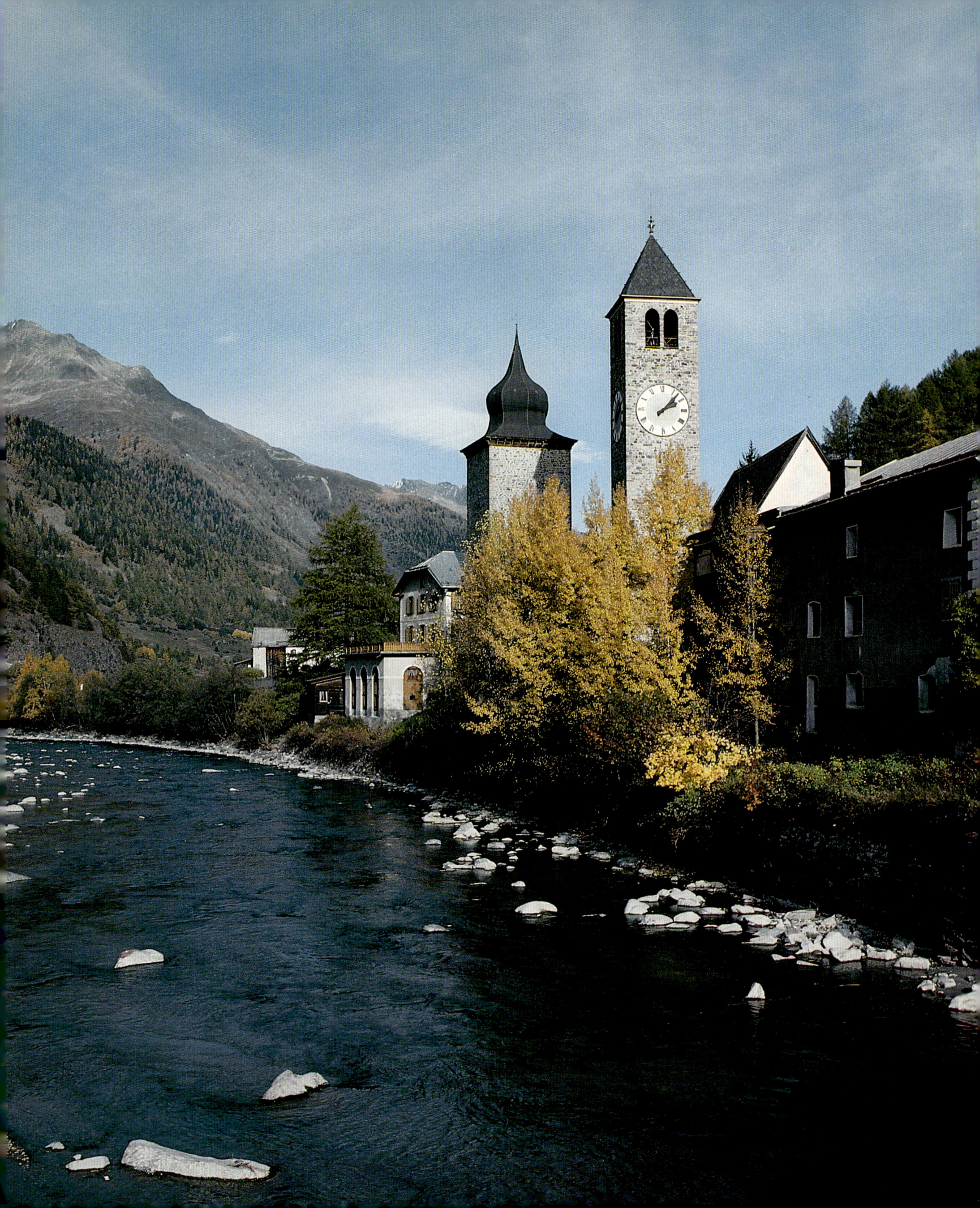

83 Susch liegt am Eingang der Flüelastraße ins Unterengadin. Die Familie Planta hat dem Dorf ihr Siegel aufgedrückt: Der schwerfällige Wohnturm mit seiner Zwiebelhaube steht respektlos neben dem schlanken Turm der Kirche, in der 1537 Protestanten und Katholiken zur berühmten Disputation zusammentrafen.

ist wahrscheinlich auch die Urform des Engadiner Hauses vom Etschtal über Maloja- und Ofenpaß ins Tal des Inn gelangt. Jedenfalls finden sich in der Gegend von Bozen frühgotische Höfe, die gleiche Entwicklungstendenzen zeigen wie die ältesten Engadiner Häuser in Surlej oder Grevasalvas.

Bis zu den prächtigen Quaderbauten von Zuoz und Samedan mit all ihrem kulturellen Reichtum war es allerdings ein langer Weg. Zunächst wohnten die Engadiner des frühen Mittelalters in einräumigen Turmhäusern von mehr als bescheidenem Zuschnitt. Die Feuerstelle befand sich in einer Ecke, der Rauch entwich – im günstigen Fall – durch ein in der Außenmauer ausgespartes Loch. Immerhin waren die Türme recht solide gebaut, so daß ihre Existenz noch heute in fast allen Dörfern leicht nachzuweisen ist. Manche hat man später einfach in die neuen Bauernpaläste eingebaut oder zu Vorratshäusern umfunktioniert.

Eine weitere Gebäudeform des Mittelalters war das ursprünglich vom Feuerhaus getrennte »Schlafhaus«. Es war geräumig und bestand zumeist aus waagerecht zusammengefügten Baumstämmen. Einen Keller gab es nicht, das Blockhaus stand vermutlich auf Pfählen oder niedrigen Steinfundamenten, die ausnahmslos verschwunden sind. Später wurde es gern an ein Feuerhaus angebaut, wobei die beiden Gebäude zunächst ihren eigenen Eingang behielten. Irgendwann, so die Heimatforscher, erfolgte der Zugang von der Küche her: das kombinierte Schlaf- und Wohnhaus war erfunden.

Wie wir wissen, wurde das Engadin während des Schwabenkriegs 1499 praktisch dem Erdboden gleichgemacht. Was wir also heute in den Dörfern bewundern, stammt aus den Jahren nach 1500. Die überlebenden Bewohner hatten ihre grausame Lektion gelernt, denn beim Wiederaufbau rückten die Häuser näher zusammen und drängten sich auf möglichst engem Raum um den Kirchturm. Daß die Gebäude vor der Zerstörung weit lockerer zueinander standen, bezeugen einige Dörfer, die unter der Kriegsfurie vergleichsweise wenig gelitten hatten: das österreicherfreundlich gesinnte Tarasp, Tschierv im Münstertal oder Pontresina, wo zwischen den alten Siedlungen mit verhältnismäßig kleinen Häusern große Hotels Platz gefunden haben.

Im geschlossenen Haufendorf formten die Häuser gesellige Gruppen, indem die Fronten einander zugewandt und die Stubenfenster und Erker nach dem gleichen Brunnenplatz ausgerichtet wurden. Noch heute werden die Dorfteile nach solchen Plätzen oder Häusergruppen benannt. Vor allem in Guarda kann man sehr deutlich aus der Stellung eines Hauses sehen, ob es noch zu diesem oder bereits zum nächsten Brunnen gehört. Immer gibt es eine Möglichkeit, durch ein Fenster, einen Erker oder auch nur eine schmale Scharte auf den Brunnenplatz zu sehen. Deshalb rücken auch die Häuser kulissenartig vor, je weiter sie vom Brunnen entfernt sind. So einfach löst sich das Rätsel der faszinierenden Dorfbilder des Engadin.

Die monumental wirkenden Blöcke der Bauernhäuser haben einen geradezu klassischen Grundriß, der sich in Jahrhunderten langsam entwickelt hat. Wohnhaus, Hof und Wirtschaftsgebäude – vor der Zerstörung von 1499 meist getrennt – befinden sich unter einem Dach. Vom Eingang ins Untergeschoß kommt man direkt in die »Cuort«, welche nichts anderes als der zum Haus gehörende – gedeckte – Hof ist. Sie übt auch dessen Funktionen aus. Hier befinden sich Misthaufen und Karren, im Winter die Schlitten.

Der Raum dient als Durchgang zum Viehstall und als Vorraum zu den Kellern, in die man meist über flache Steintreppen gelangt. Über der Cuort liegt der »Sulèr« (Diele), von starken Bruchsteinmauern umschlossen und mit einer Holzdecke aus roh behauenen Balken versehen. Erst im 18. Jahrhundert wurde der Sulèr in reicheren Häusern, besonders im Oberengadin unter dem Einfluß des Barock, mit einem Stuckgewölbe überdeckt. Zur Straße hin erfolgt der Abschluß durch ein breites Holztor, dessen Form und Umfang durch die Heufuhren bestimmt wird.

83 Susch lies at the beginning of the Flüela highway into the Lower Engadine. The Planta family set its seal on the town; the massive tower residence with its onion dome impudently shoulders the slim church tower beside it. In this church Protestants and Catholics met in 1537 for a famous disputation.

Von der Diele gelangt man in die holzgetäfelte »Stüva« (Stube), anschließend in die »Chadafö« (Küche) mit der vom Räuchern des Fleisches geschwärzten Decke und schließlich in die »Chaminada« (Speisekammer). Dahinter führt eine Treppe zur Scheune und zum »Eral«, der Tenne.

In vornehmeren Häusern gibt es noch einen zweiten Wohnraum gegenüber der Stüva, auf der anderen Seite des Sulèr. Der von einer Holzschranke umgebene und von der Küche zentral geheizte Ofen der guten Stube läßt einen Schlupfwinkel übrig zum Entkleiden, bevor man durch die Fallttüre ins Schlafzimmer (Chambra) steigt. Nur die Palazzos der Planta, Salis oder Albertini haben noch eine »Stüva sur«, einen Prunkraum im ersten Stock.

Die Raumfolge des Engadiner Hauses entwickelt sich also grundsätzlich in der Horizontalen. Das Gebäude ist vollständig gemauert, während Decken und Wände von Stube und Schlafkammer mit Holztäfelung verkleidet sind – ein Ersatz für die früher verwendeten Balken. Im Grunde ist die Chesa engiadinaisa noch immer ein Blockhaus im Steingewand, bäurisch und herrschaftlich zugleich. Man hat versucht, das merkwürdige Zusammentreffen der Holzarchitektur – die den germanischen Völkern ans Herz gewachsen ist – und der lateinischen Überlieferung des Mauerwerks mit den ungewöhnlichen klimatischen Erfordernissen des Hochtals zu erklären. Trotzdem bleibt die Frage, warum die Engadiner Baumeister beide Techniken nicht kombiniert oder nebeneinander gesetzt, sondern übereinandergestellt haben. Die häufigen Brände während des Schwäbischen Kriegs und der Bündner Wirren haben zweifellos die Bevorzugung des Steins begünstigt. Gneis umhüllt die Stüva, die aber im Innern immer eine richtige Holzschachtel bleibt – mit feiner Täfelung, schweren Möbeln und geschnitzter Kassettendecke.

Betrachtet man das Engadiner Haus von außen, so ist bereits das Wesentliche der Einteilung im Inneren deutlich erkennbar. Schon die Fenster sind ohne Rücksicht auf Symmetrie allein nach den Bedürfnissen der Wohnräume angeordnet. Das untere, zweiflügelige Holztor führt zum Stall (Stalla), das versetzte darüber – mit einer eingesetzten kleinen Tür – öffnet sich in den Sulèr und ist oft liebevoll verziert. Ohne weiteres können die kleinen Heuwagen in den dahinterliegenden »Talvó« (Heuboden) durchfahren. Auf den Bänken entlang der gepflasterten Zufahrtsrampe (Chauntporta) saßen abends und feiertags die Bewohner beim Plausch. »Il baunch da las manzögnas«, die Lügenbank, heißt dieser gemütliche Ort auf romanisch.

An vielen Hausfassaden ragt der Wohnteil der Stube als Erker vor, die Fenster liegen wie Schießscharten in tiefen Nischen mit schrägen Laibungen. Auch das hat – wie alles – einen praktischen Grund. Nach einem Gesetz aus dem Jahr 1561 mußten die Holzbauten zum Schutz vor Feuer mit einem Steinmantel nachträglich ummauert werden. Damit die Fenster nicht in tiefen, lichtschluckenden Schachtöffnungen verschwanden, schrägte man die Mauerlaibungen seitlich und oben stark ab. Daß viele Häuser wie kleine Ritterburgen wirken, ist also nicht Resultat eines Schönheitsideals, sondern Folge notwendiger Veränderungen. Dennoch entspricht die Fassadengestaltung, also auch die Verwendung von Bogen, Konsolsteinen, Fenstergittern und farbiger Ornamentik, ganz der Vorliebe des Engadiners für das repräsentative, wuchtige Steinhaus.

Am Hauptplatz im oberen Zuoz stehen mächtige Doppelhäuser, deren Giebelfront durch Vor- und Rücksprünge sowie entsprechende Dachverschiebungen gegliedert ist. Man hat dort zwei alte Turmhäuser, die nicht auf einer Fluchtlinie lagen, nachträglich zusammengefaßt. Zu dieser monumentalen Bauweise führte das Bedürfnis, sowohl den Hof als auch Wohn- und Wirtschaftsgebäude unter ein Dach zu bringen. Es hätte nun weit geringeren Aufwand bedurft, wenn man für jedes Haus ein Dach gebaut hätte. Die beiden Turmhäuser befanden sich jedoch in unmittelbarer Nachbarschaft zum mächtigen Quader des Planta-Palazzo, dem zumindest Paroli geboten werden mußte. Wohlstand und Stolz gaben somit den Ausschlag für

84 und 86 Die monumental wirkenden Blöcke der Bauernhäuser in Guarda haben einen geradezu klassischen Grundriß, der sich über Jahrhunderte entwickelt hat: Wohnhaus, Hof und Wirtschaftsgebäude befinden sich unter einem Dach.

85 Das Dorf S-chanf besteht nur aus einer Gasse, die in der Achse der kleinen gotischen Kirche liegt. Durch die schweren Holztore gelangt man direkt in die Diele der Bauernhäuser, die von starken Bruchsteinmauern umschlossen und meist mit einer rohen Holzdecke versehen ist.

84 and 86 The massive blocks of farmhouses in Guarda have a truly classic design, developed over the centuries: living quarters and barns are sheltered under one roof.

85 The hamlet of S-chanf has only one lane, with the little Gothic church at its center. Once through the heavy wooden doorway of a farmhouse and you're right in the entrance hall with its heavy quarrystone walls and rough wooden ceiling.

84–86

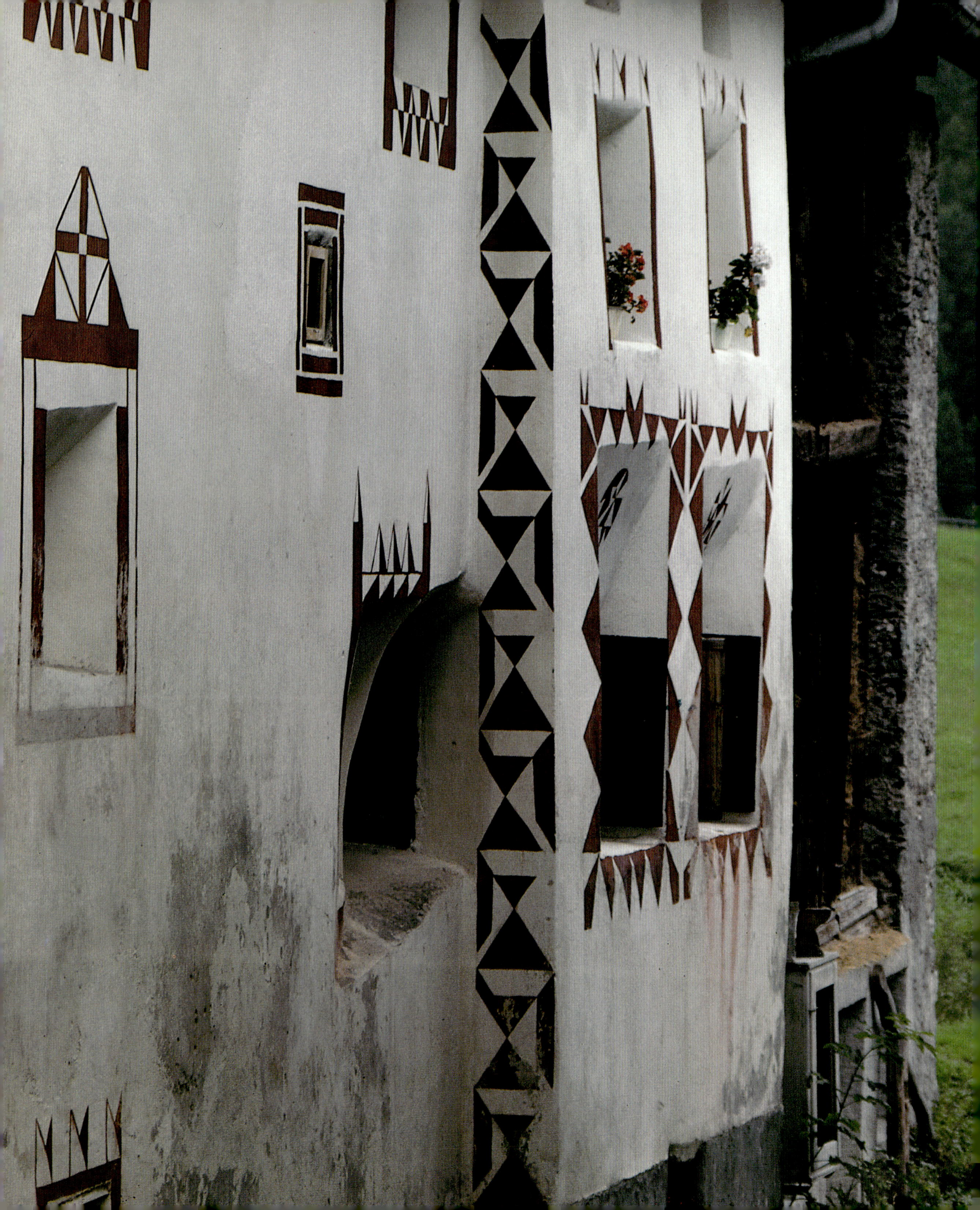

87 Manchmal muten die Sgraffiti fremdartig an, wie an diesem Haus in Sur-En. Dies beweist die Vielfalt der ausgeführten Motive.

die repräsentative Lösung, wodurch der Platz – auch unter Einbezug des südlichen Gasthofs »Crusch Alva« – sein herrschaftliches Gepräge erhielt.

Auch die Erker und gewölbten Fenstergitter an vielen Engadiner Häusern entsprangen nicht unbedingt architektonischer Notwendigkeit. Wichtig war vor allem der ungehinderte Durchblick zum Brunnen – Mittelpunkt des Quartiers und des Dorfklatschs. Um nichts hätte der Herr eines weniger günstig gelegenen Hauses auf das tägliche Schauspiel der jungen Wasserträgerinnen verzichtet, die mit vollem Eimer und wiegenden Hüften vom Brunnen kamen. Also ließ er ein Erkerfenster als »Balcun tort« einbauen, hübsch verziert und bemalt natürlich. Aus demselben Grund wölbte man die schmiedeeisernen Fenstergitter bauchig nach außen. Meist erhält nur ein Fenster am Haus diesen klassischen Schmuck, der so reizvoll von den hellen Mauern absticht und den rätischen Wohnstätten etwas Andalusisches verleiht.

Dagegen stammt die Kunst mit dem Kratzeisen – Sgraffito – aus Italien, genauer gesagt aus dem Veltlin. Wie Stickerei zieren die feinen Linien und Ornamente die wuchtigen Fassaden, suggerieren aufwendige Fenstergesimse und Formen. Italienische Maurergilden importierten die haltbare Technik im 17. Jahrhundert, obwohl es schon einfache Vorläufer an Türmen und Häuserfassaden im Engadin gab. Die Sgraffito-Künstler legten auf den ersten grauen Putz eine Kalkschicht, deren grelles Weiß sie durch Ockerzusatz milderten. Dann kratzten sie die Zeichnung oder das Ornament aus der weichen Fläche.

Der Kontrast der beiden Töne bleibt immer diskret, Illusionswirkung wird bewußt vermieden. Die Mauer wirkt leicht, ohne den Eindruck wuchtiger Kraft zu verlieren. Frischer Mörtel ist etwas so Zartes, daß er zur Bearbeitung geradezu verlockt. Bei sehr alten Sgraffiti begnügte man sich damit, den Putz plastisch als Farbkontrast wirken zu lassen, wobei die Maurer bestrebt waren, mehr Weiß als Dunkel stehen zu lassen. Bei den Arbeiten der besten Meister ergab sich innerhalb der verzierten Flächen ein Verhältnis von ungefähr einem Drittel Dunkelkontrast zu zwei Drittel Weiß. Und um einen stärkeren Gegensatz zu schaffen, tönte man den Mörtel mit Holzkohlenstaub, was zwar die Motive besser hervortreten, den Verputz aber auch schneller verfallen ließ.

Über die Jahrhunderte hinweg ist ein großer Schatz an gekratztem Schmuck entstanden: von den Renaissance-Elementen mit Imitationen von Steinquadern an den Hauskanten, Putten mit Weinranken, grotesken Drachen, Delphinen, Sirenen und anderen mythischen Wesen bis zu den stilisierten Pflanzendekorationen des Barock. Die alten Meister arbeiteten gern auf einer dickeren Mörtelschicht, wobei sie den gelöschten Kalk mit einem Sand mischten, der vom feinsten Körnchen bis zum kleinen Kiesel alle Größen enthielt. Eine solche Schicht blieb lange feucht und war daher besonders gut zu bearbeiten. Zu ihrem Repertoire gehörten traditionelle Formelemente wie Leisten und Bänder aus Kolonetten, Mäander, hellenisch inspirierte Giebel und »laufende Hunde« (ein wiederkehrendes Wellenmotiv). Erfahrene Künstler brauchten nur selten Schablonen, sie verließen sich lieber auf Inspiration und eine ruhige Hand. Das gibt den Zeichnungen Leben und reizvolle Effekte, läßt andererseits die Armseligkeit moderner »Kunst am Bau« erst richtig spürbar werden. Brutale Nachbarschaften gibt es nämlich auch im Engadin: Banken oder Feuerwehrhäuser unter Flachdach, Beton und Zinkblech als Ersatz für Lärchenbretter, Steinziegel oder Holzschindel. Um so mehr rührt uns die Kalligraphie der alten Meister, das sichtbare Zittern ihrer gestaltenden Hände an Fenstern und Fassaden. Wir sind wieder empfänglich für Ursprüngliches, für alte Techniken und traditionelle Formen, die auf Haus und Umgebung abgestimmt sind. Das ist vielleicht die erfreulichste Erfahrung beim Anblick Engadiner Sgraffito-Architektur.

Mag sein, daß man deshalb den Kontrast zu den »Malereien« der Belle Epoque, zum Stil-Mischmasch der St. Moritzer Grand Hotels so scharf empfindet. Besonders das »Palace« hat es seinen Kritikern angetan, die Harmonie von Massen, Flächen und Material als Kriterium

87 Engadine scratchwork can sometimes seem foreign in style, as on this house in Sur-En: one proof of the enormous range of motifs employed.

herangezogen haben. »Eine Kombination aus Bürgerstolz, gotischem Höherstreben und dem Gewuchte der Renaissance« hat Gregor von Rezzori das Fünf-Sterne-Haus genannt. Und, damit nicht genug, auch noch zarte Anklänge maurischer Üppigkeit, Florentiner Prunksucht und schottischer Schloßarchitektur festgestellt. Nicht wenig für ein Hotel aus dem Jahre 1896, das zum Inbegriff luxuriöser Engadiner Gastlichkeit geworden ist. Aus den Wandvertäfelungen in heller Eiche springen straußenfederhaft geschwungene Armleuchter aus Goldbronze, die Kamine sind aus schwarzem Marmor und mit schon historischen Gasbrandöfen bestückt. Der nach einem Großfeuer neu erbaute Turm beherbergt zwar gelegentlich den altgedienten Playboy Gunther Sachs, gilt aber im übrigen als architektonisch fragwürdig. Es sollte sich jedoch jeder Besucher seine eigene Meinung bilden.

Begonnen hatte alles in den fünfziger Jahren des vorigen Jahrhunderts, als Johannes Badrutt an der höchsten Stelle von St. Moritz die »Hotel-Pension Engadiner Kulm« (cuolm = zuoberst) bauen ließ. Nach und nach expandierte das Hotel zu einem riesigen Komplex aus fünf großen Häusern. Von der Weltausstellung in Paris zurückgekehrt, installierte Badrutt sogar ein eigenes Kraftwerk, und zwar dort, wo der Inn den See von St. Moritz verläßt. So kam das »Kulm« zum eigenen Strom und verfügte als erstes Hotel über elektrisches Licht.

Auch im Innern scheute Badrutt weder Kosten noch Geschmack: Souvenirs aus aller Herren Länder, Stiche, Schränke, Truhen, sogar eine Kopie der Sixtinischen Madonna von Raffael, die der dynamische Hotelier auf einer seiner vielen Reisen in einer Kirche in Rom entdeckt und gekauft hatte.

Das »Engadiner Kulm« blieb nicht lange allein. 1865 eröffnete bereits das Hotel »Kurhaus« in St. Moritz-Bad, 1871 folgte das feine »Stahlbad« und 1896 das »Palace«. Bei seiner Eröffnung wurde sichtbar, daß die Dynastie Badrutt neue Maßstäbe setzen wollte. Von der eigenen Pipeline zum Güterbahnhof bis zum Schrägaufzug, der die Hoteletagen mit den tiefergelegenen Tennisplätzen verband, hatte Caspar Badrutt neben Wilhelminischem Protz und Schweizer Solidität alle Erfahrungen eingebracht, die er in den führenden Hotels des alten Europa erworben hatte. Das Haus verschaffte sich schon bald einen märchenhaften Ruf und zog die Reichen und Mächtigen ebenso an wie Abenteurer und Hasardeure. 1912 folgte als nächstes Luxushotel das »Suvretta-House«, einen Kilometer vom Zentrum entfernt mit freiem Blick auf die Engadiner Seenlandschaft. Der Architekt Karl Koller, der auch das 1944 abgebrannte »Grand Hotel« entworfen hatte, verwandte Engadiner Stilelemente vor allem für die große Halle und den repräsentativen Speisesaal, in den ein kompletter Bergwald als Kassettendecke eingebaut wurde.

Wie in St. Moritz, so entstanden auch in anderen Orten des Oberengadin als Schlösser getarnte Hotels. Schon 1850 hatte Andreas Gredig in Pontresina das »Grand Hotel Kronenhof-Bellavista« eröffnet, ein traditionsreiches Haus mit wunderschönem Speisesaal im Stil der Belle Epoque, mächtigen Kronleuchtern und einer kleinen Musikloge für die Galadiners. Während der »Kronenhof« noch harmonische, der Landschaft angepaßte Proportionen aufwies, geriet die Hotelarchitektur der Jahrhundertwende – wohl auch unter dem Einfluß der Pariser Weltausstellung von 1900 – außer Rand und Band. 1907 erhielt Pontresina endlich sein obligatorisches »Palace-Hotel«, 1910 folgte das »Schloß-Hotel«, ein unförmiger Bau, der am westlichen Ortsende tatsächlich wie ein Pseudo-Schloß über dem Talgrund thront. Sechzig Jahre gehörte es zu den führenden Hotels im Engadin, bis der klassenlose »Club Méditerranée« vor einigen Jahren den Saurier übernahm.

In der Engadiner Stilblüten-Kollektion darf natürlich auch das »Hotel Waldhaus« in Sils Maria nicht fehlen, dessen gigantische Silhouette die Ebene zwischen Silvaplana und dem Silser See beherrscht. Erst recht nicht der venezianisch-byzantinische Block des ehemaligen Hotels »Kursaal« in Maloja, den die damaligen Betreiber in der Hoffnung auf zahlungskräfti-

88 Zuckerbäckerstil, Lebkuchen- oder Hexenhaus: Im Stil-Mischmasch von St. Moritz ist alles erlaubt, wie die bizarre Front des Hotels Sur l'En beweist, das im Winter durch herabhängende Eiszapfen besonders reizvoll wirkt.

88 Sugar confection, lebkuchen or witches' house: in the style mishmash of St. Moritz, anything goes. Just look at the bizarre façade of the Hotel Sur l'En, even more enchanting in winter with its necklaces of icicles.

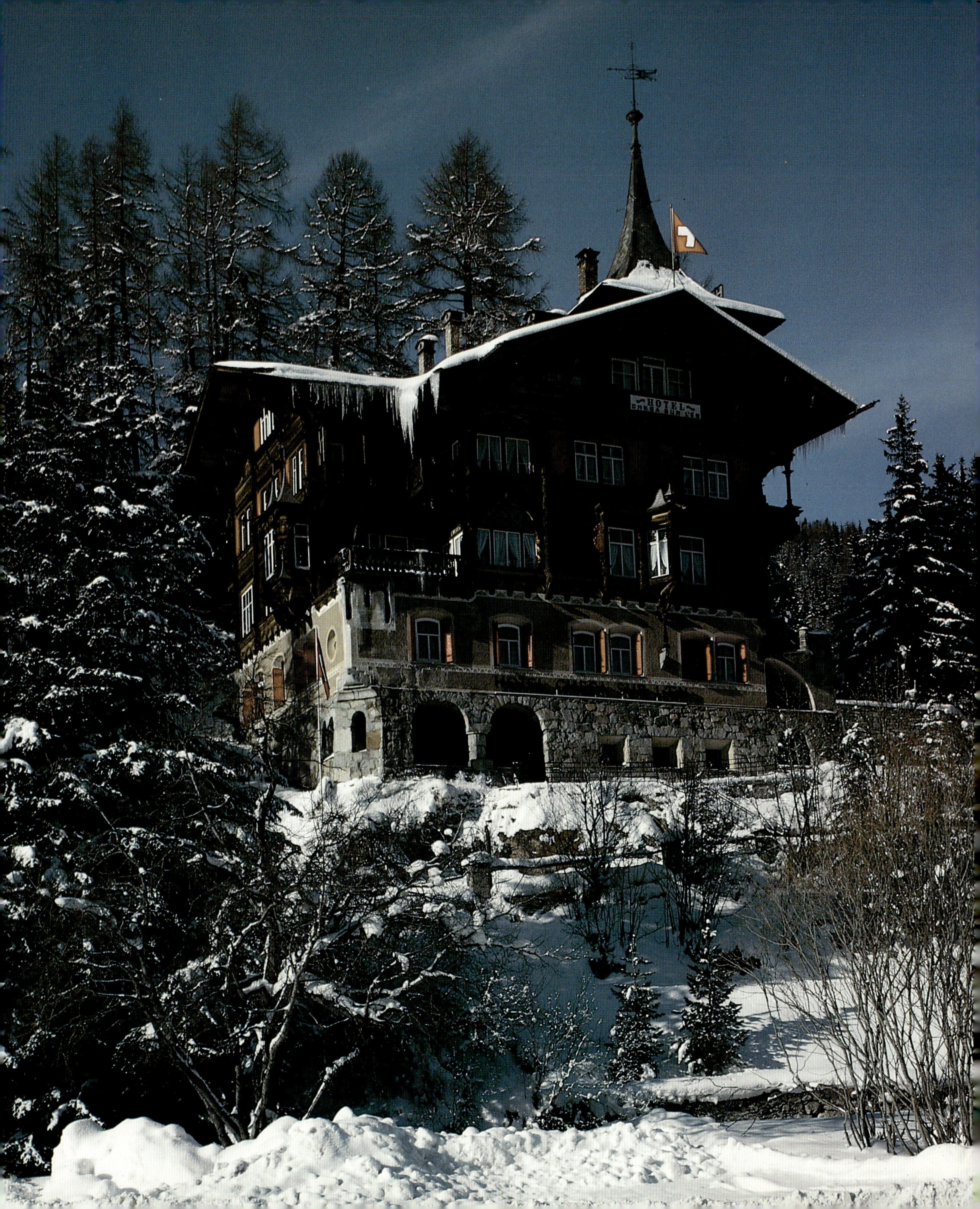
HOTEL

89 Radwanderer in den fahnengeschmückten Gassen von Zuoz.

90 Fast jedes Haus in Guarda hat ein Fenster oder Guckloch zum nächsten Brunnen. Kulissenartig weichen die Häuser zurück, je nach Standort lassen sich Gassen, Treppen und Brunnen optisch neu zu Gruppen fassen.

89 Touring bicyclists in the banner-hung lanes of Zuoz.

90 Almost every house in Guarda has a window or peephole to the next well. Like living stage settings, the houses stand back to let the lanes, stairways, earthen ramps and wells form and re-form into new groupings to catch the roving eye.

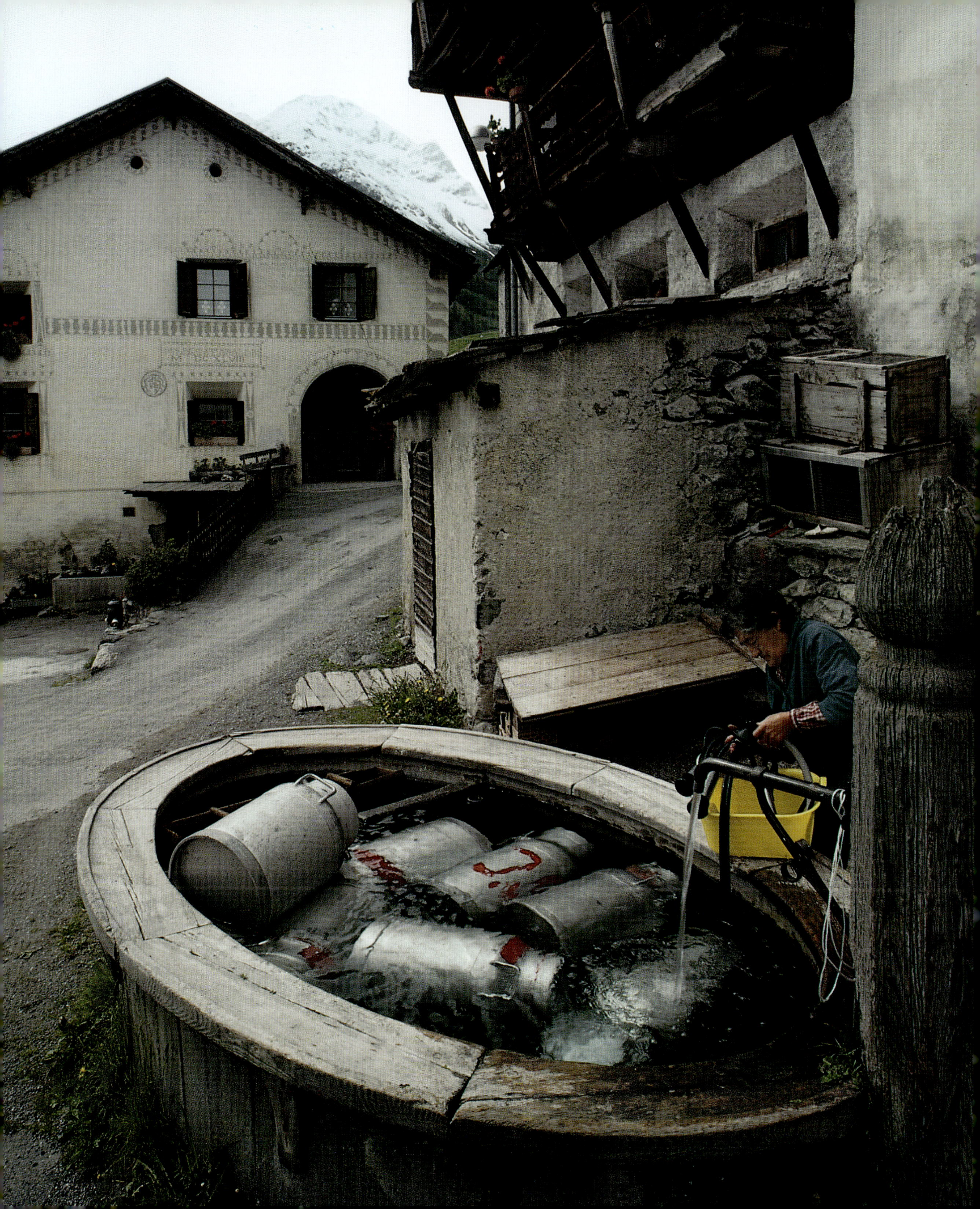

354

91 Nur im Sommer werden die Alphütten von Grevasalvas – hoch oben über dem Silser See – genutzt. Den Rest des Jahres stehen die pittoresken Häuser aus Holz und Stein leer.

ge Aristokraten des alten Rußland mitten in die Engadiner Vegetation setzten. Die mehr als 300 Zimmer verfügten schon vor der Jahrhundertwende über eine Zentralheizung und aufwendige Ventilationsanlagen, Bäder aus Marmor und Mosaiken an den Wänden. Nur die russischen Großfürsten blieben bald aus, der Kriegsausbruch und die nachfolgende Revolution machten alle hochfliegenden Pläne zu Makulatur.

Bleibt noch der »Palazzo Castelmur« im Bergell, genauer gesagt in Coltura, an der Straße von Stampa nach Promotogno. Ausnahmsweise handelt es sich nicht um ein typisches Grandhotel, obwohl der auffällige gotisch-maurische Stil zunächst den Verdacht aufkommen läßt. Baron Jean de Castelmur, Kaffeehausbesitzer und Seidenhändler aus Nizza, ließ 1840 an das Patrizierhaus der Familie Redolfi einen Palastflügel anbauen. Die Ausstattung ist ein einmaliges Dokument einer unglücklichen Stilepoche, die nirgends wie hier so vollständig überlebte und wohl deshalb schon wieder wertvoll ist: Möbel und Wandmalereien nach dem Geschmack des Louis Philippe, Trompe-l'œil-Stukkaturen aus der Zeit des dritten Napoleon, Gemälde und Waffen ganz im Sinne des beginnenden Historizismus. Baron de Castelmur wurde 1861 vom französischen Kaiser geadelt, nicht etwa für militärische Verdienste, sondern für sein kunstsinniges Mäzenatentum.

Sein Palazzo im Schatten der Eisgiganten gehört heute der Verwaltung des Bergell und verrät als Kulturdenkmal mehr von der wechselvollen Geschichte als manches tiefsinnige Essay. Das kann man von der nichtssagenden und angepaßten Architektur der sechziger und siebziger Jahre unseres Jahrhunderts kaum erwarten. Im günstigsten Fall sind die neuen Renditen- und Appartementhäuser des Engadin zweckmäßig und mit den Formen einer sogenannten regionalen Architektur verkleidet. Es gibt aber auch brutale Nachbarschaften, Hochhäuser im Stil der Neuen Heimat, wie in St. Moritz-Bad, wo der rechte Winkel als Maß aller Dinge diente. An anderen Orten hat man wenigstens versucht, die modernen Gebäude in die Formen eines Engadiner Hauses zu zwingen, was zum Teil sogar gelang. So harmonisch die alten, gewachsenen Ortsbilder oft von weitem wirken, es sind viele irreparable Fehler gemacht worden, die erst in unseren Tagen auch als solche empfunden werden. Man ist im Engadin sensibler geworden, hat inzwischen strenge Gesetze und Auflagen zur Hand, um das Tal – in letzter Minute vielleicht – in seiner Eigenart zu bewahren.

Handwerk und Brauchtum

Das Engadiner Haus ist sicher die originellste architektonische Schöpfung Graubündens; Schlichtheit als letzte Steigerung künstlerischer Ausdrucksform. Jedenfalls hätte Oscar Wilde in Zuoz oder Guarda leicht eine Bestätigung seiner Definition finden können: »Ich habe einen einfachen Geschmack, mir genügt das Beste.«

Das gilt nicht nur für die kunstvollen Fassaden, sondern oft auch für das Innere der alten Bauernpalazzi. An guten Handwerkern bestand im Engadin selten Mangel, zumal Emigration und spätere Heimkehr eine Vielfalt fremder Techniken und Formen ins Hochtal brachte. Gebaut wurde außen in Stein, drinnen, vornehmlich in der Stüva, mit Holz. Dabei fertigten die Bergbauern ihre Möbel in der Regel selbst, aus Tannen- oder Arvenholz, das sich leichter verarbeiten ließ. Der Adel wiederum ließ seine Schränke, Truhen und Buffets vom Schreiner in Nußbaum fertigen, passend zum eleganten Parkettboden. Da die Bauern natürlich keine Spezialisten waren, blieben ihre Möbelstücke zwar einfach, aber dafür um so zweckmäßiger. Weil man vor allem Küchenschränke, Tische und Wäschekasten sommers von der Talwohnung auf die Alm transportieren mußte, waren viele Möbel von Anfang an mit Traggriffen versehen oder zerlegbar.

91 The alpine huts of Grevasalvas – high above Lake Sils – are only inhabited in summer. The rest of the year these picturesque cottages of wood and stone stand empty.

Die Einfachheit des Bündner Stils hat die rasante Entwicklung der letzten Jahrzehnte überdauert. Kaum ein Chalet ohne die als »echt bündnerisch« geltenden massiven Arvenmöbel, keine Eßecke ohne Holztäfelung oder Sitzbank. Das garantiert den Engadiner Schreinern ein beachtliches Auskommen und stillt den Wunsch der Fremden nach bäuerlicher Nostalgie. Denn die Möbel und Decken werden nach traditionellen Vorbildern produziert, häufig mit reichem Schnitzwerk verziert oder mit Intarsien ausgelegt. Die Handwerker verwenden dafür splintfreies, das heißt langsam gewachsenes Arvenholz, das nicht nur durch seine schönere Maserung besticht, sondern auch noch behaglich duftet. Spezialisten aus Celerina, Samedan oder Zuoz statten ganze Wohnungen mit Kassettendecken, Wandtäfelung, Türen und schmiedeeisernen Schlössern aus.

In einer echten Bündner Stube darf natürlich die Leinentischdecke mit der typischen roten oder blauen Kreuzstichstickerei nicht fehlen. Seit Ende des Mittelalters entwickelten die Engadiner Frauen eine hohe Kunstfertigkeit, was die Herstellung und Verzierung von Teppichen, Stoffen und Kissen betraf. Dabei sind vor allem die Motive oft von ganz eigenartigem Reiz: Zwischen Sils und Schuls ist die Nelke in den verschiedensten Formen verbreitet, während im südlich orientierten Puschlav streng-italienische Renaissancemuster bevorzugt werden. Sterne und Eichelmotive auf Tischdecken oder Vorhängen weisen auf das Bergell als Ursprungsort hin, in dem bis heute handgewebte Wollteppiche mit klassisch symmetrischen Mustern produziert werden. Kein Wunder, daß die Engadiner Stuben mit ihren warmen Farbtönen wohl zum Gemütlichsten zählen, was das alte Europa an Wohnkultur hervorgebracht hat.

Nicht von ungefähr haben sich die Engadiner Möbel länger gehalten als das früher so lebendige Brauchtum. Das mag man bedauern, weil dadurch viel Ursprünglichkeit und Tradition verlorengegangen ist. Andererseits kann den Engadinern niemand verdenken, daß sie sich als bloße Touristenattraktion zu schade sind. Nichts ist deprimierender als eine Folklore, die mit der Realität längst nichts mehr zu tun hat und nur noch für die Fotografen oder das Fernsehen konserviert wird.

Natürlich haben auch manche Bräuche überlebt, sind noch nicht Museumsstücke geworden wie Spinnrad und Talglicht. Vor allem in den etwas abseits gelegenen Dörfern des Unterengadin gehören Feuerzauber und Lärmumzüge noch immer zum festen Inventar eines Jahres. So verschwinden in Sent am Dreikönigstag plötzlich Fensterläden und Türen, Fässer rollen in den holprigen Gassen, Schlitten stecken eingefroren im Brunnen. »Bavania« nennt sich der rüde Schabernack, den die jungen Burschen auch in Ardez oder Ftan mit unliebsamen Dorfbewohnern treiben.

Wo noch auf dem Hof geschlachtet wird, hat sich die »bacharia« erhalten: In der Nacht zuvor wird der Ochse aus dem – meist fest verrammelten Stall – mit allerlei Listen entwendet und am anderen Morgen mit großem Gepränge durch die Straßen geführt. Dem unglücklichen Besitzer des Rindviehs bleibt nichts übrig, als sein Tier mit Fleisch und Würsten »zurückzukaufen«. Das Schlachtfest selbst endet dann meist mit einem großen Gelage, da alle Verwandten und Nachbarn eifrig mithelfen.

Für die Dorfbuben steigt das größte Fest zweifellos am 1. März, wenn mit Kuhglocken, Schellen und Eisenstangen der Winter offiziell vertrieben wird. Zurück geht der uralte Brauch auf den römischen Jahresanfang, woher der »Chalanda Marz« auch seinen Namen hat. Im Oberengadin marschiert meist ein älterer Schüler in Sennertracht dem lärmenden Zug voran, es wird gesungen und mächtig mit der Peitsche geknallt. Irgendwann haben die Kinder genug Geld, Süßigkeiten oder Schinken an den Hautüren eingesammelt, so daß gegen Abend das eigentliche Fest im Gasthaus beginnen kann. Fratzen und Masken im Zug deuten darauf hin, daß zwischen dem Chalanda Marz und Fastnacht wohl eine Verbindung besteht. Seit der Re-

92–94 Viel handwerkliche Kunst verwendeten die Engadiner für ihre Haustore. Und die kunstvoll geschmiedeten Schlösser oder Griffe deuten noch heute auf den Wohlstand der einstigen Besitzer hin.

92–94 A great deal of craftsmanship is expended on the massive wooden doorways to Engadine farmhouses. Today fine wrought iron locks or knockers bear witness to the prosperity of former owners.

92–94

95–97

95 und 96 Küche und Stube aus der Chasa Jaura, dem Münstertaler Heimatmuseum, verdeutlichen den bäuerlichen Wohnstil.

97 Wohnkultur aus vergangenen Jahrhunderten zeigt das Engadiner Museum in St. Moritz. Die Räume stammen zum größten Teil aus den Bauernpalazzi der Umgebung. Auf den Wohlstand ihrer früheren Besitzer weist vor allem die Täfelung von Wänden und Decken hin.

98 In Bergün am Albulapaß steht der mächtige Wohnturm der Familie Planta. Der sogenannte »Meierturm« am Dorfplatz diente als Glockenturm.

95 and 96 Kitchen and parlor in the Chasa Jaura, the museum of local history and color in Val Münster. These richly furnished chambers illustrate the way rich farmers lived in bygone days.

97 Interiors from past centuries are a popular feature of the Engadine Museum in St. Moritz. The chambers stem for the most part from wealthy farmer residences of the region. The wall panelling and ceilings were ostentatious proof of their owner's substance.

98 In Bergun at the Albula Pass stands the imposing tower residence of the Planta family. This so-called "Meier Tower" on the town square also told villagers the time.

99–101

99–101 Immer beliebter werden die historischen Schlittenfahrten durch das verschneite Engadin. Der Zug sammelt sich meist auf dem Dorfplatz, wo der Vorreiter mit Dreispitz und Jabot die Kommandos gibt. Mit Musik und Glockengebimmel jagt die Schlitteda von Dorf zu Dorf, es gibt Glühwein, Schnäpse und Hafer für die wackeren Rösser. Erst spät in der Nacht kehrt die muntere Karawane zum Ausgangspunkt zurück, wo der lustige Tag unter freiem Himmel nochmals kräftig begossen wird.

formation gibt es zwar keinen Karneval mehr; aber immerhin blieben die letzten Tage im Februar die Zeit, in der am meisten Unfug getrieben wurde.

Während also die abergläubischen Riten mehr und mehr in Vergessenheit geraten, erlebt das Schlittenfahren (Schlitteda oder Schlitrada) vor allem im Unterengadin fröhliche Urständ. Eigentlich wurde der Pferdeschlittenzug ins Nachbardorf nur aus Anlaß einer Brautwerbung angespannt. Aber längst haben die Kurgäste und jungen Leute auch ohne Heiratsabsichten Spaß an den Schlittedas gefunden. Der Zug sammelt sich auf dem Dorfplatz, wo der Vorreiter mit Dreispitz und Jabot – meist ein eingefleischter Junggeselle – die Kommandos gibt. Durch stäubende Schneewolken jagt die Karawane mit Musik und Glockengebimmel von Dorf zu Dorf, es gibt Glühwein, Schnäpse und Hafer für die wackeren Rösser. Spät am Abend gleitet der Zug auf glänzenden Kufen durch die klare Winternacht, vorn der fröstelnde Herold, dahinter die Paare, tief in Decken und Pelze gekuschelt. Schon möglich, daß die Heimfahrt das Schönste an der Schlitteda ist, wer will das so genau sagen.

In weiser Voraussicht hat der Verkehrsverein St. Moritz schon vor einiger Zeit eine große Sammlung echter Engadiner Schlitten erworben. Darunter auch historische Stücke, bunte Reitschlitten mit Längssitz und geschnitzten Lehnen. Nur die Pferde müssen sich die Veranstalter bei den Reitklubs ausleihen, denn in den Tiefgaragen der alpinen Metropolis stehen zwar Tausende von PS, aber keine echten Rösser mehr.

Andere Bräuche sind ganz in Vergessenheit geraten oder fristen in Schulbüchern und Heimatführern ein trauriges Dasein. Dazu gehören die Milchmessen (Las imsüres), der Alpabtrieb (Schelpcha) oder auch das Mazza, eine Art Bauerngolf. Die Bebauung der dorfnahen Wiesen hat dem Spiel mit gedrechselten Holzkugeln und Keulen leider den notwendigen Raum genommen. Dennoch sieht man ab und zu in den Uferauen des Inn ernsthaft dreinblickende Männer. Mit bewundernswerter Geschicklichkeit schlagen sie die frei in die Luft geworfenen Kugeln zur Zielmarke und anschließend in ein markiertes Loch. So ähnlich muß es vor fünfhundert Jahren in Schottland zugegangen sein, als Hirten und Bauern das Golfspiel erfanden. Nur daß der »Schläger« im Engadin an einer biegsamen Rute befestigt ist und somit noch mehr Treffsicherheit verlangt. Wer weiß, wie ein Jack Nicklaus oder Bernhard Langer beim Mazza abschneiden würde. Noch in den dreißiger Jahren war das Spiel über Hügel, Bäche und Wiesen Eintrittskarte in die Gesellschaft der Männer. Heute genügt dazu meist der Führerschein – so einfach ist das Leben geworden.

Allerdings nicht für die Landwirtschaft zu beiden Seiten des Inn. Angesichts sinkender Erträge und Butterberge bleibt neben der Plackerei wenig Lust, Alpaufzug und Abtrieb wie früher zu feiern. Bei den »Masüras« wurde im Beisein von Zeugen der Milchertrag peinlich genau gemessen; er war maßgebend für die Verteilung der Molken im Herbst. An diesen Tagen waren alle Bauern mit ihren Familien hoch droben auf der Alp, es wurde gesungen, getanzt und reichlich getrunken. Erst im Herbst traf man sich wieder zur Alpentladung (Schelpcha), wenn der Ertrag eines kurzen Sommers verteilt und heimgebracht wurde. Das war jedesmal ein großes Fest und fiel gewöhnlich auf Mitte September. Jeder Bauer fuhr mit seinem Gespann auf die Alp: mit kleinen zweirädrigen Karren, auch »Biert« genannt. Wenn Butter und Käse hinunter ins Dorf rumpelten, rüsteten Frauen, Mädchen und kleine Kinder schon zum Erntedank mit blumengeschmückten Fahnen. Die größeren Buben durften an diesem Tag die Kühe hüten, weil die Hirten endlich einmal frei hatten. Sobald man im Tal der Wagenprozession ansichtig wurde, zündeten die Burschen ein Feuer an und begannen mit einem Peitschenknallkonzert. Die ältere Generation erinnert sich noch gern an den schönen Anblick, den die lange Reihe der Fuhrwerke, die singenden Kinder, bunten Fahnen und Blumen boten.

In unseren Tagen hat sich das Dorfleben radikal verändert. Die Romantik für Fotografen,

99–101 The historic sleighrides through the snowy Engadine are growing even more popular. The sleighs usually gather at the village square, where outriders in tricorn hats and jabots give the command to start. With music and ringing sleighbells, the procession travels from town to town: there are mulled wine and schnapps for the passengers and oats for the valiant steeds. Late at night the merry caravan returns to its starting point, where the fun-filled tour is toasted enthusiastically just once more under a star-studded sky.

Maler und Schriftsteller hat einer rationellen Arbeitsweise Platz gemacht. Für Sentimentalitäten bleibt in der technisierten Milch- und Fleischproduktion heute keine Zeit mehr, statt des melodischen Gebimmels der Ziegenherden hört man Motorenrattern oder das Gebläse der Heumaschine.

Das Engadin ist kein Freiluftmuseum, damit muß man sich abfinden. Wer falsche Heidi-Romantik sucht, wird zwischen Maloja und Martina kaum noch fündig. Selbst das kulturelle Leben, Singen, Dorftheater und Musizieren, hat unter dem Einfluß der Massenmedien stark nachgelassen. Das mag man zu Recht bedauern, wie andernorts auch. Jedenfalls sind die Bewohner zufrieden, weil sich die Arbeit heute regelmäßiger und kürzer auf das Jahr verteilt. Die sogenannte »gute alte Zeit« war vor allem eine harte Zeit. Und das haben die Bauern im Engadin nicht vergessen.

Malerei

Für den Schweizer Schriftsteller Jakob Christoph Heer lag das »ganze Geheimnis dieser Landschaft in ihrem Licht, ihrer Sonne und in der unerschöpflichen Fülle entzückender Details von malerischem Reiz«. So oder ähnlich mag wohl auch Giovanni Segantini empfunden haben, als er Mailand verließ, um »in die strenge, unerbittliche Welt der Berge« zu gehen. Dabei befand sich der Maler des Engadin in bester Gesellschaft: Während die meisten Künstler am Ende des 19. Jahrhunderts fasziniert waren vom Leben in den großen Städten, brachen andere aus. Van Gogh wurde magisch angezogen vom Licht der Provence, Gauguin verfiel dem zivilisationsfernen Tahiti und seinen Menschen. Für den Italiener Segantini, 1858 im damals noch österreichischen Arco geboren, spielte vor allem die Einsamkeit der Berge eine Rolle, weil er nur hier in absoluter Freiheit ungestört arbeiten konnte. Zu seinem Sohn Gottardo sagte er: »Ich hätte Soldat werden können, da wäre ich jetzt General, aber ich stünde unter dem König. Ich hätte auch Priester werden können, da wäre ich nun Kardinal, aber über mir stünde der Papst. Darum bin ich Künstler geworden, denn so bin ich frei und niemand steht über mir.«

Segantini war ein unruhiger, kämpferischer Geist. Er gehörte nirgendwohin, ließ sich nicht festlegen oder einordnen. Nach seinem Tod 1899 auf dem Munt della Bes-cha reklamierten ihn drei Länder für sich und ihre geistige Tradition: Österreich, Italien und die Schweiz. Zu seinen Lebzeiten war er ihnen allen – zumindest ihren Behörden und Bürokraten – in hohem Maße suspekt. Nie ist es ihm gelungen, in den Besitz eines Passes zu kommen, schon die späte Erlangung einer Geburtsurkunde bedeutete für ihn einen Triumph.

So war Segantini eine Zeitlang sicher Österreicher, weshalb ihm 1879 – obwohl von der Akademie der Schönen Künste in Mailand vorgeschlagen – der Preis König Umbertos nicht verliehen wurde. Die Italiener bezeichneten ihn schon früh als staatenlos, andererseits galt er den Österreichern als fahnenflüchtig, weil er der Einberufung zum Militärdienst nicht gefolgt war. Später drohten ihm die Graubündner Kantonalbehörden mit der Ausweisung, nachdem er sich 1886 zusammen mit seiner Lebensgefährtin Bice und den vier Kindern in Savognin niedergelassen hatte. Der Verwaltung – und wohl auch vielen konservativen Bauern – schien er in jeder Hinsicht verdächtig: Religion und Staatsangehörigkeit unklar, kein Trauschein, keine Geburtsurkunde, Steuerschulden. Schließlich kam der Maler einer Ausweisung zuvor und wechselt 1894 über den Julier nach Maloja.

Hier fühlte sich Segantini endlich zu Hause. Man war im Oberengadin allgemein toleranter als im abgeschlossenen Oberhalbstein, kümmerte sich wenig um sein Glaubensbekenntnis, und das Standesarchiv in Samedan registrierte seine Lebensgemeinschaft mit Bice Bugatti un-

102–104 Zu den Bündner Spezialitäten gehört das luftgetrocknete Fleisch. In Maloja räuchert man noch heute wie zu Großvaters Zeiten, was dem Speck den unnachahmlichen Geschmack verleiht.

102–104 One of the specialities of Graubünden is its air-dried meat. In Maloja they still smoke meat as they did in Grandpa's day, and it gives the hams and bacons an inimitable taste.

102–104

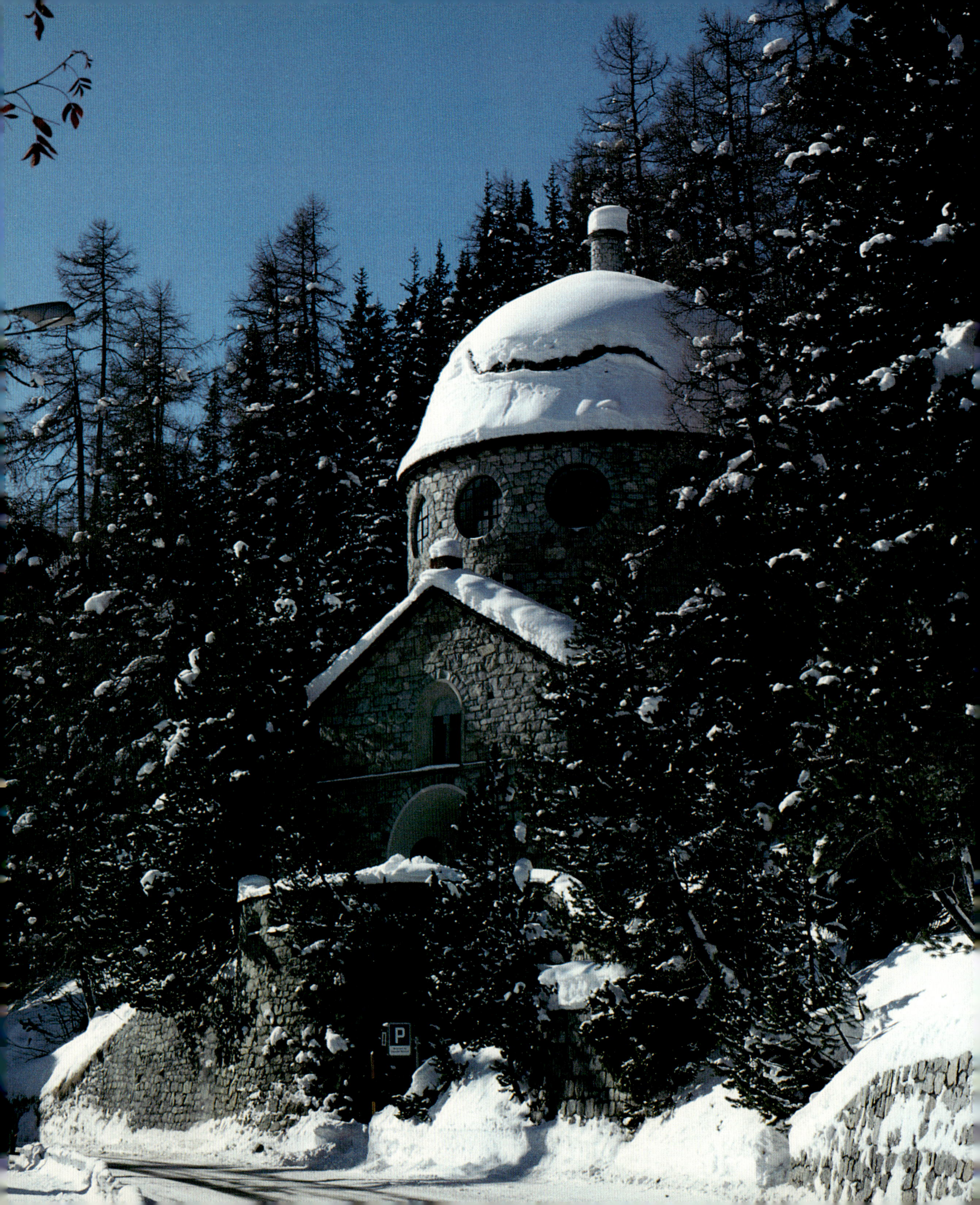
P

105 Im 1908 erbauten Segantini-Museum hat man die bedeutendsten Werke des großen Außenseiters zusammengetragen. St. Moritz ist stolz auf die Sammlung, deren Themen untrennbar mit dem Engadin verbunden sind. Segantini hat immer wieder Harmonie und Geborgenheit gemalt, wie sie letztlich nur die unberührte Natur gewähren kann.

konventionell als »freie Ehe«. 1898 schrieb er: »So bin ich aus den Niederungen erst in die Hügel und von diesen in die Berge, ja zu den Gipfeln aufgestiegen. Ich ging unter die Bauern, zu den Hirten, zu den Bewohnern des Hochgebirges, zu ihren Hütten und Almen. Ich studierte die Menschen, die Tiere, die Erde bis in die innersten Täler Graubündens.«

Zwei große Themen beherrschten seine Kunst: die Sehnsucht nach Heimkehr, die Suche nach Schutz, Harmonie und Geborgenheit, wie sie letztlich nur die Natur gewähren kann, und das Bewußtsein des Todes, seiner ständigen Präsenz, schließlich der Trost durch die Kunst.

Beide Themen haben ihre Wurzeln in Segantinis Biographie: Den frühen Tod der Mutter hat er nie verwunden, in der Natur als Gleichnis einen Ersatz gesucht. Immer wieder tauchen die gleichen Motive auf, die Visionen der Erlösung vor dem ungeheuren Panorama des Oberengadin. Berge, Wolken, Menschen und Vieh, auch der Tod in vielerlei Gestalt, haben ihre Wurzeln in der Mutter Erde, die einem ewigen Zyklus unterliegt.

Was aber Segantinis Malerei so einzigartig macht, ist das Licht des Engadin. Hart und klar läßt es die Luft flimmern, bringt die Farben auf unnachahmliche Art zum Leuchten und macht die Dinge greifbar. Das Licht erreichen, das hieß für den Maler des Triptychons »Werden – Sein – Vergehen«, die Wahrheit des Bildes erreichen und damit die Wahrheit der Natur. So ist Segantini, als er die dunstige Brianza verließ und in die Alpen hinaufstieg, einfach dem Licht nachgegangen, wie die großen Franzosen seiner Zeit die Provence aufsuchten, sich in die Ile de France zurückzogen. Erst in der Klarheit des Lichts, in Maloja, Pontresina oder Soglio, hat der Maler aus Arco sich selbst und seinen unverwechselbaren Stil gefunden.

Nun ist die Malerei des Engadin nicht einfach mit Segantini gleichzusetzen. Es gibt einheimische, oft verkannte Maler, die weit weg vom Weltgeschehen aus innerer Kraft und Eingebung einen höchst persönlichen und selbständigen Stil entwickelt haben. Samuele Giovanoli aus Bondo gehört sicher zu ihnen, wohl einer der bedeutendsten naiven Maler der Schweiz. Auch Turo Pedretti, 1896 in Samedan geboren, dessen Engadiner Landschaften von expressionistischer Ausdruckskraft sind. Nicht zu vergessen Giovanni Giacometti, der aus einer Bergeller Bauernfamilie stammte und mit Segantini befreundet war. Die zentrale Rolle, die das Oberengadin in seinem Gesamtwerk spielt, läßt ihn als vielleicht wichtigsten Maler dieser Landschaft erscheinen. Dabei verzichtete Giacometti auf jede idealisierende oder symbolische Überhöhung, im Gegensatz zu Segantinis Spätwerk. Die Farben sind es, die über den dargestellten Gegenstand triumphieren, der nur noch summarisch erkennbar bleibt. Jedes Bild des Avantgardisten wird Zeugnis überquellender Lebensfreude, mit kräftigem Pinselstrich und satten Farben gemalt.

Sein Sohn Alberto (1901–1966) hat sich nur in seinen frühen Werken auf die Malerei des Vaters gestützt. Aus dieser Zeit stammt das Landschaftsbild »Piz Corvatsch mit Silser See«, in leuchtendem Rot und Blau, dennoch von einer eigentümlichen Durchsichtigkeit. Später wandte sich der jüngere Giacometti mehr und mehr dem Menschen zu. Die ausgebrannten Bronzefiguren sowie die grau in grau gemalten Bildnisse offenbaren ohne Illusion die geistig-seelische Situation des einsamen, auf sich gestellten Menschen im zweiten Drittel unseres Jahrhunderts. Erst später wurde Giacomettis Kunst weltweit aufgenommen und verstanden. Aber kaum ein Schweizer Künstler hat je so eine universale Anerkennung gefunden.

Das ist um so erstaunlicher, als Giacometti nie die Bindung an sein Dorf, an seine Eltern und die kleine Welt des Bergell lösen konnte. Jahr für Jahr kehrte er aus Paris, wo er seit 1922 lebte, nach Stampa zurück. Und als der Avantgardist 1966 auf dem Friedhof seines Heimatdorfs begraben wurde, folgte fast das gesamte Tal dem Sarg.

Giacometti war nicht fluchtartig aus der bäuerlichen Enge nach Paris aufgebrochen. Es gab für ihn keinen Zwiespalt zwischen Stampa und Paris, so weit die Extreme auch auseinanderla-

105 The Segantini Museum, founded in 1908, shelters major works by the great individualist. St. Moritz is proud of this collection whose theme is inextricably bound to the Engadine. Again and again Segantini painted scenes of harmony and security as they can only be found in untouched nature.

137

gen. In der Rue d'Alesia, wo sein Atelier stand, gab es nicht einmal fließendes Wasser. Wie vom Dorfplatz daheim holte sich Giacometti das Wasser vom Brunnen im Nachbarhaus. Sein karger Lebensstil blieb – wie seine Kunst – auf die elementaren Bedürfnisse beschränkt. So verwundert es auch nicht, daß Motive aus Stampa in seinen Zeichnungen und Figuren eine wichtige Rolle spielten. Immer wieder kehrt die elterliche Wohnstube zurück, mit dem mächtigen Schiefertisch, den barocken Schemeln und der Petroleumlampe.

Daß Alberto Giacometti seine Kunst auch als Waffe empfand, um sich zu verteidigen, dürfte unbestritten sein. Wie kein anderer Künstler hat er die Vereinsamung des modernen Menschen zum zentralen Thema seines Werks gemacht. Und wenn ihm die Verteidigung gelungen ist, so nicht zuletzt, weil es im Bergell einen Ort gab, an den er immer heimkehren konnte.

Auch Ferdinand Hodler oder Cuno Amiet haben im Engadin gemalt. Allerdings war ihr Aufenthalt eher eine Episode, die maßgeblichen Impulse erhielten sie außerhalb des Hochtals. Dennoch stellen Hodlers sieben Bilder aus dem Oberengadin – darunter die großartige, spiegelbildliche Komposition des »Silvaplanersee« – eine wichtige Etappe in der Entwicklung seiner Landschaftsmalerei dar. Und die Klarheit des Lichts führte den Maler zu einer herrlich leuchtenden Farbgebung, die in seinem Gesamtwerk eine immer größere Rolle spielte.

Literatur und Sprache

In ganz Graubünden sind es vielleicht noch 40 000 Menschen, die sich laut Statistik zur rätoromanischen Muttersprache bekennen. Aber selbst das ist keine einheitliche Sprache, sondern eine Abstraktion. Was geschrieben und vor allem gesprochen wird, das sind die einzelnen Dialekte: Oberengadinisch, Unterengadinisch, Surmeirisch, Surselvisch und Sutselvisch. Einige davon, die beiden ladinischen Mundarten des Engadin und das Surselvische des Vorderrheintals, haben eine große literarische Vergangenheit. Das Surmeirische, im Oberhalbstein und in einem Teil des Albulagebiets beheimatet, verfügt dagegen nur über ein sehr bescheidenes eigenes Schrifttum. Und das Sutselvische, gesprochen im Domleschg und Schams, stieg sogar erst 1943 zur »Würde« einer Schriftsprache auf.

Der Kampf, den die kleinste schweizerische Sprachminderheit durchzufechten hat, erscheint aussichtslos. Dabei genießt das Rätoromanische Sympathien und Unterstützung wie keine andere Randgruppe in Europa. Aber auch die Anerkennung als vierte Landessprache hilft nur wenig gegen die spontanen Auflösungstendenzen unserer Zeit. Überfremdung droht den Rätoromanen schon deshalb, weil sie ganz einfach auf den Erwerb und die völlige Beherrschung einer anderen Sprache angewiesen sind, wenn sie beruflich und gesellschaftlich vorankommen wollen. Darüber sind sich auch die Engadiner völlig im klaren. Und so wehren sie sich nicht dagegen, daß das Ladinisch in ihren Schulen nur während der ersten Jahre als Unterrichtssprache verwendet wird, in den oberen Klassen aber dem allmächtigen Deutsch Platz machen muß.

Den Rest besorgen Massenmedien und Fremdenverkehr. Niemand kann es den Rätoromanen verdenken, wenn sie sich den überwiegenden Teil ihrer Informationen aus fremdsprachigen – und das heißt insbesondere: deutschsprachigen – Medien besorgen. Nach wie vor gibt es keine rätoromanische Tageszeitung, sondern nur lokale Beilagen und sporadisch erscheinende regionale Blätter. Die Weltpolitik findet jedenfalls in Deutsch statt. Das mag man bedauern, verhindern kann man es kaum, weil die sprachliche Zersplitterung einfach zu groß ist. Vollends negativ wirkt sich der ökonomisch so willkommene Aufschwung des Tourismus aus. Zwangsläufig passen sich die Einheimischen ihren Gästen auch sprachlich an, was verheeren-

106–108 Engadiner Friedhöfe haben ihren ganz eigenen Reiz. Meist liegen sie an landschaftlich besonders schönen Orten, wie der von Müstair (rechts unten) oder Santa Maria in Pontresina (oben). Und die Epitaphe an der Klostermauer von Müstair (links unten) lesen sich wie eine Familiengeschichte der letzten vierhundert Jahre.

106–108 Engadine cemeteries have a unique charm. They are often situated in especially lovely surroundings, as we see here in Müstair (below right) or in Pontresina's Santa Maria (above). And the inscriptions on the convent walls of Müstair (below left) read like family histories of the past four centuries.

106–108

109 | 110

*109—111 Sonnen-
uhren, Brunnen und
Geranien findet man
in allen Dörfern von
Maloja bis Martina.
Manchmal versteckt
hinter mächtigen Holz-
toren, andernorts als
prächtiges Dekor an
Häusern und Plätzen.*

*109—111 Sundials,
village wells and
geraniums abound in
every town from Malo-
ja to Martina. Some-
times hidden behind
weighty wooden door-
ways, sometimes
beautifying house
exteriors and public
squares.*

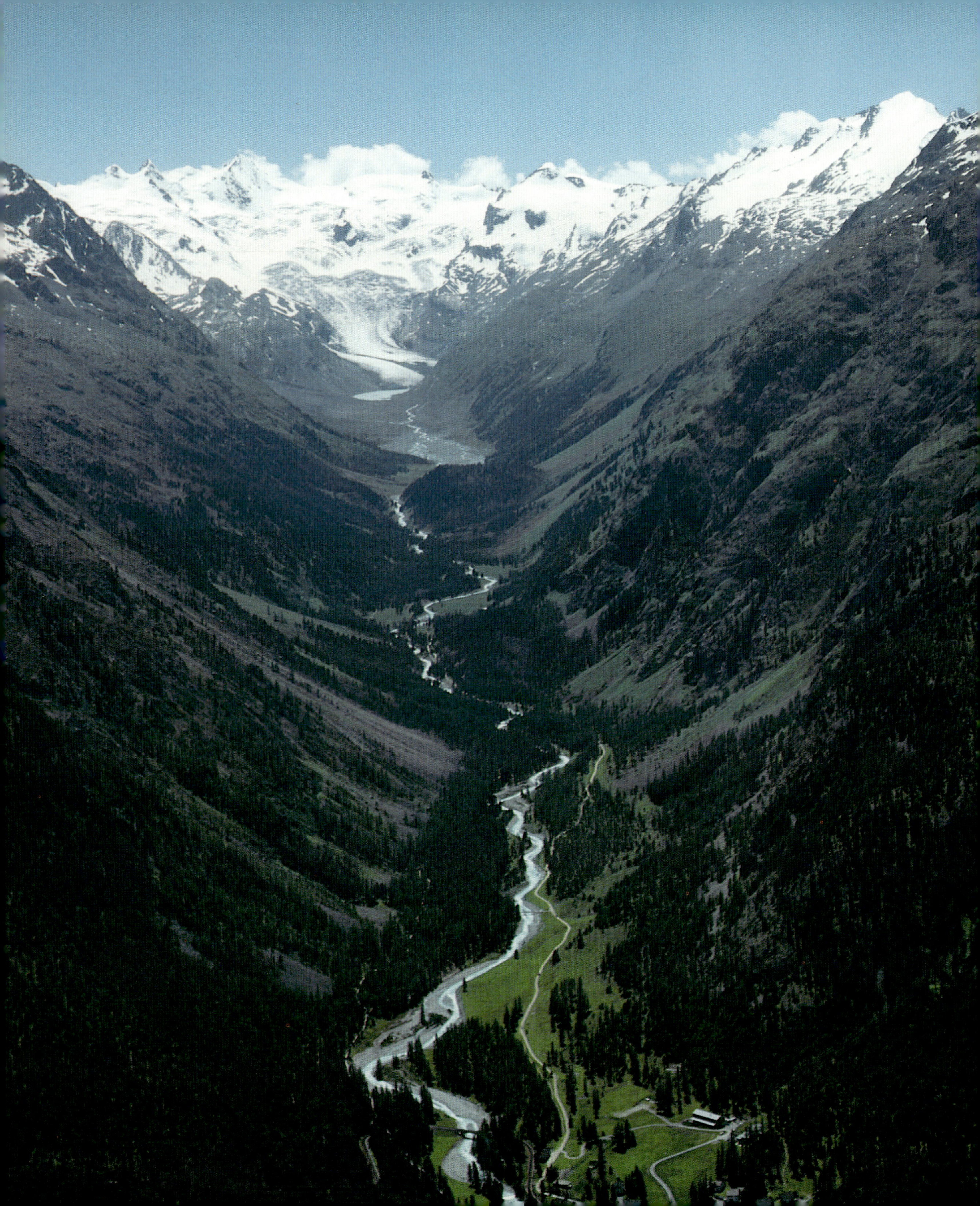

112 Von oben erschließt sich der gesamte Verlauf des Val Roseg.

de Konsequenzen für den uralten Dialekt hat. Denn kaum einem der Besucher ist das örtliche Idiom auch nur notdürftig vertraut.

Trotz aller wohlgemeinten Hilfe durch rätoromanische Programme in Rundfunk und Fernsehen, durch finanzielle Unterstützung der »Lia Rumantscha«, in der alle namhaften Vereinigungen des Sprachgebiets zusammengeschlossen sind – die Situation hat sich in den letzten Jahren rapide verschlechtert. Nach wie vor fehlt vor allem eine dringend erforderliche Hochsprache, die eine Annäherung der verschiedenen Dialekte erfordert. Man muß schon froh sein, daß inzwischen wenigstens für die neuen Begriffe unserer technologisierten Welt einheitliche Wörter festgelegt werden. Von der Hoffnung auf eine gemeinsame Schriftsprache sind die Rätoromanen Bündens und seiner Seitentäler in unserer Zeit allerdings weiter entfernt als je zuvor.

Die große Blütezeit der ladinischen Sprache liegt schon mehr als vierhundert Jahre zurück. Damals wandte sich die Reformation an alle Schichten des Volks und verhalf den regionalen Dialekten zu neuer Bedeutung. Mit der Übersetzung der Bibel ging das Entstehen einer reichen und vielfältigen Literatur von theologischen Werken und politischen Flugschriften, Balladen und Chroniken einher.

Sicher, es ist keine große, über die Grenzen des Engadin hinauswirkende Dichtung entstanden. Aber die Volkslieder jener Zeit sind von ganz eigenartigem Reiz, von überschäumender Fröhlichkeit und tiefer Liebe zur angestammten Heimat erfüllt. Vor allem die Auswanderer waren es, die in der Fremde an Sprache und Überlieferung festhielten, wodurch das literarische Erbe des Engadin lebendig blieb.

In neuerer Zeit setzten Arthur Caflisch, Tista Murk oder Jon Guidon mit ihrer heimatverbundenen Lyrik die Tradition des 16. und 17. Jahrhunderts fort. Nuot Vonmoos aus Pontresina komponierte das Lied »Buana not, dorma bain«, die am meisten gesungene Melodie in ladinischer Sprache. Fast scheint es so, als würde gerade die zunehmende Überfremdung den Widerstand der Rätoromanen stärken. Dafür spricht die Herausgabe des ladinischen Wörterbuchs von Bezzola und Tönjachen, eines rätischen Lehrbuchs und des »Dicziunari Rumantsch Grischun«. Mit diesen Lexika soll der Versuch unternommen werden, das gesamte ladinische Wort-, Sach- und Namensgut festzuhalten.

Damit die uralte Sprache wieder mit neuem Leben erfüllt wird, entstand in Samedan die »Fundaziun Planta«, deren einzige Aufgabe die Förderung und Pflege der romanischen Kultur ist. Seit 1946 hat die Stiftung ihren Sitz im prächtigen Plantahaus am Plazzet in Samedan. Der barocke Quaderbau beherbergt heute die größte rätoromanische Bibliothek der Schweiz, eine beeindruckende Sammlung, darunter die Übersetzung des Neuen Testaments durch Giachen Bifrun aus dem Jahr 1560.

Für das Bargaiot, die Mundart des Bergell, kommt wohl jede Hilfe zu spät. Die meisten Bewohner sprechen italienisch oder deutsch, nur die älteren unter ihnen beherrschen noch den klangvollen Dialekt, gemischt mit langobardischen Brocken. Berühmt ist »La Stria« (Die Hexe), ein Drama des Giovanni Andrea Maurizio (1815–1885) aus Vicosoprano. Die »Tragicomedia nazionale bargaiota« besteht aus nicht weniger als fünftausend gereimten Versen in Bergeller Mundart und wird nur etwa alle dreißig Jahre aufgeführt. Mag sein, daß im Jahre 2009 niemand mehr Maurizios wunderbare Worte versteht, obwohl die Tragikomödie von zeitloser Aktualität ist.

Mit dem Rätoromanisch wird es wohl noch eine Zeit länger dauern. Schließlich haben die fünf Dialekte zweitausend Jahre überstanden, obwohl immer wieder tiefe germanische Keile in die bündnerische Romania getrieben worden sind. Hier und da gibt es jedenfalls hoffnungsvolle Anzeichen, daß der rätische Wortschatz schon aus Protest gegen die völlige Eindeutschung überleben wird.

112 From above, there is a view of the entire Val Roseg.

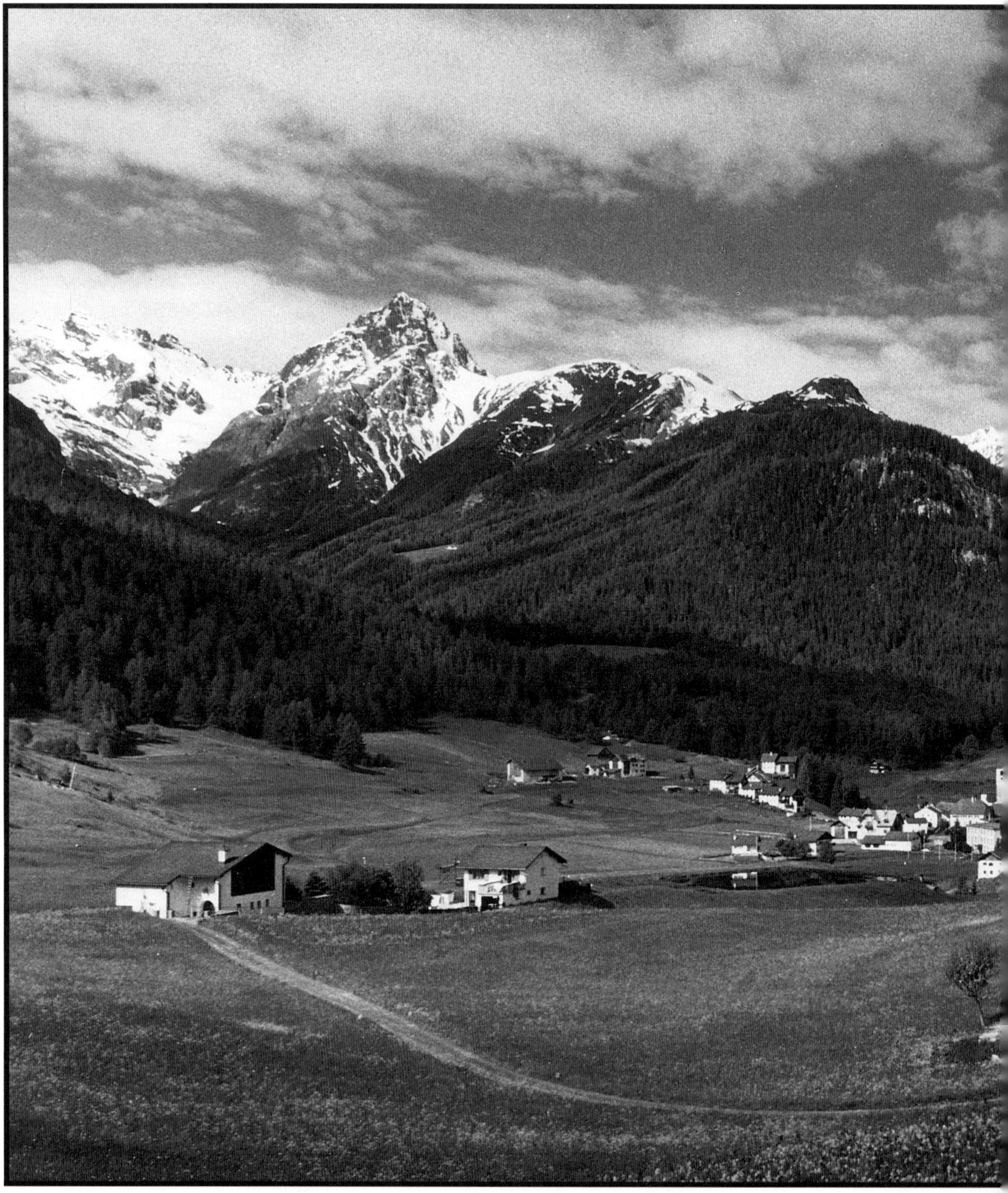

Ferienlandschaft Engadin

Bataillone von Rolex- und Cartier-Uhren funkeln in der milden Wintersonne, dazwischen haselnußgroße Saphire, Dupont-Feuerzeuge und Platinreifen: Mittagspause auf der Terrasse der »Alpina«-Hütte. Fast scheint es, als habe König Midas persönlich Hand angelegt. Natürlich wird auf den Hängen der Corviglia hoch über St. Moritz auch Ski gelaufen. Aber wichtiger ist schon, daß man um zwölf seinen Tisch beim Hartly Mathis oder in der »Alpina« reserviert hat. Nirgendwo in der weißen Arena zwischen Diavolezza und Silvaplana sind die Pelze kostbarer, die Overalls farbiger und die Ski teurer. Seit Hartly und seine Frau Frieda das Restaurant »La Marmite« in der Corviglia-Bergstation betreiben, erfreuen sich schwergestiefelte Skifahrer, Chinchilla-Italienerinnen und kamerabewehrte Japaner gleichermaßen an Hummersuppe, Gänseleber oder Lachsfilets. Nur einen Steinwurf weiter oben dampft Gerstensuppe in den eisblauen Himmel, riecht es nach Glühwein und Käsespätzle. Dafür ist der Blick von der Alpina-Terrasse einen Hauch spektakulärer, sind die Gäste vielleicht etwas jünger als im Freßtempel des Herrn Mathis. Auf jeden Fall wird der Chef des »Marmite« in die Ahnengalerie kreativer Köche eingehen mit seiner Idee, ein Schlaraffenland mitten in den Pistenzirkus des Oberengadin zu zaubern.

Mehr als 400 Kilometer sind alle Abfahrten zusammen lang, kaum zu glauben, daß es Skiläufer gibt, die jeden Buckel, jeden Quadratmeter zwischen Lagalb und Piz Nair persönlich kennen. Fünfzig Bahnen und Lifte rotieren rund um die Uhr, sorgen für reibungslosen An- und Abtransport. Eine gigantische Infrastruktur ist entstanden, von den Skitouristen trotz exorbitanter Preise geschätzt, von besorgten Engadinern eher verwünscht, weil jeder Eingriff in die bedrohte Natur kaum noch reparabel ist. Komplettiert werden die winterlichen Superlative von mehr als 120 Kilometern gut gespurter Loipen, dreißig Curling- und zwei Bobbahnen, von Galopprennen auf dem gefrorenen Moritzsee und Europas einzigem Golfturnier im Schnee. Gespielt wird mit roten Bällen und ebensolchen Nasen, was der allgemeinen Begeisterung bei minus zwanzig Grad allerdings kaum Abbruch tut.

Oben, in den Gletscherregionen des Corvatsch, vergnügt sich derweil das alpine Fußvolk nach besten Kräften. Es gibt riesige Firnfelder, unberührte Tiefschneehänge und brutale Buckelpisten, die den Flachländer unbarmherzig durchrütteln. Wer die Hahnensee-Abfahrt mehrmals am Tag geschafft hat, der ist geschafft, das walte Wilhelm Tell. Nicht einmal im Sommer verstummt das Rattern der Bahnen und Lifte. Auf dem Gletscher erstreckt sich in Höhen zwischen 2900 und 3300 Metern ein ideales Skigebiet für 365 Tage im Jahr. Die Abfahrt über den Georgigletscher und über den Dürren Ast bis zum Ende der Eisregion gehört zu den schönsten Sommerpisten der Alpen. Was kümmert da schon der mühselige Aufstieg mit schweren Plastikstiefeln zur Mittelstation Murtèl, auch wenn nach zehn Minuten der Schweiß in Strömen fließt.

Die Agnelli, Fürstenberg oder Thyssen wird man allerdings am Corvatsch vergeblich suchen. Skilaufen mit dem gemeinen Volk, Publicity – das ist das letzte, was die Superreichen im Engadin gebrauchen können. Ohnehin hat sich die klassische Klientel der großen St. Moritzer Hotels fast unbemerkt in die feinen Vororte zurückgezogen, nach Suvretta oder Champfèr, wo es keine Tiefgaragen, Warteschlangen oder neugierigen Mittelstand gibt. Wenn der Lear-Jet des Aga Khan in Samedan landet, steht schon ein unauffälliger Golf bereit, den Gott der Ismaeliten in seine Villa zu transportieren. Nur noch indirekt profitiert St. Moritz davon, daß sich für ein paar Wochen im Jahr mehr Karat und Konten zwischen Corviglia und See drängen als irgendwo sonst im Schnee. Das scheue Wild des Geld- und Blutadels frequentiert nur noch gelegentlich die berühmten Hotelbars, den Rolls-Royce, Range Rover oder Ferrari entsteigen mehr und mehr Parvenus, Anlageberater und sonstige Neureiche. Selbst im »Palace« oder »Hanselmann« sind die Gaffer in der Überzahl, steuerflüchtige Italiener haben halb Celerina aufgekauft, und den Plüsch des altehrwürdigen »Regina Victoria« wetzen die Pauschaltouristen des Club Mediterranée ab.

Vorhergehende Abbildung:
113 Schloß Tarasp zeigt heute das Idealbild einer mittelalterlichen Burg. Einst war das Anwesen ein wichtiger Vorposten der Habsburger, um die Straße über den Reschenpaß in der Flanke zu schützen.

114 Blick über den See auf St. Moritz und die Hänge der Corviglia. Auf halber Höhe (links im Bild) das frühere Touristen-Schloß »Chantarella«.

115 Wenn die Engadiner Seen im Winter zufrieren, beginnt die Saison der Curling-Spieler.

Folgende Abbildungen:
116 Ein Traum für Skifahrer und Drachenflieger sind die weiten Hänge der Corviglia oberhalb von St. Moritz.

117 Auf der Terrasse der »Alpina«-Hütte, hoch über St. Moritz, dampft Gerstensuppe in den eisblauen Himmel, riecht es nach Glühwein und Käsespätzle.

118 An der Champagner-Bar neben der »Alpina«-Hütte trifft man sich vor und nach dem Essen.

119 Internationales Publikum gehört auf den Pisten rund um St. Moritz zum gewohnten Bild.

Illustration on previous page:
113 Today Tarasp Castle is a perfect picture of a Middle Ages citadel. It was once an important Hapsburg outpost, protecting the road over Reschen Pass from the side.

114 View over the lake toward St. Moritz and the slopes of Corviglia. About halfway up (on the left), stands the former great tourist hotel, "Chanterella".

115 When the lakes of the Engadine freeze in winter, the curling season begins.

Following illustrations:
116 Heaven for skiers and hang-gliders are the sweeping slopes of Corviglia high above St. Moritz.

117 On the terrace of the Alpine lodge high over St. Moritz, the famous Graubünden barley soup steams into the ice-blue sky and the aromas of mulled wine and cheese spätzle permeate the air.

118 At the Alpina outdoor champagne bar, people meet before and after lunch.

119 The "jet set" – the "beautiful people" – you find them all at the ski runs around St. Moritz.

114 | 115

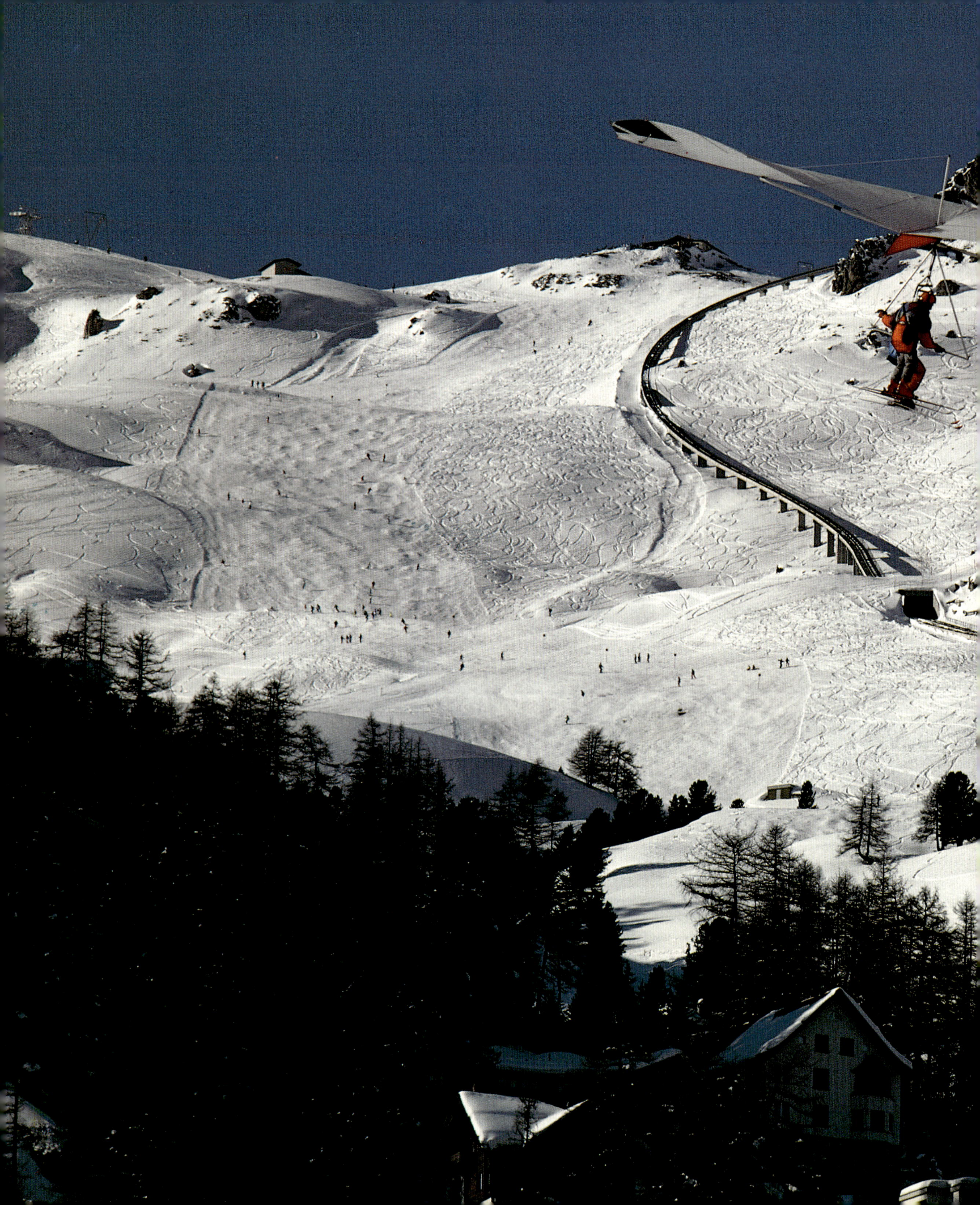

◁ 116 △ 117 | 118 ▽

119 ▽

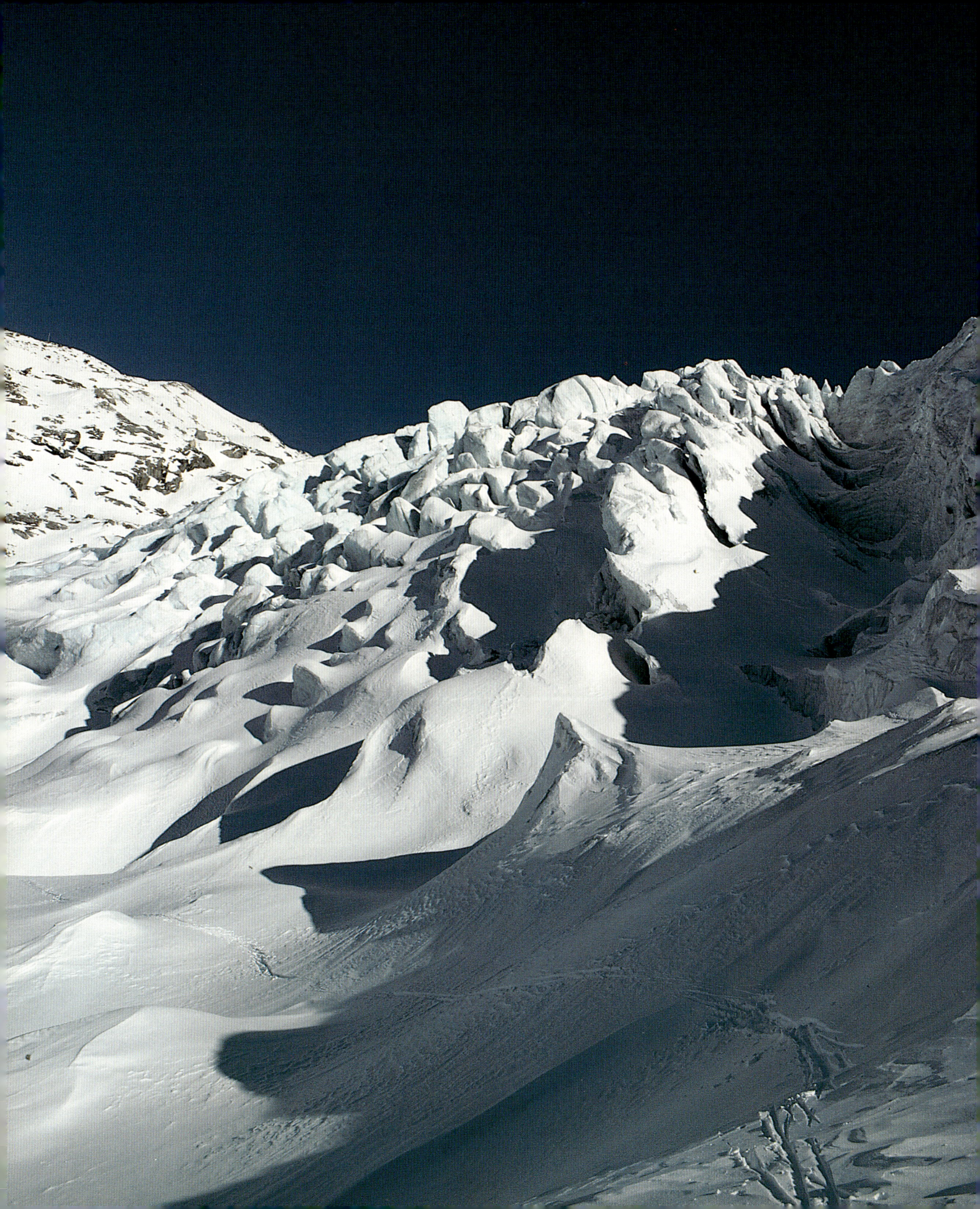

120 Wild zerklüftet bietet der Eispanzer des Morteratschgletschers einen faszinierenden Anblick.

121 Die weiße Arena der Diavolezza ist ein ideales Skigebiet ohne große Schwierigkeiten. Im Hintergrund das imposante Massiv des Piz Palü.

122 Wenn genug Schnee liegt, sind die sonnenüberfluteten Südhänge der Corviglia über St. Moritz ein einziger Traum.

120 The jagged icy precipices of Morteratsch Glacier are an eternally fascinating spectacle.

121 The white expanses of Diavolezza offer ideal easy runs. In the background the imposing massif of Piz Palü.

122 When the snow is good, the sunny southern slopes of Corviglia above St. Moritz are a skier's dream.

121 | 122

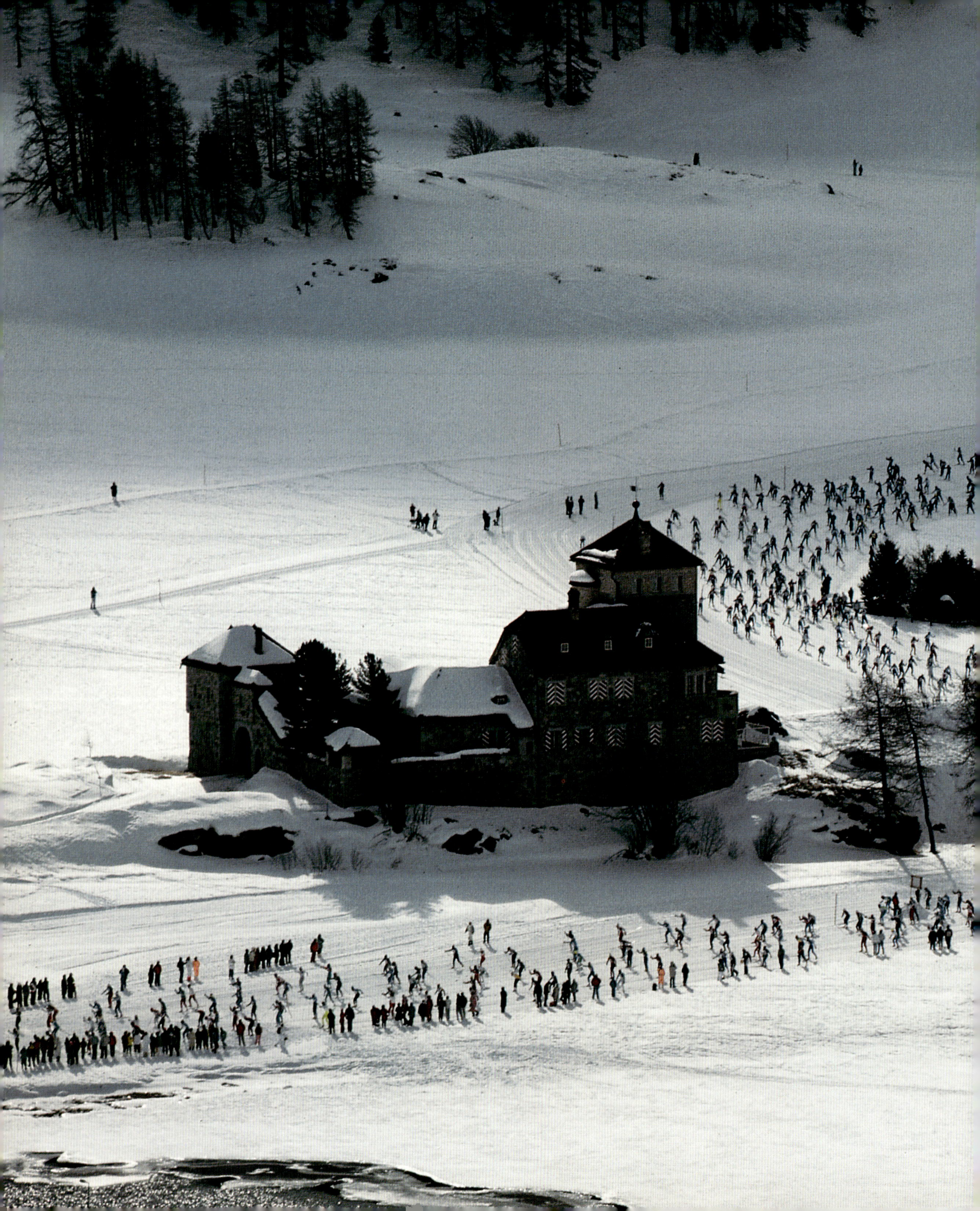

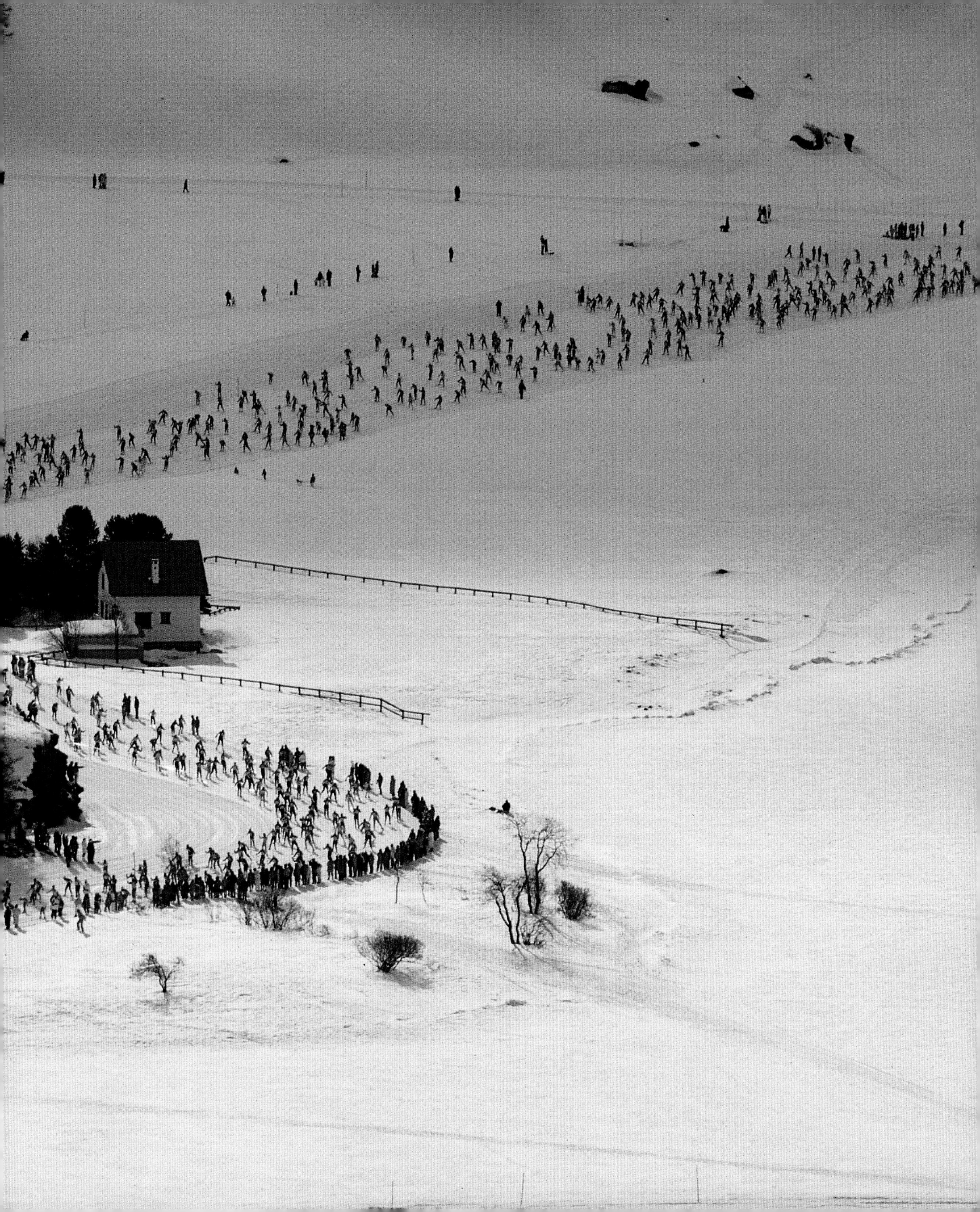

124–126

Vorhergehende Abbildung:

123 Der berühmte Engadiner Ski-Marathon gehört zu den Klassikern in Europa. Bei Silvaplana passiert die Loipe das Schlößchen von Surlej, bevor es mit Riesenschritten über den zugefrorenen Champfèr-See nach St. Moritz weitergeht. Der weite Talboden des Oberengadin ist geradezu ideal für Langlauf und Skiwandern.

124 Tempo 135 im Eiskanal des Cresta-Run bei St. Moritz: Nur der Oberkörper liegt auf dem winzigen Skeleton-Schlitten, mit nagelbewehrten Schuhen wird notfalls gebremst. Jahr für Jahr reist die Cresta-Society an den Schauplatz ihres mutigen Spleens, den natürlich – wer sonst – vor mehr als hundert Jahren reiche Engländer ins Engadin importierten.

125 und 126 Die Bobbahn von St. Moritz ist jedes Jahr Schauplatz faszinierender Wettkämpfe. Der Eiskanal am Druidenstein erlaubt Spitzengeschwindigkeiten von mehr als 130 Stundenkilometern, die leider immer wieder zu schweren Stürzen führen. Für mutige Gäste veranstaltet der Bobsleigh-Club »Taxifahrten«, ein beliebter Nervenkitzel, zumal im Fahrpreis auch noch ein farbiges Startfoto und eine Urkunde enthalten sind.

Illustration on previous page:

123 The famous Engadine cross-country ski marathon is one of the classic winter events in Europe. At Silvaplana the course passes little Surlej Castle before taking giant steps across frozen Lake Champfèr toward St. Moritz. The high valleys of the Engadine are ideal for cross-country skiing – when there's snow nowhere else, you can find it here.

124 85 mph in the icy Cresta run at St. Moritz: only the upper torso lies on the tiny sled, and hobnailed boots do the braking. Year for year, enthusiasts throng to the Cresta for the dangerous sport that fascinates them so, brought to the Engadine more than a century ago by – who else? – wealthy Englishmen.

125 and 126 The bobsled run at St. Moritz is the annual scene of exciting competitions. But shooting down the frozen length of Druidenstein at more than 80 mph often leads to bad falls. For courageous guests, the bobsled club offers the "taxi rides" so popular with thrill-seekers. A color photo of the start and a certificate are included in the price.

In der Kurdirektion befürchtet man schon seit einiger Zeit eine atmosphärische Veränderung des Mythos St. Moritz. Das ist sicher dramatisch formuliert, denn die gesellschaftliche Höhenlage steht noch immer zur geographischen in einer gesunden Relation. Aber die Nivellierung schreitet unaufhaltsam fort. Gut, daß es da einen Cresta-Club gibt, mit eigener Eisbahn und strengen Aufnahmebestimmungen. Wahrscheinlich dachte sich der englische Major W. H. Bulpett nichts dabei, als er den ersten Skeleton-Schlitten bastelte. Und die Herren Badrutt (aus der Hotelier-Dynastie), Robertson und Bott ließen den legendären Cresta-Run im Winter 1884 sicher nicht deshalb bauen, um dereinst in die Sportgeschichte einzugehen. Es gab weiß Gott Wichtigeres zu tun, denn schließlich bedrohten Davoser Schlittenfahrer die Vormachtstellung ihrer Engadiner Kollegen. Was man brauchte, war eine hochkarätige Bahn, möglichst schnell und raffiniert, gespickt mit tückischen Kurven, steilen Wänden und vertrackten Kombinationen.

Das Ergebnis läßt noch heute unbedarften Zuschauern das Blut in den Adern gerinnen. Mit knapp 130 Kilometer pro Stunde donnern die Piloten durch den sogenannten Cresta-Leap, gerüttelt und gestaucht auf ihren flachen Eisenschlitten. Die kritischen Zonen hören auf so klangvolle Namen wie »Shuttlecock«, »Stream Corner« oder »Scylla and Charybdis«. Wer hier nur den kleinsten Fehler macht, findet sich – falls er Glück hat – irgendwo in den Strohballen am Rande des Kanals wieder. Durchaus möglich, daß die Erbauer des Runs eng mit dem geschäftstüchtigen Dorfarzt zusammenarbeiteten. Rippen und Finger der »Rider« brachen seitdem zu Tausenden, das Gipsen und Richten malträtierter Glieder ernährte ganze Generationen von Medizinern bis in unsere Tage.

Vielleicht liegt es daran, daß der vornehme »St. Moritz Tobogganing Club of London« den Eiskanal auch sogenannten SL-Fahrern (Supplementary List Riders) gegen ein vergleichsweise bescheidenes Salär zur Verfügung stellt. Für die wilde Hatz auf der mehr als hundert Jahre alten Strecke benötigt man jedenfalls mehr Mut als Schweizer Franken: Hundert Silberlinge kostet die Einschreibegebühr, weitere zwanzig verlangt der Club-Kassier pro Start – Ausrüstung und Rücktransport inklusive. Den Angriff auf die 50-Sekunden-Schallmauer wagen inzwischen nicht nur britische Offiziere oder Engadiner mit Konfektionsgröße 56, sondern auch Touristen jenseits der Midlife-crisis. Nur Frauen akzeptiert der feine Rodelclub bis heute noch nicht – letzte Bastion des Patriarchats sozusagen.

Cresta – das sind Legenden, die keinen Anfang haben und nicht enden wollen. 1907 flog Captain Henry Pennell mit seinem Schlitten bei Shuttlecock aus der Kurve, erlitt einen Nierenriß und verblutete. An seinem Sarg, eingehüllt in den Union Jack, sprach ein Freund: »Er überlebte den Burenkrieg und scheiterte an der Cresta.« Im selben Jahr kam es auf der Bahn zu einem makabren Unfall: Der holländische Graf Jules de Bylandt prallte mit hoher Geschwindigkeit gegen einen Balken, der durch ein tragisches Versehen über die Eisrinne gelegt worden war – der Graf wurde skalpiert.

Einen »ärgerlichen Zwischenfall« notiert die Club-Chronik aus dem Jahr 1919. Der honorable John Bingham, später Lord Lucan, zog im Ziel den Handschuh von seiner schmerzenden rechten Hand, die unterwegs unter die Schlittenkufen geraten war. Aus dem Handschuh fiel ein Finger in den Schnee. Der Engländer ließ sich samt Finger ins nächste Hospital kutschieren, wo Ärzte das fehlende Stück wieder annähten. Im Jahr darauf war er wieder in der Bahn und fuhr zweimal Bestzeit.

Unter den ordentlichen Mitgliedern sind die Familien Opel, Churchill, Bohlen oder Niarchos überproportional vertreten. Komplettiert wird die Liste durch einige Herren der Royal Air Force, diverse Erben großer Namen und einige gestandene Engadiner, die den Mythos St. Moritz wenn nicht begründet, so doch sorgsam gepflegt haben. Nach wie vor befindet sich der Sitz des Tobogganing Clubs in London. Und nur der Tatsache, daß dort ein gewisser

Schneemangel herrscht, verdankt der Cresta Run seine Existenz. Das mag die Einheimischen ein wenig kränken, zumal die Umgangssprache nicht Rätoromanisch, sondern feinstes Oxbridge ist. Andererseits sind die Riders auf St. Moritz und seinen Bilderbuchwinter angewiesen. So gleicht sich eben manches aus.

Eigentlich ist es noch gar nicht lange her, daß der Wintersport aus Hirten Hoteliers und aus Bauern Billeteure gemacht hat. Bis der Rausch des weißen Golds begann, verirrten sich allenfalls Wanderer und Bergsteiger ins sommerliche Engadin. Wo heute als Schlösser verkleidete Hotels stehen, dämmerten bescheidene Gasthöfe mehr als sieben Monate im Jahr ohne Gäste dahin. Bis der legendäre Johannes Badrutt auf die geniale Idee kam, mit vier betuchten Engländern eine Wette abzuschließen. Sie könnten, so der Hotelier, im strengsten Winter unter der strahlenden Sonne des Engadin ohne Mantel und Hut spazierengehen. Mißtrauisch nahmen die Briten das Angebot an und reisten Ende 1864 mit ihren Familien an. Ein paar Wochen später – so jedenfalls die Fama – kehrten sie gebräunt und begeistert nach England zurück: Der Rest ist bekannt.

Mittlerweile hat sich feine Patina auf den architektonischen Kitsch der Gründerzeit gelegt, die einstmals bewunderte Chantarella-Bahn mutet im Zeitalter des Helicopter-Skiing rührend nostalgisch an. Lichtgesteuerte Computer schleusen zwischen Weihnachten und Neujahr Zigtausende durch die Liftschranken, auf dem gefrorenen See galoppieren die besten Vollblüter Europas, und am zweiten Sonntag im März starten 12 000 Skilangläufer zum weltberühmten Engadiner Marathon. Mehr als 400 Millionen Franken bringt der Wintertourismus in die Kassen zwischen St. Moritz und Schuls, allein die Bergbahnen nehmen pro Skisaison knapp 30 Millionen ein. Komplettiert wird die weiße Industrie durch das Heer der Curlingspieler, Drachenflieger und Bobfahrer, der Skispringer und Bergwanderer. Das Engadin, vor allem das Wetter, ist einfach zu schön, um nicht dem Tourismus zu verfallen. Und es war wohl auch zu arm, um eine andere Wahl zu haben.

Die zerstörerischen Nebenwirkungen hat man inzwischen erkannt, neue Pisten wird es vorerst nicht mehr geben. Jahrelang wurden Wälder gerodet, Felsen weggesprengt und Riesenschneisen von den Gipfelstationen bis hinunter zu den Parkplätzen geschlagen. Die Eingriffe in die Hänge von Corvatsch und Furtschellas gelten als abschreckendes Beispiel rücksichtsloser Pistenpräparierung. Millionen messerscharfer Skikanten haben auf Corviglia oder Lagalb das Gras samt Wurzeln vom Fels rasiert, den Rest besorgten Regen und Wind.

Inzwischen ist ein Teil der Wunden vernarbt, Spezialgräser und robuste Sträucher lassen einige der Hänge im Sommer schon wieder richtig grün aussehen. Die verheerenden Überschwemmungen im benachbarten Puschlav haben die Engadiner endgültig wachgerüttelt, selbst in den auf Expansion getrimmten Touristenzentren gibt man sich einsichtig. So besteht berechtigte Hoffnung, daß der Wintersport nicht zum Schicksal der grandiosen Alpenlandschaft wird.

Bevor Johannes Badrutt auf seine historische Wette verfiel, gehörte das Engadin den Bergsteigern und Wanderern. Das hat seinen guten Grund, denn die Wege und Ziele zwischen Maloja und Finstermünz an der Grenze zu Österreich haben fast einen mystischen Klang: Fextal, Muottas Muragl, Rosegtal oder Soglio, vor allem aber die Höhenwege des Bergell. So atemberaubend sind die ständig wechselnden Panoramen, das Spiel von Farbe und Licht, die fließenden Übergänge zwischen Erde und Horizont, daß eine nüchterne Beschreibung praktisch unmöglich ist. »Alles groß, still und hell! Die gesamte Schönheit des Augenblicks in ihrer Offenbarung«, notierte Nietzsche, als er von einer Wanderung ins sonnenüberflutete Fextal zurückkehrte. Das war vor mehr als hundert Jahren, und der Weg – zumindest in der Saison – noch keine ausgetretene Touristenfährte. Die Landschaft des großen Segantini kann sicher nichts dafür, daß die Wanderer in Kniebundhosen und Divisionsstärke anrücken, be-

127 An den Hängen der Corviglia sind nicht nur die Pisten faszinierend, sondern auch der Blick auf St. Moritz und seine Umgebung.

127 Up on top of Corvigilia, the view of St. Moritz and the surrounding countryside are almost as exciting as the ski runs.

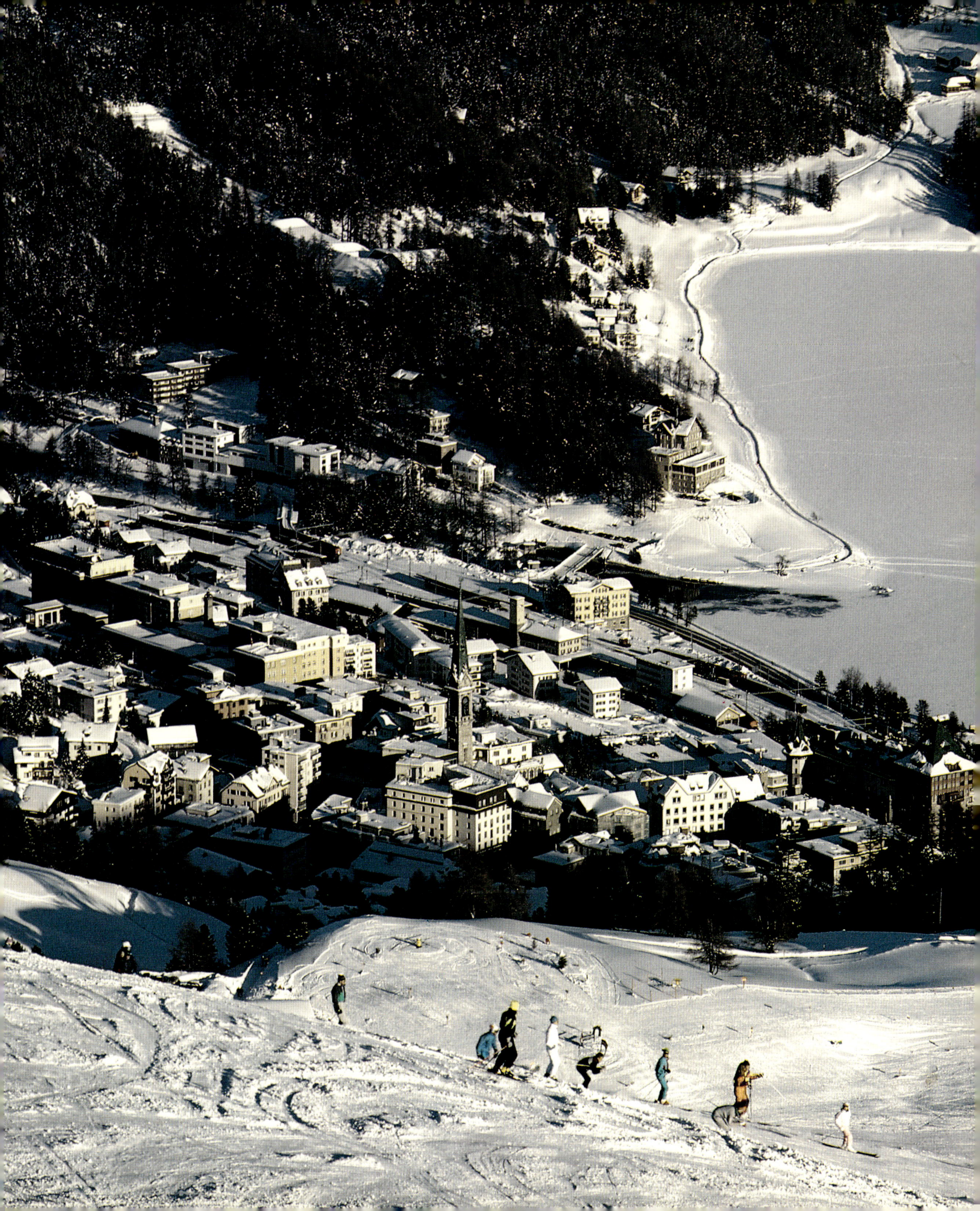

128–130 Nach wie vor steht die gesellschaftliche Höhenlage von St. Moritz zur geographischen in einem gewissen Verhältnis. Ein wenig hat die Exklusivität allerdings gelitten, seit immer mehr Menschen hier ihren Platz an der Sonne suchen.

131–133 Unerschöpflich sind die Ideen der cleveren Fremdenverkehrsmanager, was die Unterhaltung angeht: Trabrennen im Winter auf dem Eis des Moritz-Sees (oben links), Golfturniere im Schnee, Polo- und Galoppmeetings zwischen Weihnachten und Karneval bilden den festen Bestandteil der Engadiner Saison. Zu den härtesten Disziplinen gehört das Skijöring (oben rechts).

128–130 Now as in the past, the society of St. Moritz is just as high as its alps. But its exclusive reputation has gone down a bit since more and more people began searching here for their own place in the sun.

131–133 The PR-people here never run out of clever ideas to entertain the tourists: harness racing on the frozen expanses of St. Moritz Lake (above left), golf tournaments in the snow, polo and horseracing between Christmas and Carnival are regular features of the Engadine winter season. And you should be an expert water skier before trying the winter version, hanging on behind a galopping horse.

131–133

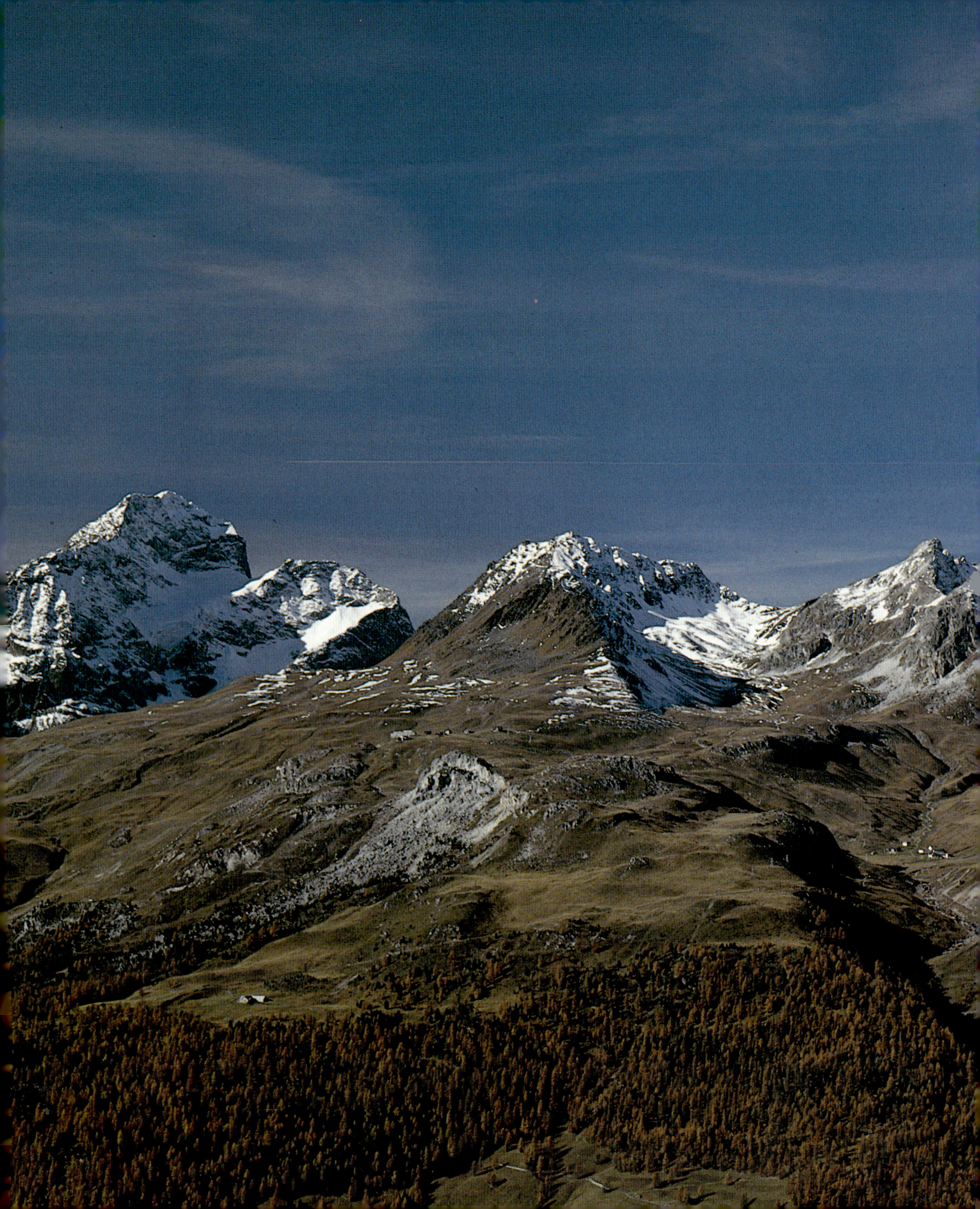

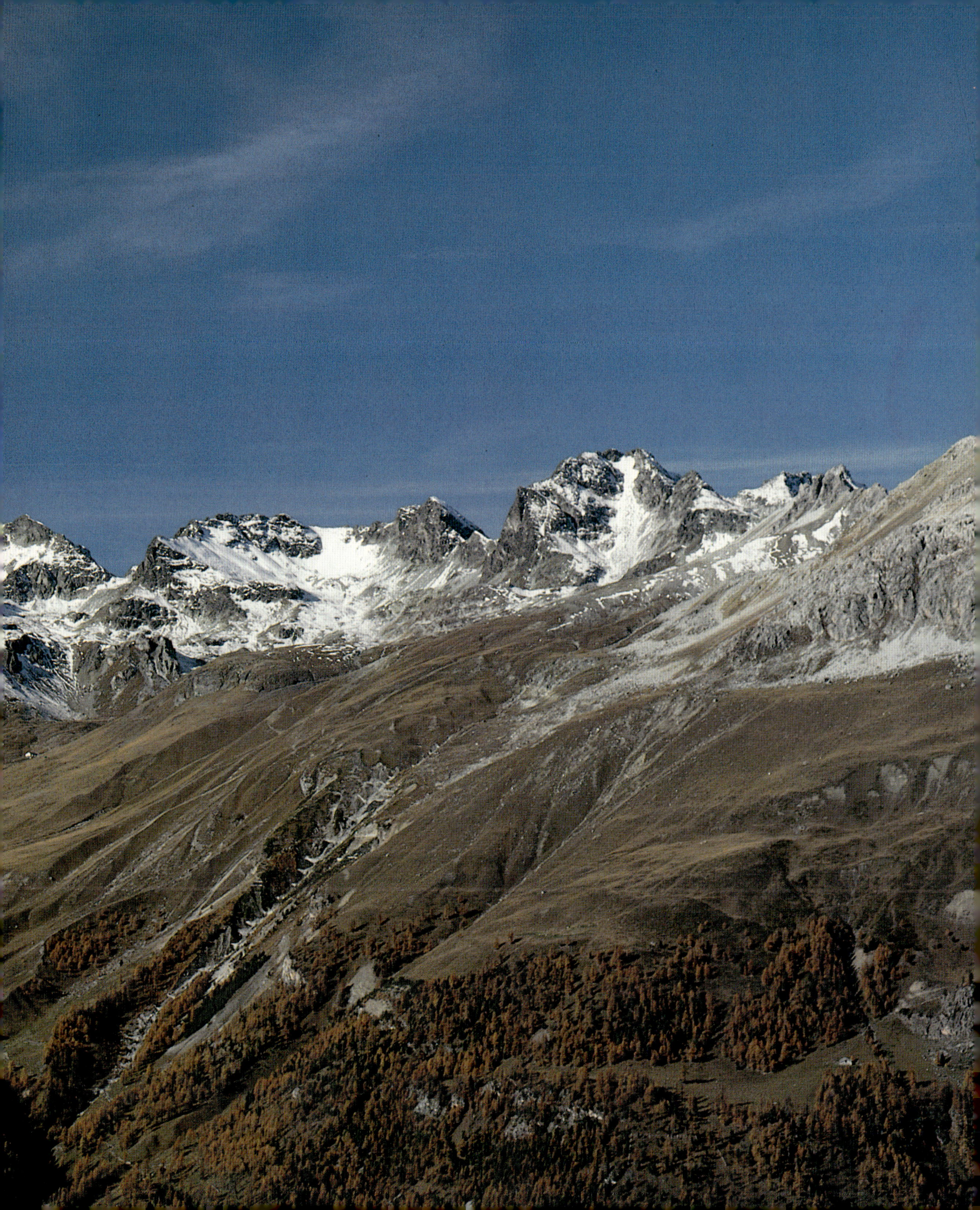

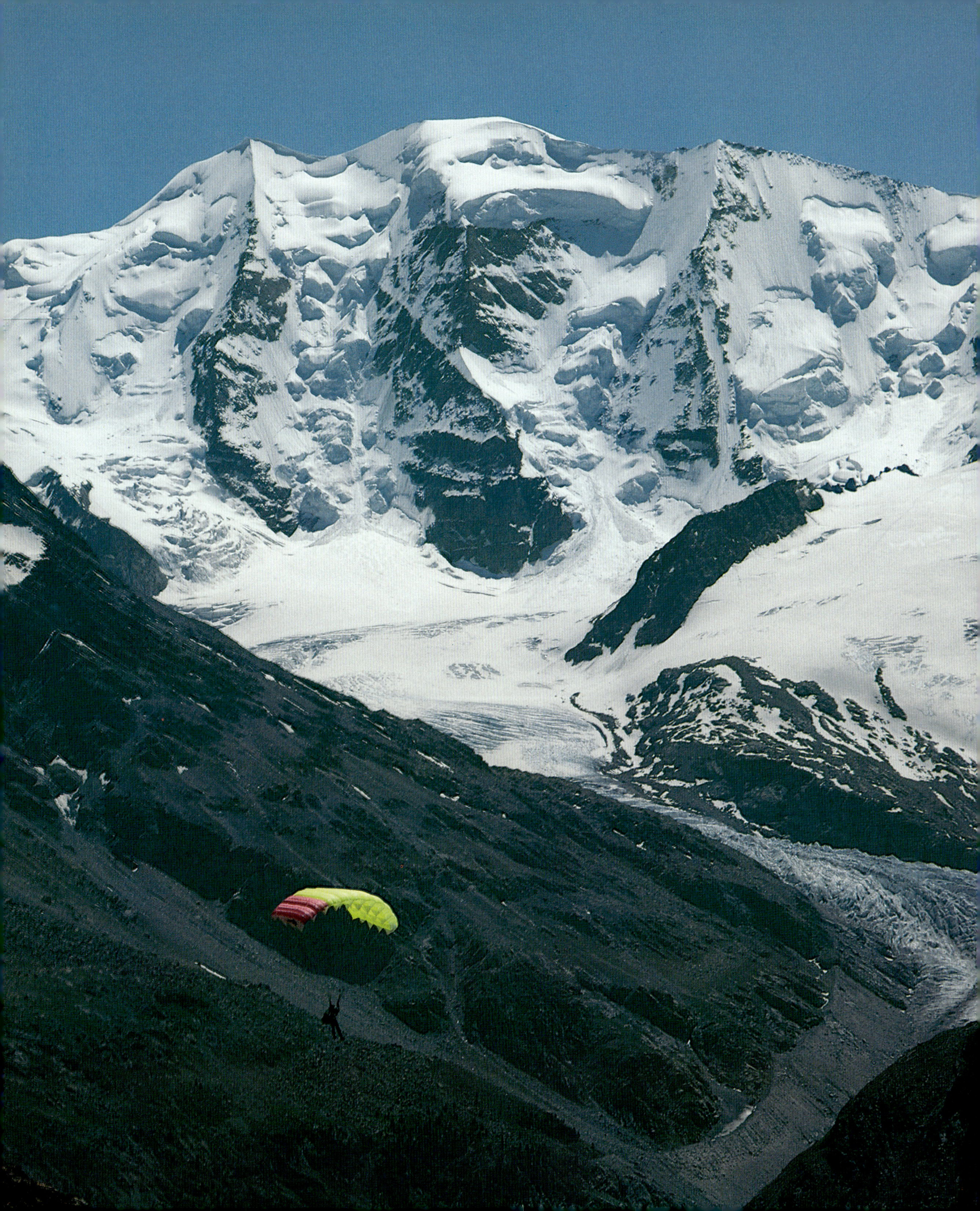

Vorhergehende Abbildung:

134 Faszinierendes Gipfelpanorama im Oberengadin. Rechts die Gruppe um den Piz Padella bei Samedan.

135 Blick auf die drei Zacken des Piz Palü, für Bergsteiger ein Anziehungspunkt im Engadin.

waffnet mit Kartentaschen, Kameras und Ferngläsern. Durch die Schlucht Drög klettern Dutzende austrainierter Mannsbilder. Und die Touristinnen auf dem Höhenweg tragen dünne Sandalen zum Minirock.

Die Kapelle von Fex, mit Fresken im Chor von 1511, mit alter Zwingli-Bibel auf der Kanzel, liegt mauerumfriedet mitten in der Wiese. An der rissigen Wand die Steine und Kreuze der Wanderer, die ihren irdischen Lebensweg längst hinter sich gebracht haben. Hier liegt auch Samuele Giovanoli, Schafhirt und Wilderer, Skilehrer und Engadiner Original, der »Paradiesmaler« aus dem Fextal. Als Kind hat er Segantini malen sehen, als alter Mann hat er Nietzsche porträtiert, mit Sommerjoppe und Spazierstock, wie er unter einer Lärche sitzt und über den See von Silvaplana schaut.

Zu schauen gibt es nun wahrhaftig mehr als genug: Von der Aussichtskanzel Muottas Muragl führt der Weg zur Alp Languard und hinunter nach Pontresina, immer mit Blick nach Südwesten. Am Horizont die Eisgipfel von Bernina, Roseg und Palü, blaßblau am Mittag, später – wenn die Sonne untergeht – in tiefes Rosa getaucht oder aprikosenfarben. Selbst routinierte Bergwanderer halten angesichts dieser Kulisse den Atem an, weitgereiste Fotografen und Globetrotter erleben im Abendlicht des Engadin ihr Damaskus.

Ein Dorado für Bergsteiger und -wanderer

Panorama- und Höhenwege überziehen wie ein Netz die Almen, Grate und Taleinschnitte, streifen das ewige Eis der Gletscher ebenso wie die sommerlichen Blumenteppiche. Die längste Höhenwanderung verläuft im Unterengadin von Lavin nach Vinadi. Das sind gut sechzig Kilometer, die man gemütlich in vier Tagen schaffen kann. Vor allem im Herbst lohnt sich die Tour, wenn die Wälder in Flammen stehen und die Temperaturen nicht mehr so schweißtreibend sind. Das gilt erst recht für den »Panorama-Höhenweg Bergell«, der noch einsamer, auf jeden Fall aber romantischer ist. Lange Zeit geht es von Casaccia, dem höchsten Dorf im Tal, durch kraftvolle Mischwälder bis Durbegia, wo sich plötzlich die Felsgipfel der Scioragruppe ins Blickfeld schieben. Dann wieder Bäume und Felsen, nur selten freie Sicht zum Val Bondasca oder Piz Badile.

Um so überwältigender nach etwa vier Stunden die Sonnenterrasse von Soglio. »Es ist die Schwelle zum Paradies«, sagen die Bewohner bescheiden, an sonnigen Herbsttagen sicher eine maßlose Untertreibung. Ein Dorf wie im Märchen, hoch über Kastanienwäldern gelegen, am Ortsrand der blasse Saum des italienischen Himmels. Mit Gneis hat man Ziegenställe und die Bauernpaläste der Salis gedeckt, dem Campanile der Pfarrkirche eine Mütze vom gleichen Stein übergezogen. Fast unwirklich ist die Harmonie von Brunnen, Gassen und Mauern, der Duft von frischer Milch, gebratenem Speck und gerösteten Kastanien. Vielleicht das schönste Dorf auf dieser Erde, nimmt man alles zusammen.

Es gibt noch einen anderen, kürzeren, aber ebenso reizvollen Weg nach Soglio, von Stampa aus. Erst schlängelt er sich durch Blumenfelder und kleine Gehölze, ohne jede Hast und leidlich bequem. Dann aber steigt der Pfad über Hunderte von Steinstufen durch riesige Kastanienwälder, eine Treppe zum Süden, wenn man so will. Am Ende dann die Wiesen von Soglio, der kleine Friedhof, meckernde Ziegen und im Rücken die Zacken des Badile.

Illustration on previous page:

134 Fascinating panorama of a majestic alpine chain in the Upper Engadine. On the right, the group around Piz Padella near Samedan.

135 View of the three jagged peeks of Piz Palü, an attraction for climbers in the Engadine.

Den kann man, wie sechzig andere Giganten im Kletterparadies Bergell, natürlich auch mit Seil und Pickel erobern. Die Nordostwand ist so steil, daß praktisch kein Eis an ihr haftet. Das macht den Aufstieg nicht eben leichter, dient aber offensichtlich dem Nimbus ihrer Bezwinger. Die Geschichte der Erstbesteigung gehört zu den alpinen Legenden wie Whympers Sturm aufs Matterhorn, ein Pyrrhussieg war es allemal. Fünf Italiener gingen im Juli 1937 in die Wand, eine Riesenmauer aus kompakten, fast senkrecht gestellten Granitplatten. Die Kletterei dauerte drei Tage, dann schlug das Wetter um, und den Gipfel erlebten die Wagemutigen im Schneesturm. Beim Abstieg über die leichtere Südseite starb Molteni an Erschöpfung, die vier anderen schlugen sich bei eisigem Nordostwind nach unten durch, aber nur drei von ihnen erreichten die rettende Gianetti-Hütte. Valsecchi, den eine schwere Erkältung quälte, erlag wenige Meter vor dem Ziel den mörderischen Strapazen.

Mehr Glück hatte der legendäre Hermann Buhl bei seinem Alleingang durch die Badile-Nordostwand. Das Wetter blieb konstant und nach weniger als sechs Stunden stand Buhl auf dem wolkenlosen Gipfel. Weil er am nächsten Morgen pünktlich an seinem Arbeitsplatz sein wollte, schwang sich der Tiroler nach dem Abstieg aufs Fahrrad in Richtung Innsbruck. Glaubt man seinen Memoiren, dann schlief er unterwegs im Sattel ein und erwachte erst durch einen Sturz ins kalte Wasser des Inn. Sage einer noch, Bergsteigen sei gefährlicher als Radfahren.

Aber Spaß beiseite: Im gesamten Alpenraum gibt es nicht so viele Touren mit höchstem Schwierigkeitsgrad wie zwischen Fornogletscher und Val Bondasca. Man muß sich nur die bizarren Granitnadeln ansehen, die messerscharfen Kanten und Türme zwischen geborstenem Eis. Das mag ein Grund dafür sein, daß die majestätischen Riesen erst relativ spät von Bergsteigern entdeckt wurden. Hinzu kommen die langen Anmarschwege aus dem Tal und die Abgeschiedenheit des Bergell, das eigentlich immer im Schatten des benachbarten Oberengadin lag. So sind die Kletterberge der Sciora- und Bondascagruppe lange nicht so überlaufen wie Matterhorn, Eiger oder Piz Palü.

Seit dem Bau der Großkabinen-Seilbahn zur Diavolezza (2973 m) gehören die Gipfel der Berninagruppe zu den ausgesprochenen Modebergen des Engadin. Allen voran der Piz Palü (3905 m), mit seinen drei schlanken Nordpfeilern ein alpiner Klassiker von atemberaubender Schönheit. Der faszinierende Eindruck wird noch durch die mächtigen Gletscherströme verstärkt, die zwischen den drei Rippen herabstürzen. Von der Diavolezza-Station lassen sich die Zerklüftungen, Steilabfälle und Brüche messerscharf erkennen, mal blendend weiß, mal blau in allen Farbnuancen.

Die Ostspitze ist für geübte Kletterer relativ leicht zu ersteigen, wobei der Weg zum Gipfel nicht unbedingt am Kassenhäuschen der Seilbahn vorbeiführen muß. Man spart zwar zwei bis drei Stunden, bringt sich aber um einen sanften Anstieg vor grandioser Kulisse. Die schwierigste Route geht über den Mittelpfeiler, den Hans Bumiller 1887 mit zwei Bergführern aus Pontresina erstmals durchstieg. Zwölf Jahre später erreichten Moritz von Kuffner, Martin Schocher und Alexander Burgener den Ostgipfel des Piz Palü über den östlichen Nordwandpfeiler. Historie, gewiß. Aber unter Bergsteigern unserer Generation gilt die Bewältigung des Bumiller-Grats ohne technische Hilfsmittel noch immer als überragende Leistung.

In der Frühzeit des Alpinismus gab es weder Hütten noch Biwakschachteln, mit deren Hilfe die Touren auf zwei Tage hätten verteilt werden können. Ein Aufbruch um Mitternacht garantierte selbst im Hochsommer noch lange nicht die Rückkehr im letzten Tageslicht. Schlug das Wetter um, war die Seilschaft meist verloren. Geradezu lächerlich mutet uns heute die Ausrüstung der tollkühnen Kletterer an: Sie besaßen keine Eispickel, halfen sich mit grünen Schleiern gegen die Sonne auf den Eisfeldern und ihre derben Schuhe hielten keinen Vergleich zu den heutigen aus. Für den Aufstieg zum Piz Bernina benötigte Johann Coaz, der alpine Superstar des 19. Jahrhunderts, ganze zwölf Stunden, den Gipfel erreichte er immerhin gegen 18 Uhr abends. Dann begann der Abstieg in der Dunkelheit, acht gefährliche Stunden im diffusen Mondlicht, über tückisches Eis und fast senkrecht abfallende Wände.

Im selben Jahr, also 1850, wurde in Pontresina Martin Schocher geboren, vielleicht der erfolgreichste Bergsteiger seiner Zeit. Den gefürchteten Piz Palü bestieg er 130-, den Bernina

136 Blick von der Fuorcla Surlej auf den Bernina-Hauptkamm. Im Vordergrund rundgeschliffene Felsen, die der Gletscher bei seinem Rückzug freigegeben hat.

Folgende Abbildung:
137 »Alles groß, still und hell«, notierte Friedrich Nietzsche nach einer Wanderung von Sils ins Fextal. »Die gesamte Schönheit des Augenblicks in ihrer Offenbarung.« Der weite Talgrund ist im Sommer ein beliebtes und stark frequentiertes Wandergebiet.

136 View from Fuorcla Surlej toward the main ridge of the Bernina: In the foreground are cliffs ground down smooth by the retreating glacier.

Following illustration:
137 "Everything is immense, radiant and still", noted Friedrich Nietzsche after a hike from Sils into Val Fex. "The entire beauty of the moment stands revealed". This broad valley attracts as many hikers in summer as it does skiers in winter.

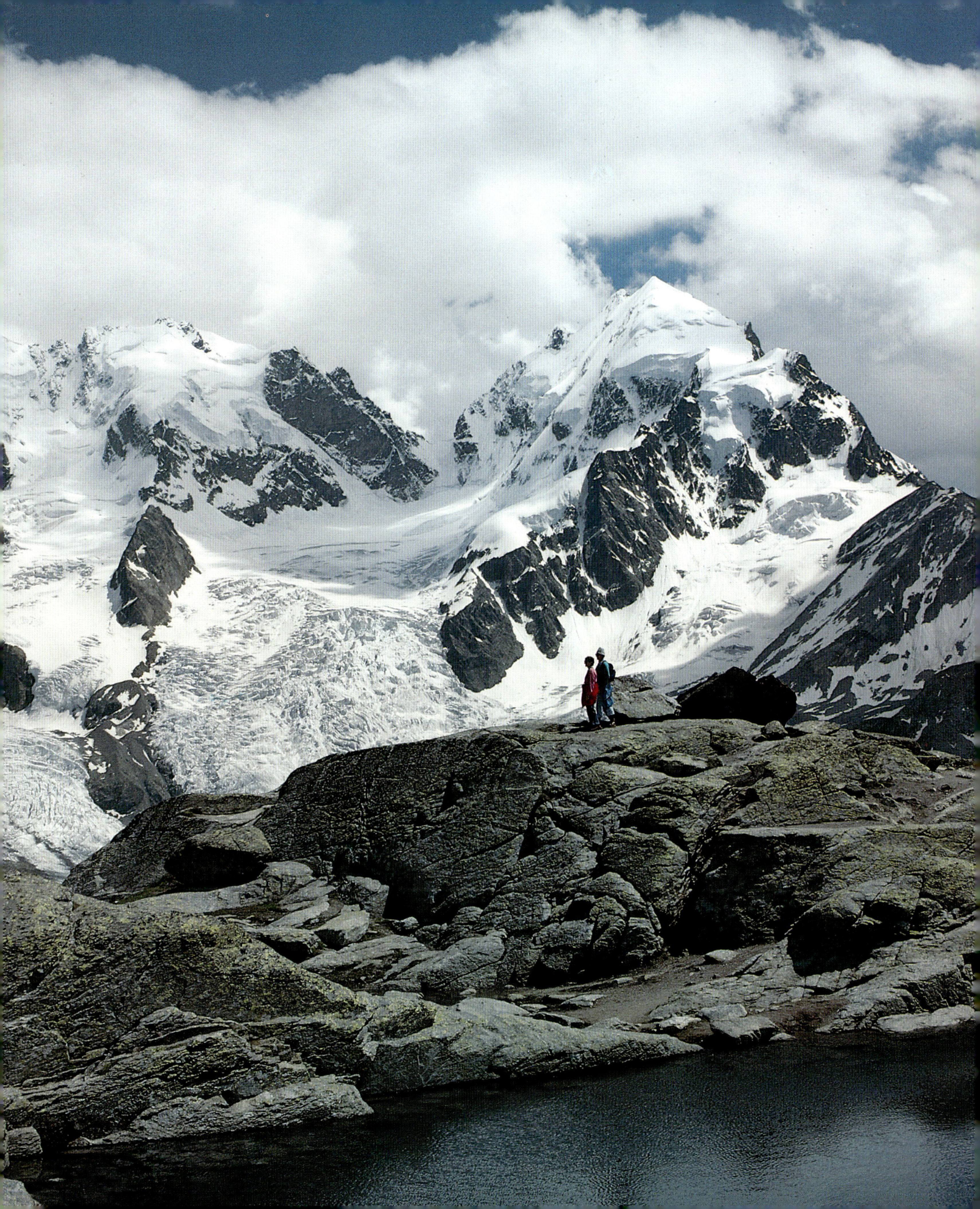

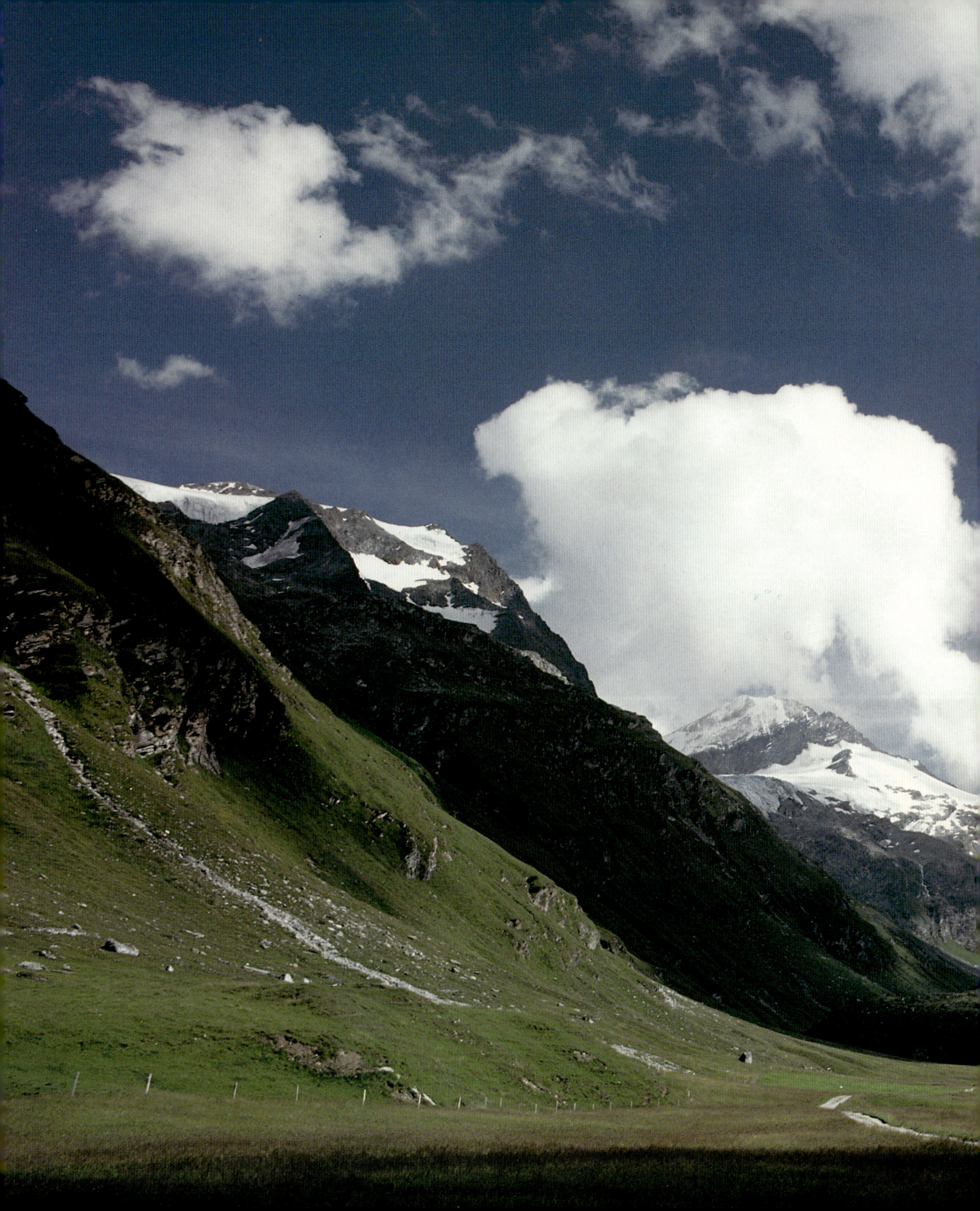

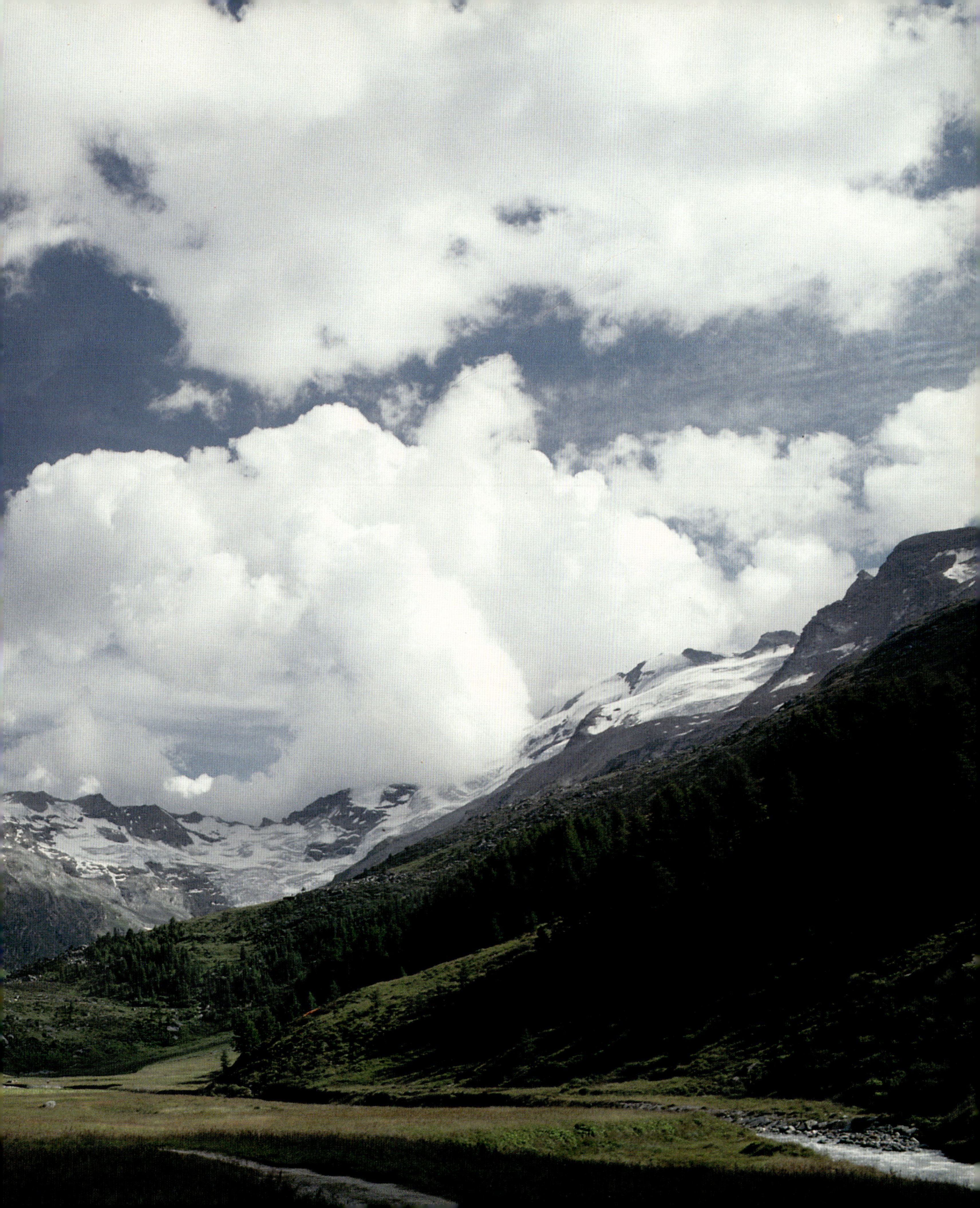

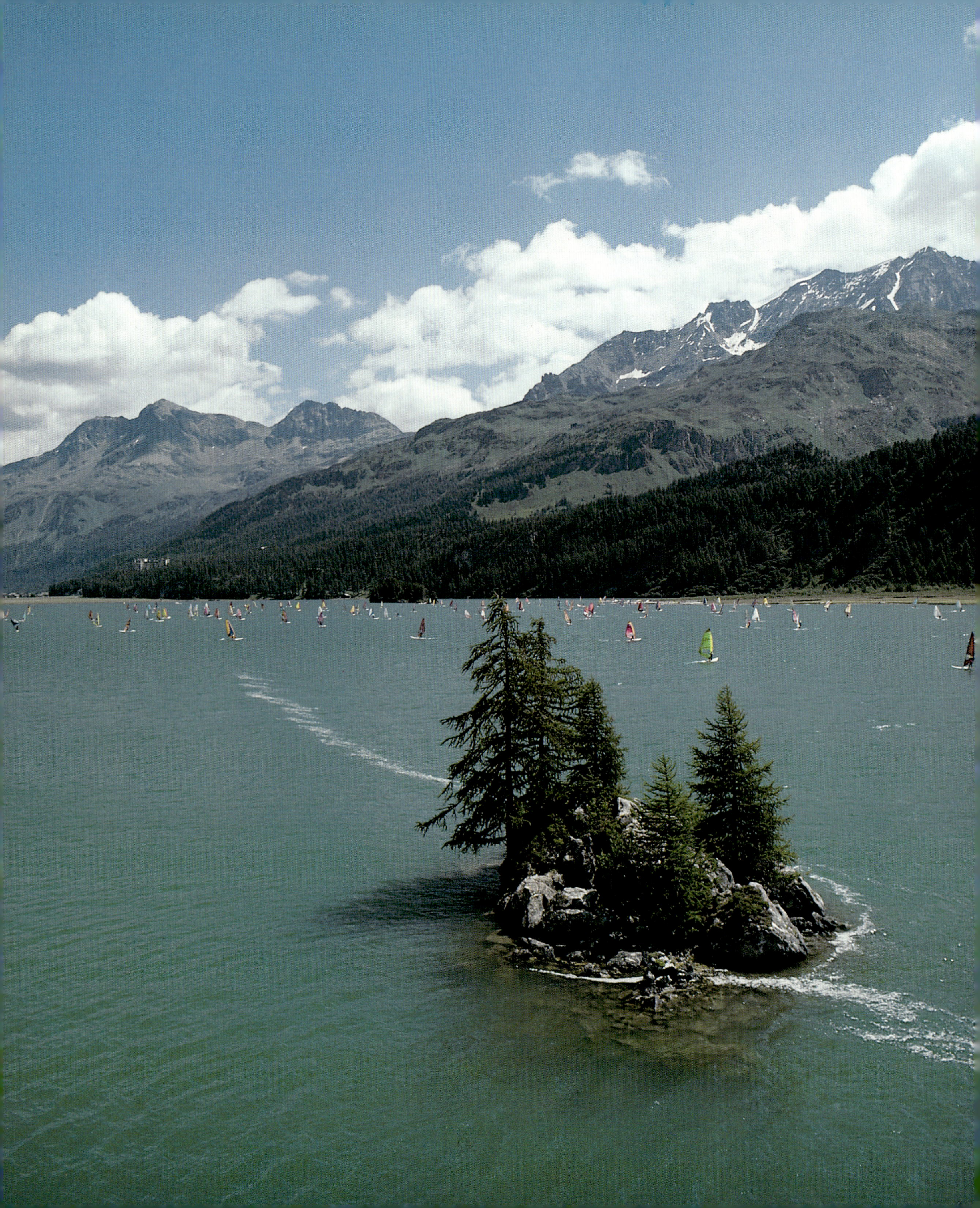

138 Das beliebteste Paradies der Segler und Surfer ist der Silser See. Wenn gegen Mittag der Maloja-Wind von Südwesten auffrischt, blähen sich unzählige Segel zu einer farbigen Symphonie aus Wasser, Himmel und markanten Gipfeln.

gar 234mal, meist mit deutschen Professoren oder englischen Offizieren am Seil. Sein schärfster Konkurrent, Christian Klucker aus dem Fextal, bezwang in seinem langen Leben als Bergführer rund 3000 Gipfel, davon mehr als fünfzig Erstbesteigungen oder Erstbegehungen. Nur am Biancograt oder Crast'Alva, wie er von den Engadinern genannt wird, kam Klucker zu spät. Die Erstbegehung gelang 1876 einer internationalen Gruppe unter dem Franzosen Henry Cordier, der schon als Zwölfjähriger davon geträumt hatte, über die »Himmelsleiter« zu klettern. Der Grat verbindet von Nord nach Süd den Morteratsch- mit dem Tschiervagletscher und gehört bis heute zu den Traumzielen der Gipfelstürmer aus aller Welt.

Cordier, der Engländer Thomas Middlemore und die beiden Bergführer Johann Jaun und Caspar Maurer aus Meiringen erreichten den Gipfel des Piz Bianco gegen Mittag, fast trunken von der flimmernden Schönheit. Weil der Crast'Alva zwischen zwei Abgründen steil emporsteigt, liegt eine Seite immer in tiefem Schatten, die andere unter gleißender Sonne. Vielleicht hatten sie wirklich Angst, vielleicht täuschte sie auch nur der dunkle Felsgrat in der Berninascharte: Cordier und seine Kameraden beendeten an diesem 12. August 1876 nach wenigen Metern ihren Versuch, auch den Piz Bernina über den Grat zu besteigen. Sie hielten die Passage für absolut unbegehbar und kehrten um.

Tatsächlich stellt das letzte Stück höhere Anforderungen als der gesamte Eisgrat, mag dieser vom Flugzeug aus auch noch so spektakulär aussehen. Meist sind die Felsen in der Scharte mit tückischem Schnee bedeckt, und das Risiko erscheint unkalkulierbar. Einem Berliner Professor blieb es vorbehalten, den Piz Bernina erstmals auf dieser Route zu bezwingen. Mit den Bergführern Hans Grass und Johann Groß aus Pontresina wagte Paul Güßfeldt das angeblich Unmögliche, nur zwei Jahre nach Cordiers fehlgeschlagenem Versuch. Hinterher war der Professor unendlich erleichtert und der festen Überzeugung, daß kein Mensch ihm je folgen könne. Doch nachdem einmal der Nimbus der Unbezwingbarkeit zerstört war, versuchten sich immer mehr Bergsteiger mit Erfolg am Biancograt, die Tour geriet zur alpinen Pflichtübung. Heute winden sich an warmen Sommertagen ganze Karawanen über den glitzernden Firn, mutig zwar immer noch, aber ihrer Sache doch ziemlich sicher.

Komplettiert wird das Kletter-Dorado durch die Eispanzer des Roseg (3937 m) und Zupo (3996 m). Schon 1863 stand der Gamsjäger Badrutt ersmals auf dem zweithöchsten Bernina-Gipfel, zwei Jahre später meldeten die Engländer A. W. Moore und Horace Walker ihren Sieg über den Piz Roseg mit seinen gewaltigen Wänden. Drei Seilschaften hatten zuvor vergeblich versucht, von der 3920 Meter hohen Schneekuppe auf den dahinter liegenden Hauptgipfel zu gelangen. Lächerliche 17 Höhenmeter erwiesen sich lange als unbezwingbar, bis die Briten den Schweizer Superstar Jacob Anderegg als Führer anheuerten. Der fand eine handbreite Passage im Firn und nach wenigen Stunden wehte der Union Jack auf dem Dach des Engadin. Das liest sich heute vergleichsweise harmlos, wenn gleichzeitig ein Dutzend Achttausender im Himalaya ohne Sauerstoffmaske gestürmt werden. Aber ohne die tollkühnen Pioniere des frühen Alpinismus wäre ein Reinhold Messner kaum denkbar.

Manchmal ziehen bunte Segel lautlos durch den ewigen Schnee. Dann ist Sommer im Oberengadin und die Gipfel des Piz da la Margna oder Corvatsch spiegeln sich im Smaragdgrün der Seen. Ein Hauch von Kalifornien umgibt das Surfercamp in Silvaplana, wo die großen Regatten gestartet werden. Längst gehört das Plateau zwischen Maloja und St. Moritz zu den beliebtesten Revieren Europas, knattern Hunderte von knallbunten Spinnakern im Wind. Der fällt regelmäßig um die Mittagszeit von Westen ein und peitscht das Wasser unbarmherzig, zur Freude der Surfer, denen es nicht wild genug zugehen kann. Kein Wunder, daß der Engadin-Marathon auf dem Silser See als Klassiker im internationalen Surfsport gilt, zumal weder Sylt noch Hawaii über eine ähnlich grandiose Kulisse verfügen. Nur die Wassertemperaturen könnten höher sein. Aber das wäre am Fuß der Gletscher wohl etwas viel verlangt.

138 Lake Sils is a paradise for sailing and windsurfing. When the Maloja wind blows from the southwest at noon, hundreds of sails billow out to create a symphony of color to contrast with water, sky and thrusting peaks.

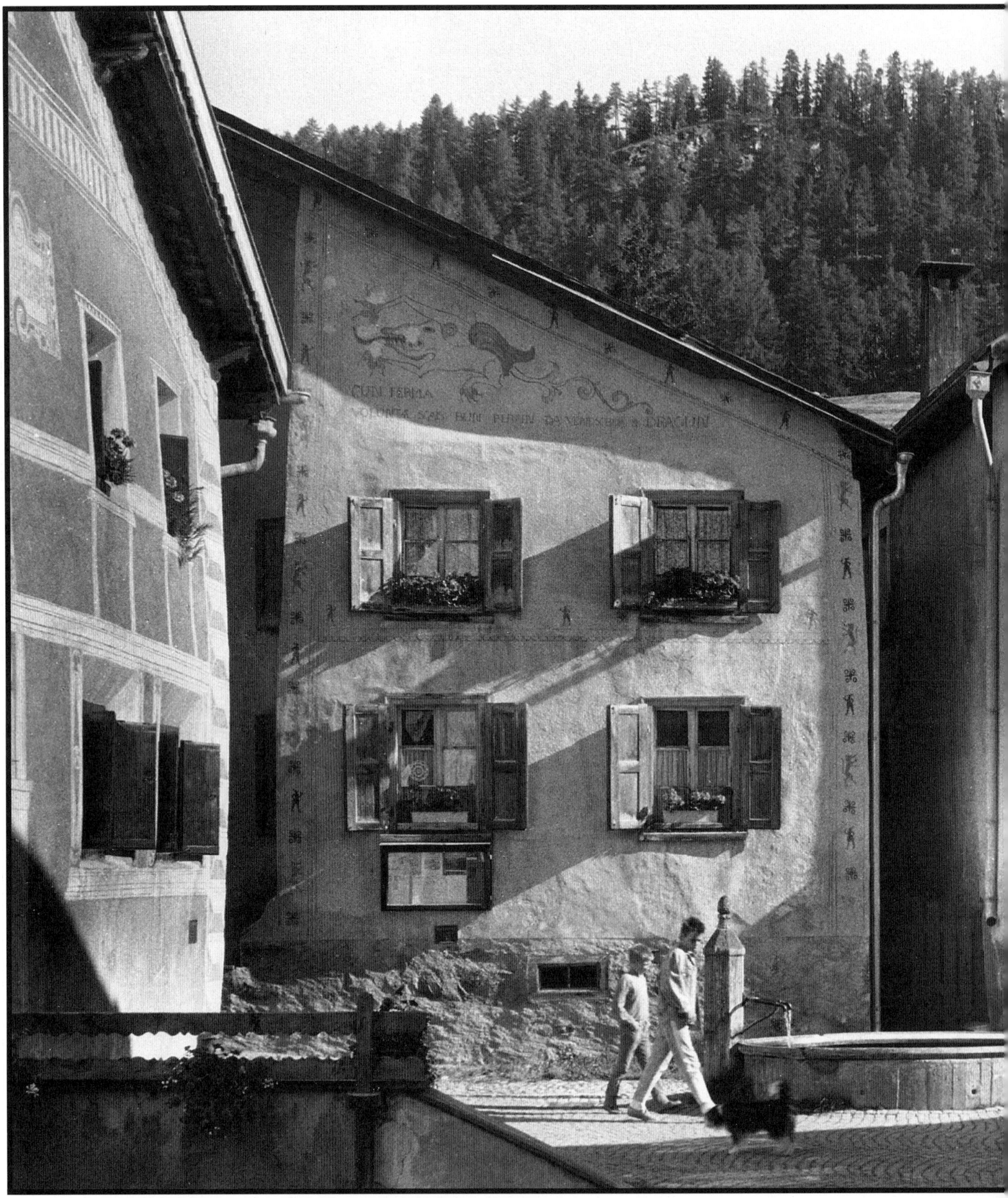
CUN FERMA

Das Engadin heute

Technik und Wirtschaft

Der beispiellose wirtschaftliche Aufschwung der Schweiz nach dem letzten Krieg verlief im Engadin noch stürmischer als in anderen Kantonen. Vor allem der Raum um St. Moritz erlebte einen Boom, dessen Höhepunkt zwar überschritten, dessen Ende jedoch noch lange nicht absehbar ist. Große Hotels, Ferienwohnungen, Seilbahnen und Sportanlagen veränderten die Landschaft innerhalb weniger Jahre mehr, als alle Bemühungen und Investitionen seit der Jahrhundertwende. Inzwischen beginnen sich – gottlob – Sättigungsgrenzen abzuzeichnen, weil der Verkauf von Häusern und Wohnungen an Ausländer erschwert und von vielen Gemeinden ganz gestoppt worden ist. Der Trend geht im übrigen zum qualitativ besseren Tourismus, man will also im Hochtal des Inn nicht noch mehr Seilbahnen, Skilifte und Parkplätze, noch größere Kläranlagen und Müllhalden, sondern optimale Auslastung der vorhandenen Einrichtungen.

Früher lebte das Engadin fast ausschließlich von der Landwirschaft. Die Bauern nutzten den oft kargen Boden vom Talgrund über die Maiensäße (Almen) bis hinauf an den Rand der hochalpinen Zone. Die Wälder lieferten Bauholz und das Brennmaterial für die langen Winter. Außer der Landwirtschaft brachte nur der Paßverkehr Verdienst für Fuhrleute, Händler und Gastwirte, andere Erwerbsmöglichkeiten gab es praktisch nicht. Viele Bewohner mußten folglich auswandern, weil das Land sie nicht mehr ernähren konnte. Chroniken künden von Bündner Söldnern in fremden Heeren, von erfolgreichen Kaufleuten und Zuckerbäckern in Venedig, St. Petersburg oder Dresden, von Tausenden, die irgendwo zwischen San Francisco und Sydney ihr Glück suchten.

Heute muß niemand mehr auswandern. Im Gegenteil, der riesige Aufschwung des Fremdenverkehrs lockt allein im Winter mehr als achttausend fremde Arbeitskräfte ins Engadin, vor allem für die »niedrigen« Beschäftigungen in der Hotellerie. Direkt oder indirekt leben zwei Drittel der Bewohner vom Tourismus, der mit seinen Köchen, Skilehrern, Kurdirektoren, Bankbeamten, Seilbahnkontrolleuren, Hubschrauberpiloten oder Diskjockeys weit mehr als die Hälfte des Bruttosozialprodukts erwirtschaftet.

Daneben fällt die Holzindustrie kaum ins Gewicht. Noch in den siebziger Jahren war der klassische Baustoff eine wichtige Einnahmequelle vieler Engadiner Gemeinden. Heute ist, bedingt durch den Noteinschlag in den erkrankten Wäldern Europas, zuviel Holz auf dem Markt. Die Preise brachen zusammen.

Auch die Zeiten der ungebremsten Expansion in der Bauwirtschaft scheinen vorbei zu sein. Nachdem beispielsweise Celerina durch den Verkauf von zwei Dritteln seiner neuen Wohnungen stark an einen Mailänder Vorort erinnerte, wurde auch dem geschäftstüchtigsten Engadiner klar, daß die Region drauf und dran war, ihr kostbares Kapital zu verschleudern. Nur eine intakte, einzigartige Natur hatte den Boom überhaupt möglich gemacht. Jetzt erweist sich jede neue Feriensiedlung, jede Umgehungsstraße, Kläranlage oder Seilbahn als irreparabler Eingriff in die bedrohte Landschaft. Großprojekte sind daher kaum noch durchsetzbar, sowohl Einheimische als auch Gäste befürchten gravierende Veränderungen der Landschaft und Dorfsilhouetten. Schließlich hat auch der überraschend schlechte Zustand der Gebirgswälder die Naturschützer alarmiert: Mehr Straßen, mehr Ferienhäuser, mehr Bergbahnen bedeuten zwangsläufig eine höhere Belastung des ohnehin empfindlichen alpinen Ökosystems.

Die Rhätische Bahn

Vorbei sind die Zeiten, als die Überwindung der Natur durch technische Glanztaten unkritisch gefeiert werden konnte. Allein für die Albula-Linie der Rhätischen Bahn entstanden 38

Vorhergehende Abbildung:
139 Behäbig rücken die Quader der Engadiner Bauernhäuser um den Brunnen zusammen. Besonders schön ist das Licht am frühen Nachmittag, wenn die Giebel und Fensterläden scharfe Schatten werfen.

140 Zuoz zählt zu den schönsten Dörfern des Engadin. Die Familie Planta hat mit ihren Palazzi das Ortsbild nachhaltig geprägt, auch wenn von den acht Herrentürmen nur noch zwei übriggeblieben sind. Charakteristisch sind die Schießscharten-Fenster mit dem üppigen Geranienschmuck im Gegensatz zur neuzeitlichen Technik des Traktors.

Illustration on previous page:
139 Massive stone houses cluster amicably around the wells in Engadine towns. The chiaroscuro is especially lovely just before noon, when gables and windowsills cast sharply diagonal shadows.

140 Zuoz is considered one of the most beautiful towns in the Engadine. The Planta family made a permanent mark on the village scene with their princely residences, even if only two of the eight imposing towers remain today. The embrasured windows with their luxuriant geraniums are a familiar sight in contrast to the modern technique of the tractor.

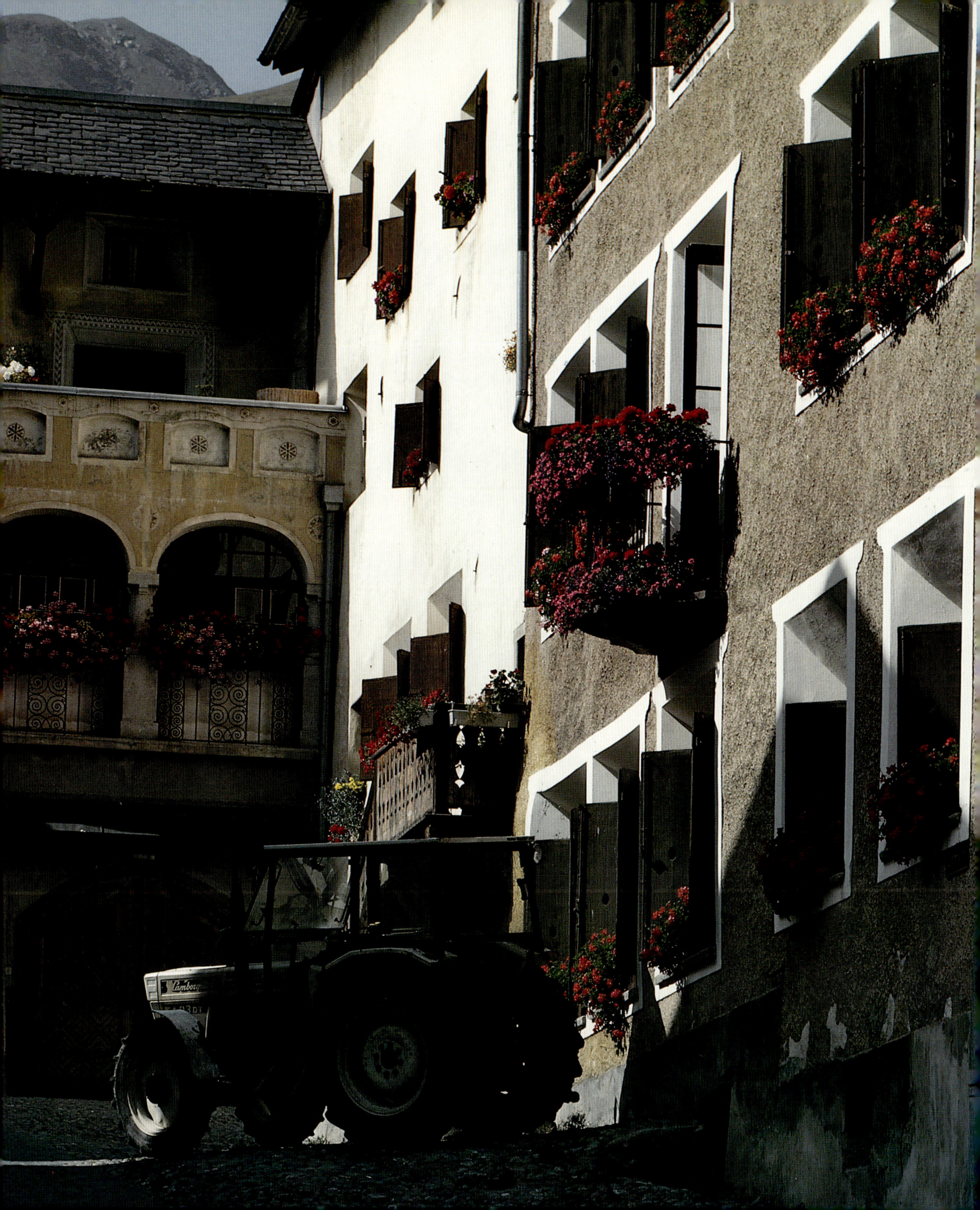

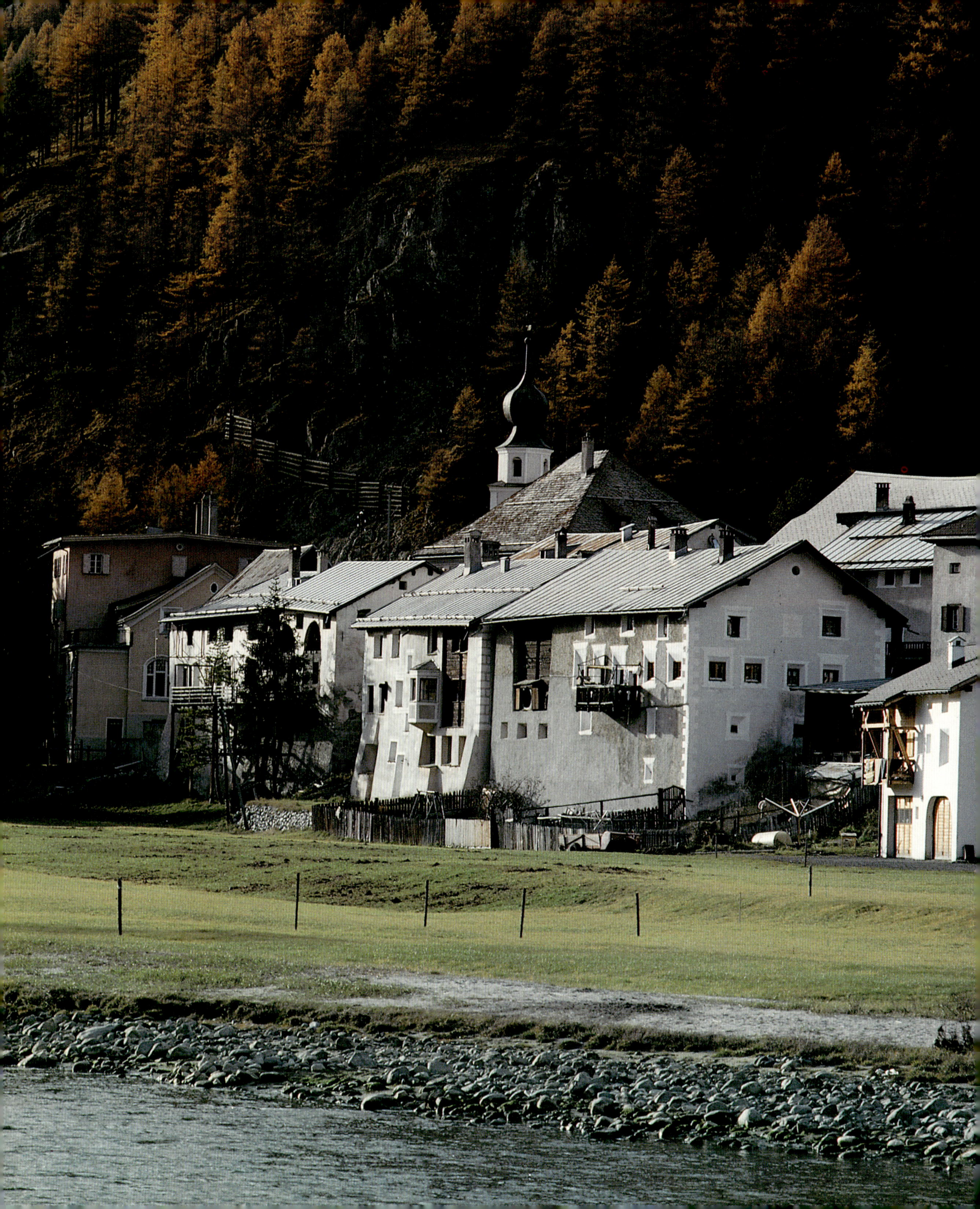

141 Unterhalb der Burgruine Guardaval liegt das Dörfchen Madulain bei Zuoz. Dichtgedrängt kauern die Bauernhäuser um ihre Kirche, die – wie viele andere – einst dem Bischof von Chur gehörte.

142 Die steingedeckten Häuschen gehören zum Weiler Grevasalvas. Nur im Sommer kommen die Bauern aus dem nahen Bergell hinauf, um ihre Kühe auf die saftigen Almen zu bringen.

143 Bauernhaus in Cinuos-chel an der Straße von Zuoz nach Zernez. Der überhängende Ofen gehört zum wichtigen Bestandteil des Hauses.

141 Below the ruins of Guardaval Castle lies the hamlet of Madulain near Zuoz. Its houses nestle close around the church, which once belonged to the Bishop of Chur – like many others of its kind.

142 These shale-roofed houses can be found in the hamlet of Grevasalvas. Farmers come up from Bergell in early summer to pasture their cows here on the juicy grass of alpine meadows.

143 Farmhouse in Cinuos-chel on the road from Zuoz to Zernez. The overhanging oven is characteristic of these parts and a central feature of almost every home.

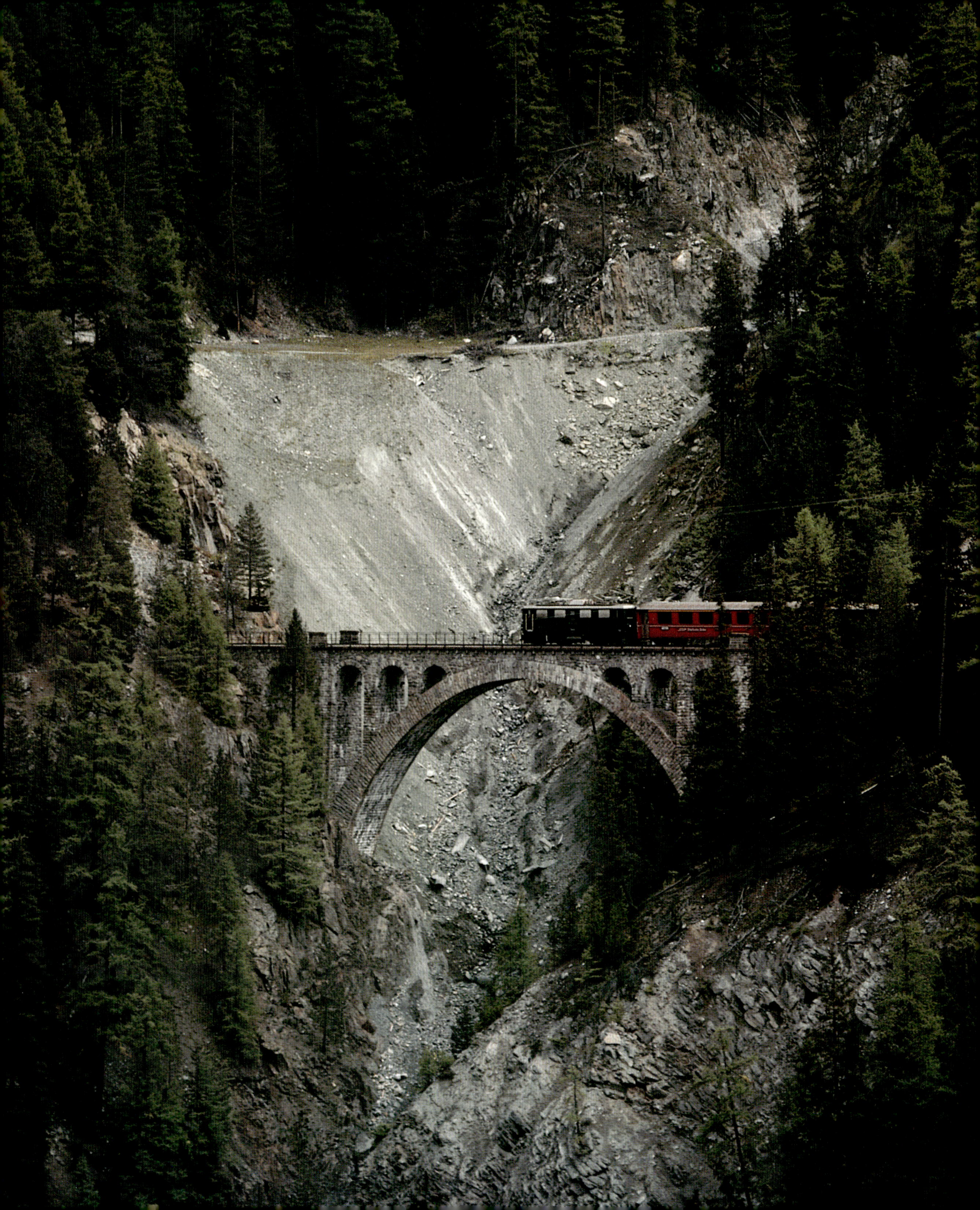

144 Eine Fahrt mit der Rhätischen Bahn, die 1889 zum ersten Mal startete, sollte sich kein Engadin-Urlauber entgehen lassen. Rund 400 Streckenkilometer umfaßt das Netz, jeder achte Kilometer verläuft über eine Brücke oder durch einen Tunnel, dem Fahrgast eröffnen sich immer wieder spektakuläre und überraschende Ausblicke.

Tunnels und Viadukte, dazu Dutzende von Kunstbauten, um sie wintersicher zu machen. Bis 1903 endete nämlich das Schweizer Schienennetz in Chur, die alpenüberquerenden Eisenbahnstränge führten am Engadin vorbei. Wäre da nicht ein holländischer Kurdirektor in Davos gewesen, wer weiß, wie lange die Bündner noch auf den ersten Spatenstich hätten warten müssen. Jan Willem Holsboer fürchtete zu Recht »starke wirtschaftliche Rückschläge im Bergland«, wenn Graubünden und das Engadin weiter vom modernsten Verkehrsmittel abgeschnitten blieben.

Von Chur bis St. Moritz benötigte damals selbst die Express-Kutsche zwölf bis dreizehn Stunden, durch die Konkurrenz der Gotthard-Bahn war der Verkehr über die Pässe Graubündens bereits drastisch zurückgegangen. Aber mehrere Kostenvoranschläge für den Bahnbau zeigten vor allem eines: Die Millioneninvestitionen würden sich nie wieder einfahren lassen, zudem die finanziellen Möglichkeiten der Gemeinden und kantonalen Behörden bei weitem übersteigen. Aber Holsboer ließ nicht locker. Er gewann Baseler Geschäftsfreunde und Banken wenigstens für das Projekt einer Schmalspurbahn (1000 Millimeter Spurweite), zunächst von Landquart nach Klosters und anschließend bis Davos. Im Juli 1898 begannen endlich die Bauarbeiten am Albula, für dessen Durchstich man fast 5000 Arbeiter rekrutierte und die modernste Druckwasserbohrmaschine angeschafft hatte. Die Bohrung trieb den Tunnelschlund monatlich um etwa hundert Meter voran, wenn nicht gerade eine Quelle angebohrt oder die Baustelle durch Sprengtrümmer verschüttet wurde. Siebzehn Arbeiter kamen am Albula ums Leben, ein schlichter Gedenkstein am Bahnhof Preda erinnert an die unglücklichen Opfer.

Der Durchstich in 1823 Metern Höhe erfolgte am 29. Mai 1902 von der Nordseite aus, »die Fahrt ins Land der Zukunftshoffnungen«, wie der »Freie Rhätier« etwas schwülstig aber doch nicht zu Unrecht schrieb, konnte beginnen. Im Val Bever, dem letzten Teilstück bis Samedan, kamen die Eisenbahnbauer dann schnell voran. Sie verlegten die Gleise auf einem Damm, den sie aus dem Abbruchmaterial des Tunnels aufgeschüttet hatten. Zur feierlichen Einweihung am 27. Juni 1903 läuteten alle Glocken im Tal, ein Zug mit festlich gekleideten Ehrengästen fuhr schnaufend von Chur nach Samedan, das Abenteuer fürs Auge hatte begonnen und dauert bis heute an.

Noch heute, fast hundert Jahre nach Baubeginn, bewundern Fachleute die Leistungen der Ingenieure und Arbeiter. Noch größer ist allerdings das Staunen der Reisenden: Sanfte Aufstiege durch Lärchenwälder wechseln mit spektakulären Passagen über filigran wirkende Galerien. Mal stürzen Wasserfälle neben dem Abteilfenster über Felsnasen, mal gurgelt tief unten Wildwasser über massiges Geröll. In engen Kurven sieht man hoch oben auf der nächsten Rampe die Spitze des Zugs, bevor die rot oder hellbraun lackierten Wagen im nächsten Tunnel verschwinden.

Den aufregendsten Streckenabschnitt kann man bestenfalls spüren, weil die Gleise im Zuondratunnel wie eine Spirale übereinanderliegen. Doppelschleifen und Windungen lassen die Fahrgäste jede Orientierung verlieren, manche glauben sich beim Blick aus dem Fenster schon wieder auf dem Rückweg. Waren Piz Freglas oder der Gipfel des Kesch eben noch links, so sind sie wenig später rechts zu sehen, weil die Viadukte den Albulafluß viermal in verschiedener Richtung kreuzen.

Mit fast 400 Streckenkilometern über Felsgestein und Brücken erschließt die Rhätische Bahn alle wichtigen Täler Graubündens: das Engadin, das Puschlav, das Prättigau, Davos, Arosa und das Bündner Oberland. 118 Tunnel und Galerien muß sie auf ihrer Gesamtstrecke durchfahren, 499 Brücken mit einer Gesamtlänge von 12 Kilometern überwinden. 1910 fuhren die Züge erstmals auf der Bernina-Linie von St. Moritz über Pontresina und Poschiavo nach Tirano, der einzigen schweizerischen Verbindung, die ohne Tunnels über die Alpen

144 A ride on the "Rhätische Bahn", a narrow-gauge railway dating back to 1889, is a must for any visitor to the Engadine. With a network of about 250 miles of track, every five miles or so it chugs over a bridge or through a tunnel, opening up more and more spectacular and surprising vistas to its passengers.

führt. Von der Paßhöhe (2257 m) ins italienische Tirano überwindet die Bahn in zehn Schleifen einen Höhenunterschied von 1828 Metern, rattert – wenn man so will – aus Eis und Schnee direkt in die Weinberge.

Ein Blick in die Zukunft

Die »Fahrt ins Land der Zukunftshoffnungen« findet allerdings heute kaum noch im Eisenbahnwaggon statt, trotz Autoreisezug und rotlackierten Panoramacoupés. Die Mehrzahl der knapp 700 000 Besucher reist mit dem eigenen Pkw in die Feriendörfer des Engadin, davon knapp eine halbe Million in die Region St. Moritz. Allein die Einnahmen aus dem Wintertourismus belaufen sich auf gut 400 Millionen Schweizer Franken, Tendenz steigend. Und die Bergbahnen kassieren in der Saison mehr als zwanzig Millionen Silberlinge.

Eigentlich erstaunlich, daß man die zerstörerischen Nebenwirkungen des Tourismus nur bei genauerer Betrachtung erkennt. Nach außen scheint die Schönheit des Tals unbeschädigt, die Natur intakt. Hier und dort hat man Bergflanken kosmetisch verändert, manches Seeufer einbetoniert oder ein paar Felsen weggesprengt. Die Riesenschneisen am Corvatsch oder an den Hängen von Furtschellas vernarben schon, selbst die Gipfelstationen aus Stahl und Beton gehören irgendwie zur Landschaft.

Nur im Sommer wird an manchen Stellen das ganze Ausmaß der geplanten Zerstörung sichtbar: verkarstete Almen, Schneebrüche oder rostige Liftpfeiler. Wäre nicht die sprichwörtliche Zähigkeit der Bauern, man müßte sich heute wohl um das Engadin ernste Sorgen machen.

Ihnen allein ist es zu verdanken, daß ein Stück alpiner Kultur wohl überleben wird. Zusammen mit Förstern und Waldarbeitern sind sie die eigentlichen Hüter und Pfleger des wichtigsten Kapitals, der Landschaft. Werden die Alpentäler nicht mehr bewirtschaftet, so ändert sich ihr Charakter rasch und unwiderruflich. Ungemähte Wiesen versteppen innerhalb weniger Jahre, kranke Wälder widerstehen den Schneemassen kaum länger. Die Folgen, da braucht man kein Fachmann zu sein, wären verheerend.

Die Landwirtschaft

So ist die Schönheit und Armut des Hochtals gleichzeitig auch sein Schicksal. Im Oberengadin sind von 75 000 Hektar nur knapp ein Drittel landwirtschaftlich nutzbar, der Rest unfruchtbar. Und die Erträge der Bergwiesen wiederum um ein Zehnfaches geringer als die der Talweiden. Ohne die Subventionen aus Bern müßten die meisten bäuerlichen Betriebe aufgeben, trotz steigender Konzentration und Mechanisierung. Ein Bauer im Gebirge kann eben nicht mit den Landwirten im Schweizer Mittelland oder gar den Kollegen in der EG konkurrieren.

Bei dieser Sachlage bleibt für Johanna Spyris Heidi-Romantik kaum noch Raum. Seit die Engadiner Kinder mindestens acht Jahre in die Schule gehen müssen, fehlen die Hirtenbuben. Das wiederum erschwert die Ziegenhaltung, denn die kleinen Herden decken bei weitem nicht die Entlöhnung eines erwachsenen Hirten. Da die Engadiner Gebirgsziegen und Schafe sich nur ungern in Ställe sperren lassen, sind die Kleinviehbestände drastisch zurückgegangen. Zählte man 1931 in Graubünden noch rund 42 000 Ziegen, so sind es heute vielleicht noch 12 000.

Für Nicodemus Issler, Landwirtschaftslehrer auf dem Plantahof bei Landquart, eine alarmierende Entwicklung, »weil dadurch auch die Lawinengefahr bedeutend größer geworden ist«. Seitdem die steilen Wiesen über der Waldgrenze nicht mehr von Schafen und Ziegen abgeweidet werden, gerät der Schnee auf den alten Graspolstern leichter ins Rutschen. Zwar haben sich nach dem Rückzug der Ziegenhaltung an manchen Stellen schöne Jungwälder ent-

145 Zuoz, einer der Hauptorte des Engadin, ist in seiner historischen Bausubstanz noch sehr gut erhalten. Um den großen Platz gruppieren sich die Bauernpaläste der Planta und anderer Familien, die Jahrhunderte Politik und Wirtschaft des Oberengadin beherrschten. Auf der breiten Front des Hotels »Crusch Alva«, in dem ehemals das Gericht tagte, prangen die Wappen der drei Bünde und der 13 Orte, die sich gegen den Bischof von Chur und die Habsburger einst zusammenschlossen.

145 Zuoz, one of the main towns of the Engadine, has retained much of its historic substance. Grouped around the main square are the fine residences of the Plantas and other ancient families who dominated the politics and economics of the Upper Engadine for centuries. The broad façade of the Crusch Alva Hotel – the courthouse in olden days – proudly displays the shields of the three confederations and 13 towns which once joined arms against the bishop of Chur and the Hapsburgs.

CONCORDIA RES PARVE CRESCVNT MAXIME DISCORDIA DILABVNTVR · ESTE PARES ET OB HOC CONCORDES VIVITE NAM

CUN FERMA
VOLUNTA S'AIS BUN BEIBER DA VENZOLA PONCLINI

146 Schönere Straßenszenen als in Guarda wird man im Engadin kaum finden. Das Bilderbuchdorf hoch über dem Inn hat sich seine Ursprünglichkeit nahezu unversehrt erhalten.

147 und 148 Die Landschaft hat auch die Gesichter der Menschen gezeichnet. Markante Bauernköpfe – wie hier in Sent oder im Münstertal – findet man immer wieder in den Dörfern auf beiden Seiten des Inn.

146 It would be hard to find prettier village lanes anywhere in the Engadine. This picture-book town high over the Inn looks much as it did centuries ago.

147 and 148 This environment has left its mark on people's faces as well. Weathered visages – like those of these two farmers from Sent and Val Münster – can be found in the villages on both banks of the Inn.

147 | 148

149 | 150

149 und 150 So romantisch die Bilder auch aussehen mögen, die Landwirtschaft im Engadin ist meist harte Plackerei ohne ausreichenden Ertrag. Jahr für Jahr geben zahlreiche Bauern ihren ererbten Beruf auf, weil sie mit der subventionierten Konkurrenz in der Europäischen Wirtschaftsgemeinschaft nicht mehr mithalten können. Schon möglich, daß die traditionelle Heuernte mit dem Gerät der Vorfahren bald der Vergangenheit angehört. Zur Trauer der Touristen, die sich an solchen Idyllen nicht sattsehen können.

Folgende Abbildung:
151 Schlittschuhläufer in Celerina gehören zum vertrauten Winterbild des Engadin.

149 and 150 Though these pictures may look romantic, the harsh reality of Engadine farming usually means endless drudgery with little gain. Every year more and more farmers are relinquishing their heritage because they can't keep up with subsidized competitors in the European Community. The traditional haying with ancestral tools seen here may soon be a thing of the past. To the sorrow of all of the tourists who can't see enough of apparent idylls like this.

Following illustration:
151 Ice-skaters at Celerina – a traditional winter scene of the Engadine.

wickelt, aber Issler empfindet es als Ironie der Natur, daß der größte Teil des Baumbestands wieder von Lawinen aus dem Grund zerstört wurde, weil weiter oben keine Ziegen mehr weiden. »So schädlich mitunter Ziegen im Wald sein können, so nützlich sind sie über der Waldgrenze. Die Engadiner Alpen wären ohne das robuste Kleinvieh nicht mehr die Alpen unserer Vorfahren.«

Noch ist es allerdings nicht zu spät. Auf den Viehausstellungen tauchen vermehrt die prächtigen Bündner Ziegen und Schafe auf, mancher Bauer hat die saftigen Weiden wieder mit Strahlen- und Pfauenziegen bestückt, die ihm das kostbare Gras kurz halten. Nicht zuletzt auch die Sehnsüchte der Ferienkinder haben dafür gesorgt, daß Lämmer und Zicklein auf den Höfen im Engadin gute Überlebenschancen besitzen.

Die Energieversorgung

Ohne teure Investitionen ist ein Feriengebiet nicht attraktiv zu machen – und ohne die Massen der Besucher lohnt sich der ganze Aufwand nicht. Vor diesem Dilemma steht das Engadin schon seit vielen Jahren, vor allem in der Wintersaison, wenn die Energie- und Wasserversorgung an ihre obersten Grenzen stößt. So steigt in Pontresina während der Weihnachtssaison der Wasserverbrauch innerhalb von 48 Stunden um mehr als 800 Prozent, glitzern die Parkplätze am Corvatsch oder an der Diavolezza fast so schön wie die Gletscher. Der Ausbau der Verkehrs- und Versorgungsanlagen übertrifft andererseits den Bedarf der Engadiner um ein Vielfaches, wenn die Gäste nach den turbulenten Saisonmonaten wieder abgereist sind.

Hier beißt sich die berühmte Katze in den Schwanz: Die Erschließung der Landschaft für Erholungssuchende mindert gleichzeitig ihren Erholungswert. Und der steigende Zustrom von Feriengästen rechtfertigt wiederum eine fortschreitende Bebauung. Schließlich kann von den Engadiner Bauern niemand verlangen, daß sie sich mit den kargen Erträgen ihrer Höfe zufriedengeben, wenn andere das große Geschäft wittern. Eine Wiese, die früher ein Dutzend Rinder ernährte, trägt heute leicht die gleiche Anzahl von Ferienhäusern. Da müssen durchdachte Entscheidungen getroffen werden.

Ohne die großen Wasserkraftwerke Albinga oder Zernez ginge womöglich schon lange nichts mehr. Allein aus dem Silser See werden jährlich 70 Milliarden Kubikmeter Wasser entnommen, die gleiche Menge faßt der künstliche Stausee in der Bondasca zwischen Casaccia und Nasciarina.

Für die Mauer haben Schweizer Ingenieure 970 000 Kubikmeter Beton zwischen die Berge gegossen – und trotzdem fügt sich der Albinga-See harmonisch in die herbe Gebirgswelt ein. Die 1,5 Millionen Kubikmeter Kies und Sand steuerten die Moränen des gleichnamigen Gletschers bei, während eine Schwerlastbahn während der Bauzeit (1955–1960) 200 000 Tonnen Zement nach oben transportierte.

Heute fahren die Touristen mit derselben Bahn durch die faszinierende Natur, spazieren auf der 759 Meter langen Staumauer und denken vielleicht auch eine Sekunde an die fünf toten Arbeiter, die das gigantische Bauwerk gefordert hat. Die Turbinen produzieren jährlich 500 Millionen Kilowattstunden Strom, wovon das ganze Bergell nur zwei Prozent benötigt. Der Rest wird »exportiert« und beleuchtet in den Wintermonaten die Luxushotels des Engadin ebenso wie die Bauernstuben, treibt Lifte und Seilbahnen an oder läßt beispielsweise auch die Kirchenglocken läuten.

Besonders erfreulich für die Bergeller, daß kein Kultur- und Weideland dem riesigen Energiespeicher zum Opfer fiel. Nur der früher so schäumende Albinga-Wasserfall hat sein Tosen einstellen müssen – zum Wohl der Talschaft, die nicht nur ihre ständige Furcht vor Überschwemmungen verlor, sondern auch noch 40 Arbeitsplätze gewann.

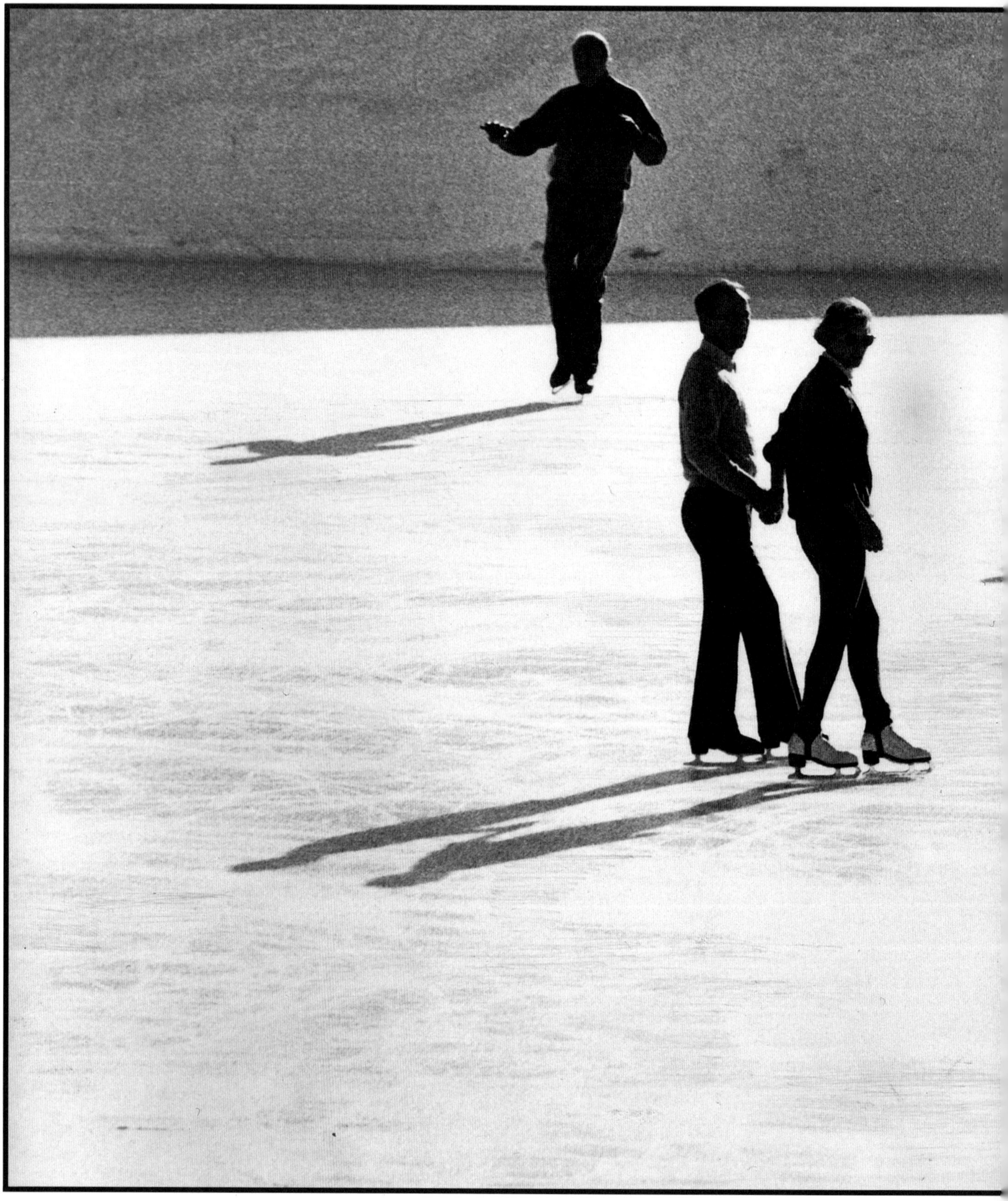

Anhang

Wichtige geschichtliche Daten

15 v. Chr.
Eroberung des rätischen Gebiets durch die Römer

1 Jh. n. Chr.
Entstehung der Provinz Raetia et Vindelica, Hauptstadt ist Regensburg

um 260
Gründung der Provinz Raetia I mit der Hauptstadt Chur

5. Jh.
Besiedlung Rätiens ohne den südlichen Teil durch die Alemannen, Rückzug der Römer

537
Fränkische Oberhoheit über Chur-Rätien

6. Jh.
Herrschaft der Churer Bischöfe

917
Rätien gelangt zum Herzogtum Schwaben

13. Jh.
Unterengadin wird Teil Tirols

1367
Gotteshausbund der Stadt Chur, des Domkapitels und der Talschaften Südostgraubündens gegen Bischof und Habsburger

1499
Sieg der Bündner im Schwabenkrieg über Kaiser Maximilian I.

1512
Eroberung des Veltlin durch die mit Frankreich verbündeten Gotteshaus-, Grauer- und Zehngerichtsbünde

1524
Vereinigung der drei Bünde

Ab 1526
Beginn der Reformation im Engadin

1620
Aufstand im Veltlin, das von spanischen Truppen besetzt wird

1635
Eroberung des Veltlin durch die Franzosen unter Rohan

1637
Wiedererwerb des Veltlin durch Jörg Jenatsch

1649/52
Ablösung der habsburgischen Herrschaftsrechte im Unterengadin mit Ausnahme von Tarasp

1797
Verlust des Veltlin

1798
Französische Besetzung

1798–1803
Helvetische Republik. Schweiz wird Einheitsstaat mit Repräsentativverfassung nach dem Vorbild Frankreichs

1803
Wiederherstellung der Bundesverfassung in der Schweizer Eidgenossenschaft. Graubünden wird Kanton, Tarasp Teil Graubündens

1880
Deutsch, Italienisch und Rätoromanisch werden gleichberechtigte Landessprachen im Kanton Graubünden

1889
Eröffnung der Rhätischen Bahn

1938
Rätoromanisch wird als 4. Landessprache der Schweiz anerkannt

1972
Frauenstimm- und -wahlrecht im Kanton Graubünden

Jährlich stattfindende Feste und Veranstaltungen im Engadin (eine Auswahl):

Bavania
Schabernack der Dorfjugend am 6. Januar in Sent, Ftan, Ardez und Gemeinden der Umgebung.

Engadiner Schlitteda
An schönen Wintersonntagen fahren Paare in Trachten auf alten Schlitten mit Musikbegleitung von Dorf zu Dorf.

Hom Strom
Am 1. Sonntag im Februar werden in Bad Scuol Strohmänner verbrannt als Symbol für das bevorstehende Winterende.

Schlittenhundrennen
Werden im Februar in Sils und Silvaplana organisiert

Hornusser Treffen auf Schnee
Finden im März in Maloja statt.

Chalanda Marz
Am 1. März wird in Gemeinden des Engadin von verkleideten Jugendlichen mit Schellengeläut und Peitschenknallen der Winter ausgetrieben, teilweise finden Umzüge statt.

Skeleton
In der 2. Märzwoche in St. Moritz/Celerina.

Engadiner Skimarathon
Der berühmte Langlaufmarathon zwischen Maloja und Zuoz findet in der 2. Märzwoche statt.

Tarasper Schloßkonzerte
Zu verschiedenen Terminen im Juli und August gibt es Konzertreihen im Schloß Tarasp.

Schelpcha
Der Alpabtrieb wird heute nur noch von wenigen Gemeinden des Engadin in traditioneller Form organisiert.

Kleine Auswahl im Engadin gebräuchlicher Begriffe

Albanas, Albanellas	weiße Alp, Kalkalp	Diavolezza	Teufelei, Teufelin	Salet	Weidengebüsch
Albula	weiß, Weißenstein	Dschember	Arve	Sass	Stein
Alv	weiß	Fain	Heu	Scuola	Schule
Baselgia	Kirche	Flüela	kleines Tal	Sella	Sattel
Bass	tief	Fuorcla	Gabelung, Bergpaß, Scharte	Serlas	Engstelle, eingezäunte Weide
Bellavista	schöne Aussicht				
Bos-cha	Gebüsch, Gehölz	Funtauna, Fontauna	Quelle	Sils, Segl	Matte, Wiese
Campascio	Feld, Alpweide	God, Godet	Wald, Wäldchen	Sils Maria	Meierhof
Casaccia	großes, altes Haus	Grevas	steinige Halde	Spedla	Schulter
Celerina	Vorratskammer, Speicher	Grevasalvas	weiße Geröllhalde	Stretta	Enge
		Grisch	grau	Stüvetta	Stübchen
Chamanna	Hütte	Grond	groß	Stredas	kleiner Weg
Champfèr	fruchtbares Feld	Grusaida	Alpenrose	Suot	unter
Chamues-ch	Gemsental	Guarda	Wache, Beobachtungsposten	Sur	darüber
Chastè	Burg			Talvo	Heustadl
Chuoz	Haube	Isella	Schlucht	Taverna	Trinkstube
Clavadatsch, Clavadel	Heustadel	Lai, Lej	See	Tort	krumm
		Laret	Lärchenwald	Truoch	Fußweg, Pfad
Corvatsch	großer Rabe	Lavina	Lawine	Tuor	Turm
Corviglia	Bergdohle	Ova	Bach	Uert	Garten
Cuort	Hof	Padella	Pfanne	Ustaria	Wirtshaus
Curtinella	Alpweide in Hofumgebung	Palü	Sumpf	Vadret	Gletscher
		Piz	Spitze, Bergspitze	Val, Valetta	Tal, kleines Tal
Crap	Fels	Plaun	Boden, Ebene	Viola	Veilchen
Crasta	Kamm, Grat	Punt	Brücke	Vulpera	Fuchshöhle
				Zuoz	Versammlung(sort)

Verlauf der Albulabahn zwischen Muot und Preda

Auf der Strecke von Thusis über Muot zum Scheiteltunnel überwindet sie im Albulatal einen Höhenunterschied von 1100 Metern.

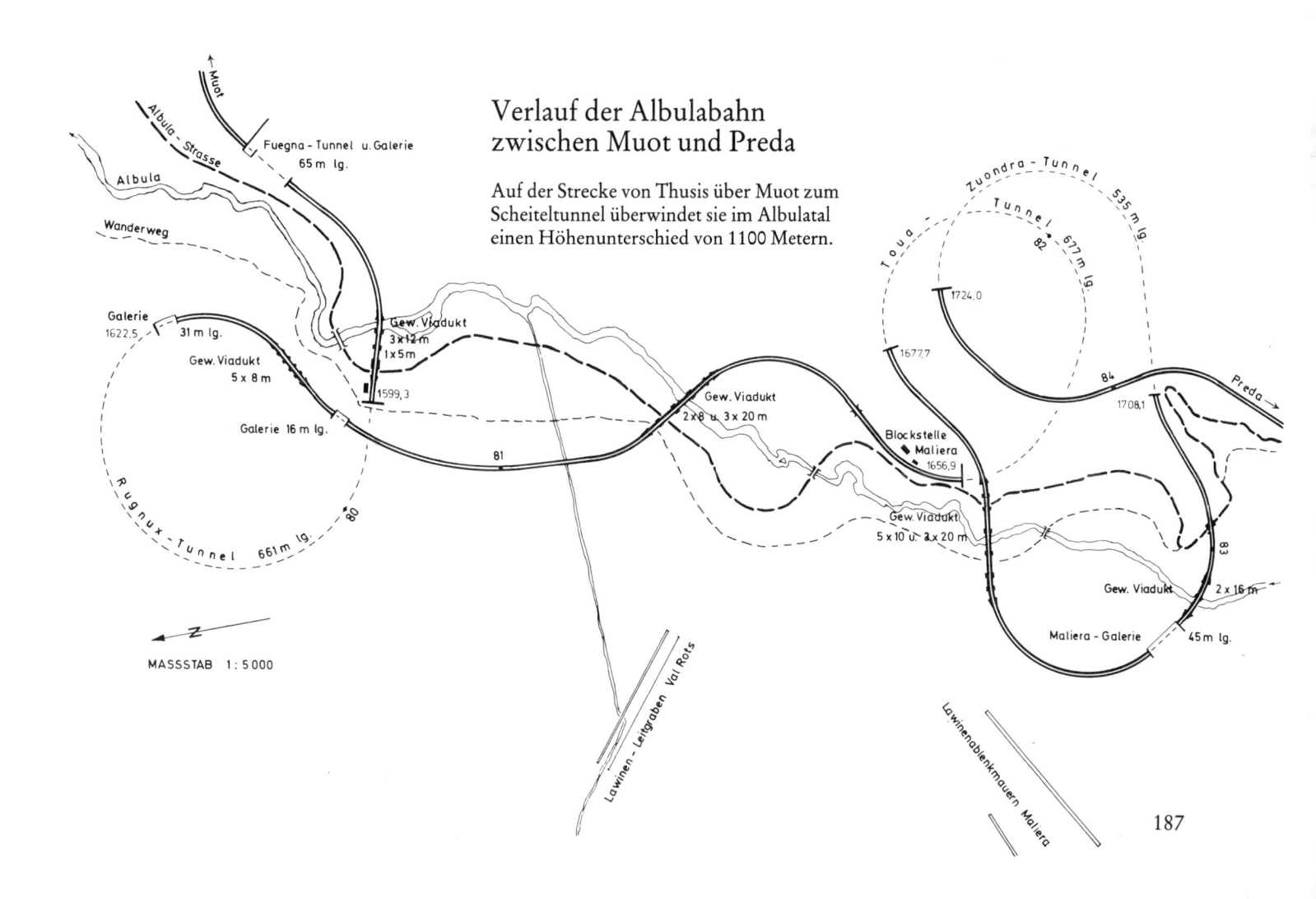

MASSSTAB 1 : 5000

Register

Die geradestehenden Ziffern verweisen auf Textseiten, die *kursiven* auf Nummern der Bildlegenden.

Adorno, Theodor W. 57
Aga Kahn 146
Albertini, Familie 51, 57, 118
Albertini, Ulrich 52; *34*
Albinga-See 183
Albinga-Wasserfall 183
Albinga-Wasserkraftwerk 183
Albula 177
Albulabahn 34
Albulapaß 34, 39; *98*
Albulastraße 52; *76*
Alemannen 14
Alpenblumen 40
Alp Languard 163
Amiet, Cuno 138
Anderegg, Jacob 169
Arco 134, 137
Ardez 55, 69, 70, 128; *8, 47–50*
– Burg Steinsberg *8*
–, Gallicius von 64
Arosa 177
Augsburg 14
Augustus, röm. Kaiser 14
Badrun, Johannes 155
Badrutt, Familie 169
Badrutt, Caspar 122
Badrutt, Johannes 122, 156
Baldiron, General 69, 84
Beerli, Andrée 51, 70
Bellavista-Massiv *19*
Benjamin, Walter 57
Benn, Gottfried 57
Bergamasker Alpen 34
Bergamo 99
Bergell 14, 19, 28, 34, 89–96, 99, 127, 137, 138, 143, 156, 163, 164, 183; *64, 65, 66, 68, 142*
Bergell, Panorama-Höhenweg 163
Bergün 34, 39; *76, 98*
Bern 178
Bernardo *77*
Bernegg 95
Bernina 163
Berninagruppe 33, 164
Berninapaß 19, 34, 96
Berninatal 40
Bever 51
Bever, Val 177
Bifrun, Giachen 143
Bingham, John 155
Birchler, Linus 114
Bivio 33, 90
Biz Bernina *135*
Bonaparte, Napoleon 25, 70, 127
Bondasca 183
Bondasca-Stausee 183
Bondasca-Gruppe 96, 164; *16, 66, 112*

Bondasca, Val 163, 164
Bondo 89, 95, 96, 137
Bormio 19
Bos-cha 70
Bozen 117
Brail 58
– Punt Ota 58
Brandis, Ortlieb von (Bischof von Chur) 69, 113
Brauchtum 128, 133
– Alpabtrieb 133
– Alpaufzug 133
– Alpentladung (Schelpcha) 133
– Bacharia 128
– Masüras 133
– Mazza 133
– Milchmessen 133
Brennerpaß 25
Brenta 90
Brusio 100
Bühler, Andreas 99
Bündner Alpen 64
Bündner Oberland 177
Bugatti, Bice (Lebensgefährtin Giovanni Segantinis) 134
Buhl, Hermann 164
Bulpett, W. H. 155
Bumiller, Hans 164
»Bund der zehn Gerichte« 19
Burgener, Alexander 164
Bursella, Erzdiakon 64
Bylandt, Graf Jules de 155
Caderas, Gian Fabri 51
Cäsar, Julius 34
Caflisch, Arthur 143
Calven, Schlacht am 19, 45, 114
Cambrena 34
Campocologno 96, 100
Capodistria 95
Casaccia 33, 34, 90, 95, 163
Castasegna 6, 89, 95
Castelmur, Baron Jean de 127
Castelmur, Giacomo de 90
Cavaglia 99
Cavril 95
Celerina 14, 46, 51, 108, 128, 146, 172; *77*
Champfèr 146
Champfèr-See *123*
Chamuera, Val 108; *10*
Chamues-ch 52
Chastè (Halbinsel) 45, 58
Chaviolas-Inseln (Silser See) 45
Chiavenna 19, 33, 90, 95, 96
Chüern (Halbinsel) 45
Chur 14, 19, 20, 33, 34, 78, 95, 177; *68*
Chur, Bischof von 90, 99, 100, 114; *141, 145*
Churer Mordnacht 20
Cinous-chel 57; *13, 14, 143*
Claglüna, Dumeng 70; *55*
Coaz, Johann 164
Cocteau, Jean 57
Coltura 127

Comer See 28, 89, 90
Como 95, 99; *68*
Cordier, Henry 169
Corvatsch 146, 156, 169, 178, 183
Corviglia 40, 146, 156; *114, 122, 127*
Crap Alv 34
Crasta *36*
Cresta 155
Cresta-Club 155
Crusch 84
Davos 155, 177
Diavolezza 28, 146, 164, 183; *121*
Diokletian, röm. Kaiser 14
Dolomiten 69
Domleschg 14
Donau 28
Drava 33
Dreißigjähriger Krieg 20, 33
Drög, Schlucht 163
Druidenstein *125/126*
Dürer, Albrecht 78
Eiger 164
Engadiner Haus (Architektur) 114–121
Ernst Ludwig von Hessen, Großherzog 83
Etrusker 14
Etschtal 117
Fauna und Flora 39 f.; *6, 61*
Ferdinand I., deutsch-österr. Kaiser 64
Ferdoz, Val *37*
Fex 163
Fextal 40, 58, 156, 163, 169; *36, 80, 137*
Filisur 39
Finstermünz *6, 156*
Flaig, Walther 28
Flüela 64
Fornogletscher 164
Forstwirtschaft *11*
Fremdenverkehr 25, 69, 96, 105, 172, 178; *131–133*
Friedrich August III., König von Sachsen 83
Ftan 11, 70, 128
Fuentes, Marques de 95
Fuora di Baldirun 69
Fuorcla Surley *135*
Furtschellas 45, 156, 178
Gallicius, Phillip 70
Gamswild 40
Gauguin, Paul 134
Giacometti, Alberto 137, 138
Giarsun 64, 70
Giovanoli, Samuele 137, 163
Glarner Alpen 64
Gogh, Vincent van 134
»Gotteshausbund« 14
Gotthard-Bahn 177
Gotthard-Paß 25
Gran Paradiso 40
Grass, Hans 169

188

Graubünden 19, 25, 70, 78, 99, 100
»Grauer Bund« 19
Gredig, Andreas 122
Grevasalvas 117; *2, 35, 91, 142, Nachsatz*
Groß, Johann 169
Grüm, Alp 99
Guarda 11, 69, 70, 83, 108, 117, 127; *17, 44, 45, 47–50, 84, 90*
Guardaval, Burgruine *141*
Güßfeldt, Paul 169
Guidon, Jon 143
Habsburg, Haus 14, 19, 69, 70, 78, 83; *113, 145*
Hahnensee 136
Handwerk
– Möbel 127, 128; *95, 96, 97*
Heer, Jakob Christoph 134
Heinrich II., Herzog von Rohan 64
Hesse, Hermann 57
Hodler, Ferdinand 6, 138
Holsboer, Jan Willem 177
Idjoch 89
Inn 6, 11, 28, 33, 40, 46, 51, 64, 69, 70, 77, 83, 90, 96, 113, 122, 133, 164; *3, 7, 18, 32, 42, 58*
Inngletscher 33
Inntal 33, 40, 46, 117, 172
Interlaken 40
Ischgl 89
Isola (Halbinsel im Silser See) 37
Issler, Nicodemus 178
Jaun, Johann 169
Jenatsch, Familie 69
Jenatsch, Jörg 20, 52
Julia *3*
Julierpaß 6, 33, 34, 40, 134; *20*
Julierweg 33
Karl der Große, röm. Kaiser, König der Franken 113, 114; *82*
Katholiken 64, 99; *83*
Kelten 14
Kesch 177
Klosters 177
Klucker, Christian 169
Koller, Karl 122
Küche, Engadiner 46, 51; *102–104*
Kuffner, Moritz von 164
Lagalb 146, 156
Lago Bianco 99
Landquart 177
Landwirtschaft 133, 172, 178, 183; *59, 149/150*
Langer, Bernhard 133
La Punt 34, 46, 51, 52, 57; *34*
La Rösa 34, 99
Las Agnas 51
Lavin 69, 163; *58*
Le Prese 100
Lingner, Karl August 83
Literatur 138, 143
Lombardei 99
Lukmanier Paß 25
Macun 45
Madulain *141*

Maienfeld 14
Mailand 99
Maloja 39, 45, 57, 96, 114, 122, 134, 137, 156, 169; *Vorsatz, 30, 109–111*
Malojapaß 6, 28, 34, 89, 90, 117
Malojastraße 90, 96
Mann, Thomas 57
Marguns 46, 51
Maria Theresia, österr. Kaiserin 100
Marienberg, Kloster 78
Marlianico, Familie 100
Marlianico, Michele 100
Marnia, Joan 77
Maroz, Val 33
Martina 6, 28, 33, 114, 134; *42, 109–111*
Matsch 78, 114
Matterhorn 163, 164
Maurer, Caspar 169
Maurizio, Giovanni Andrea 143
Maximilian I., röm.-deutscher Kaiser 19, 108
Mera 90; *3*
Merowinger 99
Messner, Reinhold 169
Middlemore, Thomas 169
Mischun 105
Moore, A. W. 169
Moritzsee 146
Morteratschgletscher 169; *19, 120*
Morteratschtal 40; *19*
Mott'ata 84
Münstertal 63, 100–107, 114, 117
– Heimatmuseum *95/96*
Müstair 105, 114; *72, 73, 74, 75, 106–109*
– Kloster *82*
– St. Johann Baptista 105, 113; *82*
Munt della Bes-cha 134
Muottas Muragl 156, 163; *32, 77*
Murk, Tista 143
Murmeltiere 39, 40; *24*
Musil, Robert 57
Napoleonische Kriege 114
Nicklaus, Jack 133
Nietzsche, Friedrich 6, 28, 51, 57f., 156, 163; *21, 36, 38, 137*
Oberhalbstein 14, 33, 134
Ofenpaß 63, 105, 117; *41*
Orchideen 40
Ostgoten 14
Otto der Große, röm.-deutscher Kaiser 14, 95
Ova del Fuorn 63
Ova Spin 63; *41*
Patnal 84
Paul III., Papst 64
Pedretti, Turo 137
Pennell, Captain Henry 155
Perini, Familie 57
Pisa *33*
Piz Ajüz 69
Piz Albris 40; *26*
Piz Badile 90, 163
Piz Bernina 28, 164, 169; *19*

Piz Bianco 28, 169
Piz Buin 64
Piz Campatsch 77
Piz Cengalo 90
Piz Corvatsch 33, 45
Piz de la Margna 45, 169
Piz Fora 45
Piz Freglas 177
Piz Fuori 90
Piz Julier 39, 90; *20, 22, 26*
Piz Lagrev 40
Piz Lischana 69
Piz Lunghin 28, 33; *Vorsatz, 3, 18*
Piz Morteratsch 51
Piz Nair 45, 146
Piz Padella *134*
Piz Palü 28, 33, 34, 163, 164; *121*
– – Gletscher 99
Piz Pisoc 69, 78; *57*
Piz Roseg 28; *135*
Piz Scerscen 28; *135*
Piz S-chalambert 69
Piz Sesvenna *62*
Piz Terza 40
Piz Tschierva 33
Piz Verona 100
Plang Champfèr 33
Planta, Familie 14, 19, 20, 25, 45, 52, 64, 69, 70, 95, 118; *9, 98, 140, 145*
Planta, Angelina von 105, 113, 114; *74, 75*
Planta, Conradin von 52
Planta, Gaudenz 25
Planta, Johann 19, 20
Planta, Johann Baptista von 52; *15*
Planta, Konrad 19
Planta, Pompejus 20, 58
Planta, P. C. 95
Planta, Rudolf 20, 58
Planta, Thomas 14, 19
Plurs 95
Pontresina 11, 34, 40, 46, 90, 99, 108, 113, 117, 122, 137, 143, 163, 164, 169, 177, 183; *106–109*
– Basilika Sta. Maria 113
Poschiavo 34, 77, 99, 100, 177; *69, 70, 71*
– San Vittore *71*
Poschiavo, Bernhard von 89
Poschiavo-Tal 9
Prättigau 177
Preda 34
Prevot, Johann Paptist 95
Prina, Giovanni 100
Promontogno 95, 127; *68*
Protestanten 20, 64, 95, 99; *83*
Proust, Marcel 57
Punt Muragl 108
Puschlav 34, 95, 96–100, 128, 156, 177; *69, 70*
Räter 14, 84
Raffael (Raffaello Santi) 122
Ramosch 64, 84, 89
Rauch, Andrea 40
Redolfi, Familie 127

Reschenpaß *113*
Rezzori, Gregor von 122
Rhätische Bahn 25, 99, 172, 177, 178; *144*
– Albula-Linie 172, 177
Rhône 33
Riedberg, Schloß (Domleschg) 20
Rilke, Rainer Maria 57, 90
Rims 45; *7*
Römer 14, 33, 34, 90
Roseg 163, 169
Rosegtal 40, 156; *23*
Sachs, Gunther 122
Salis, Familie 19, 20, 25, 90, 95, 118, 163
Salis, Antonio 95
Salis, Battista 95
Salis, Graf Hieronymus 95
Salis, Max 95
Samedan 14, 40, 46, 51, 57, 64, 117, 128, 134, 137, 143, 146, 177; *134*
– Friedhof 51
Samnaun 89; *63*
San Bernadino 34
San Gian 108, 113; *77*
San Romerio 100
San Rumedi 99
Santa Maria 105
Sarasin, Paul 63
Sarazenen 99
Sassal Masone 34, 99
Sass dal Pos 28
Savognin 134
S-chanf 52, 57; *85/86*
S-charl, Val *23, 25*
Schocher, Martin 164
Schuls 64, 69, 70, 77, 78, 83, 128, 156; *51, 53, 54, 62*
Schwabenkrieg 114, 117, 118
Schwarzes Meer *18*
Schweizerischer Nationalpark 63 f.
Sciora di Dentro *112*
Scioragruppe 163, 164; *112*
Scoul *Schutzumschlag-Rückseite, 46*
Segantini, Giovanni 6, 90, 134, 137, 156, 163
– Museum *105*
Segantini, Gottardo 134
Selva 99
Sent 11, 64, 83, 84, 128; *7, 46, 60*
Septimer-Hospiz 33
Septimerpaß 34, 90
Septimerstraße 33
Serlass, Alp *10*
Sesvenna-Gruppe *62*
Sgraffito 11, 57, 64, 70, 77, 95, 105, 121 f.; *Schutzumschlag-Rückseite, 1, 13, 14, 47–50, 53, 54, 55, 76, 87*

Sils 6, 39, 40, 45, 51, 57, 58, 64, 128; *2, 21, 28, 137*
Sils-Baselgia 108, 113
Sils-Maria 46, 57, 58, 122; *38*
– Nietzsche-Haus 57; *38*
Silser See 33, 45, 122, 183; *Schutzumschlag-Rückseite, Vorsatz, Nachsatz, 18, 22, 37, 91*
Silvaplana 14, 33, 39, 40, 51, 57, 58, 90, 122, 146, 163, 169; *22, 24, 123*
Silvretta 78, 89; *63*
Silvretta-Gletscher 64
Silvrettahaus *22*
Soglio 89, 90, 95, 96, 137, 156, 163; *16, 64, 65, 66, 67, 112*
– Friedhof *16*
Sport
– Bergsteigen 156, 163, 164
– Bergwandern 156, 163, 164; *12, 136, 137*
– Bob 146, 156; *125, 126*
– Cresta Run 156; *124*
– Curling 78, 146, 156; *115*
– Drachenfliegen 45, 156
– Engadiner Marathon 156, 169
– Golfspiel 58, 146; *131–133*
– Helikopter-Skiing 156
– Pferderennen (St. Moritz) 45; *Schutzumschlag-Rückseite, 131–133*
– Polospiel (St. Moritz) 45; *131–133*
– Reiten 146
– Rodeln 78
– »Schlitteda Engiadinaisa« *27*
– Schlittenfahren *133; 99–101, 151*
– Schlittschuhlaufen 78
– Schwimmen 78
– Segeln *30, 138*
– – Marathon-Regatta *30*
– Skijöring *131–133*
– Skilanglauf 105, 156; *81, 123*
– Skilaufen 78, 146; *31, 62, 121, 123*
– Skispringen 156
– Skiwandern *123*
– Surfsport 58, 169; *30, 138,*
– – Marathon *Schutzumschlag-Rückseite*
Sprecher, Fortunat 95
Spyri, Johanna 178
Steinböcke *26*
St. Denis (Abtei) 99
St. Gallen 40
St. Moritz 34, 45, 46, 51, 57, 77, 90, 96, 114, 121 f., 127, 133, 146, 155 f., 169, 172, 177 f.; *31, 88, 97, 105, 114, 122, 123, 125/126, 127, 128–130, 136, 151*
– Café Hanselmann *3*

– Engadiner Museum 97
– Hotels 122
– Kirchturm St. Mauritius *33*
– See *151*
Stampa 89, 127, 137 f., 163
Stazer See *81*
Steinsberg, Feste 70
Stilfser Joch 100
Strada 89
Stradin 63; *41*
Südtirol 100
Surlej 117; *123*
Sur-En *7, 43, 87*
Susch 64; *83*
Suvretta 146
Tarasp 14, 19, 70, 78 f., 83, 117
– Schloß 70; *57, 113, Titel*
Taverna-Perl, Familie 84
Tell, Wilhelm 146
Theoderich, König der Ostgoten 14
Thusis 20, 58, 95
Tiberius, röm. Kaiser 90
Tierwelt 39 f., 63
Tirano 177 f.
Tirol 39, 78, 95
Trupchin, Val 63
Tschanüff, Burg 84
Tschierv 105, 117
Tschiervagletscher 169
Tschlin 89
Tschudi, Ägidius 34
d'**U**ina, Val *7, 43*
Ulrich VII., Bischof von Chur 100
Umberto, König von Italien 134
Valchava 105
Veltlin 19, 25, 34, 100, 121
Veltliner Mord 20
Veltliner Weingärten 100
Venedig 20
Vergerio, Peter Paul (Reformator) 95
Vicosoprano 89, 95, 143
Vinadi 163
Vinschgau 78
Visconti, Mastino 19
Vnà 84
Vonmoos, Nuot 143
Vulpera 70; *52*
Vulpius, Antonius 70
Walker, Horace 169
Westfälischer Friede 20
Westolf, Meister 99
Whymper, Edward 163
Wilde, Oscar 127
Zernez 14, 63; *56, 143*
– Wasserkraftwerk 183
Zuoz 14, 39, 46, 51 f., 57 f., 95, 117 f., 127 f.; *9, 15, 39, 47–50, 89, 140, 141, 143, 145*
– Burg Wildenburg 58
Zupo 169

ÖSTERREICH
SAMNAUNGRUPPE
Samnaun
Martina
Tschlin
Vnà
V. Sinestra
Inn (En)
Ramosch
SILVRETTAGRUPPE
Sent
Crusch
Sur En
Schuls (Scuol)
Ftan
P. Linard
Guarda
Bos-cha
Ardez
Vulpera
Tarasp
Fontana
Lavin
Sur En
(Engiadina Bassa)
Val d'Uina
P. Lischana
P. Rims
Flüelapaß
Susch
Unterengadin
Piz Pisoc
Clemgia
P. Nair
DOLOMITEN
S-charl
Val S-charl
Zernez
P. Plavna Dadaint
UNTERENGADINER
P. Vadret
V. Cluozza
V. dal Spöl
Filisur
Brail
Nationalpark
Ofenpaß
(Pass dal Fuorn)
Taufers
Cinuos-chel
Bergün
Albula
Piz Kesch
S-chanf
Piz Quattervals
Tschierv
Müstair
P. Ela
Zuoz
V. Trupchun
P. Daint
Münstertal
Il Rom
Chamues-ch
Madulain
Engiadin' Ota
Sta. Maria
(Val Müstair)
Preda
Lai da Palpuognа
Albulapaß
La Punt
P. Lad
V. Muranza
Lai da Rims
Piz Umbrail
ALBULAGRUPPE
Bever
V. Chamuera
Umbrailpaß
Samedan
Inn (En)
(Engiadin' Ota)
Stilfser Joch
Celerina
P. Nair
Punt Muragl
Piz Muragl
Lej da Staz
St. Moritz
Piz Languard
P. Julier
L. da Murezzan
Champfèr
Pontresina
Hahnensee
Champfèrer See
P. Rosatsch
V. Bernina
Piz Albris
Silvaplana
V. dal Fain
Silvaplaner See
Surlej
V. Roseg
LIVIGNO-BERGE
Baseglia
Sils Maria
V. Morteratsch
Munt Pers
P. Lagalb
Isola
Silser See
Berninapaß
Maloja
Fex
P. Morteratsch
Diavolezza
Malojapaß
Piz Corvatsch
V. Fex
V. Fedoz
Crasta
Vadret da Roseg
Vadret da Tschierva
Piz Bernina
Lago Bianco
Piz Cambrena
Piz da la Margna
Bellavista
Piz Palü
Piz Roseg
Piz Zupo
Cavaglia
P. Glüschaint
Puschlav (Valle di Poschiavo)
P. Varuna
P. Fora
Monte del Forno
BERNINA GRUPPE
Poschiavo
Lago di Poschiavo
Miralago
Brusio
Campocologno
ITALIEN

Auskunftsstellen

Schweizer Verkehrsbüros in der
Bundesrepublik Deutschland:

Kaiserstr. 23
6000 Frankfurt/M. 1

Kasernenstr. 13
4000 Düsseldorf 1

Speersort 8
2000 Hamburg 1

Leopoldstr. 33
8000 München 40

Neue Brücke 6
7000 Stuttgart 1

Schweizer Verkehrsbüro
in Österreich:

Kärntnerstr. 20
1010 Wien

Auskünfte über das Engadin
erteilt in der Schweiz
das Verkehrsbüro Graubünden
Ottostr. 8
7000 Chur

Über St. Moritz und Umgebung erhält
man Informationen beim
Kur- und Verkehrsverein
7500 St. Moritz

Literaturauswahl

Fritz René Allemann, 25mal die Schweiz, München/Zürich 1977
André Beerli, Graubünden, Bern 1974
Graubünden, Merian, Hamburg 1986
Peter Kasper/Heinz Maegerlein, Engadin, München 1981
Kaune/Bleyer, Die schönsten Höhenwege im Engadin,
    München 1986
Jochen U. Könz, Guarda, Bern 1982
ders., Das Engadiner Haus, Bern 1978
Sankt Moritz und das Engadin, Merian, Hamburg 1981
Christoph Stiebler, Bernina, Eisgipfel und Wanderwege über das Engadin,
    München 1978

Bildnachweis

Ernst L. Hess, Heidelberg: Abb. 16, 50, 67;
Bildarchiv Hiebeler, München: Schutzumschlag/Vorderseite;
Foto Löbl-Schreyer, Bad Tölz: Abb. 82, 95, 96;
Konrad Wothe, München: Abb. 26.

Die Karte im Anhang zeichnete Gaby Bayer, Röhrmoos.